Zu diesem Buch

«Statt der Nachgeburt kam ich», erzählt eine heute erwachsene Frau, die ihre ganze Kindheit im Schatten der Schwester erlebte. Im Zeitalter der Ultraschalldiagnostik haben Eltern glücklicherweise Zeit, sich auf den doppelten Kindersegen einzustellen und so ihren Zwillingen ein ähnliches Schicksal zu ersparen. Aber auch dann gibt es genügend Alltagsfragen, die die Erziehung gleich alter Geschwister zu einem besonderen Fall machen. Zwillinge treten als Einheit auf und sollten doch als eigenständige Persönlichkeiten behandelt und gefördert werden. Darauf müssen Eltern, Erzieherinnen und Lehrer zu Hause, im Kindergarten und in der Schule besonders achten. Denn für die meisten Menschen sind Zwillinge ein zusammengehörendes Paar. Diese Vorstellung setzt sich bis ins Erwachsenenleben fort und bestimmt die Beziehung der Geschwister untereinander und zum jeweiligen Lebenspartner.

Die Autorin erzählt die Geschichte ihrer Zwillinge, läßt andere Zwillinge und deren Eltern zu Worte kommen und blickt auf den Zwillingsmythos in anderen Kulturen und bei uns. Die vielen praktischen Hilfen in diesem Handbuch haben seit seinem ersten Erscheinen 1986 Eltern ermutigt, ihre Erfahrungen auszutauschen und sich zu organisieren, in der Öffentlichkeit wachsen Interesse und Verständnis für Zwillinge. Als Ergebnis aus den vielen Diskussionen und öffentlichen Auftritten legt die Autorin nun die überarbeitete und wesentlich erweiterte Fassung des Buches vor.

Rita Haberkorn, Jg. 1950, Erzieherin, grad. Sozialpädagogin, Dipl. Päd., ist Mutter eines Sohnes (Gideon, Jg. 1976) und zweieiiger Zwillinge (Hannah und Jonathan, Jg. 1981). Sie arbeitete von 1972–1995 als wissenschaftliche Mitarbeiterin beim Deutschen Jugendinstitut und ist seitdem in der Erzieherausbildung tätig.

Anregungen und Kritik bitte an die folgende Adresse: Büro für wissenschaftliche Publizistik Dr. Horst Speichert, Teutonenstr. 32b, 65187 Wiesbaden. Hier erhalten Sie auch gegen Voreinsendung eines frankierten DIN-C6-Umschlags einen Prospekt der Reihe «Mit Kindern leben».

Rita Haberkorn

Zwillinge

Zwillinge

Was Eltern und Pädagogen wissen müssen

rororo
Rowohlt

rororo Mit Kindern leben
Herausgegeben von Bernhard Schön und Horst Speichert

20.–27. Tausend

Erweiterte Neuausgabe
Veröffentlicht im Rowohlt Taschenbuch Verlag GmbH,
Reinbek bei Hamburg, Mai 1996

Umschlaggestaltung Peter Wippermann/Jürgen Kaffer
(Foto Gruner & Jahr Fotoservice/C. D. Geissler)

Satz Sabon (Linotronic 500)
Gesamtherstellung Clausen & Bosse, Leck
Printed in Germany
1490-ISBN 3 499 19998 x

Inhalt

Warum ich dieses Buch schrieb

Zur Erstauflage 1986:

Meine Zwillinge, Hannah und Jonathan, waren fast ein Jahr alt. Ich hatte nach dem Mutterschaftsurlaub meine Halbtagsarbeit beim Deutschen Jugendinstitut wiederaufgenommen. Was Wunder, daß mich das Thema Zwillinge auch bei der Arbeit nicht losließ. Ich stellte fest, daß die Erzieherinnen, mit denen wir zusammenarbeiteten, sich im Umgang mit Zwillingen besonders unsicher fühlten. Sie suchten daher in Büchern nach Orientierungshilfen.

Ich begann also, mich mit der Zwillingsliteratur zu beschäftigen, und las zunächst unter diesem Gesichtspunkt, wurde dann aber zunehmend neugierig, Aussagen zu finden, die auf unsere private Situation mit den Zwillingen zutrafen. Ich las vor allem Untersuchungsergebnisse und einige Tips zum Umgang mit Zwillingen (zum Beispiel Schlieben-Troschke 1981 und Karcher 1977).

Alsbald ärgerte ich mich. Ich fand, daß von den Autoren die notwendige Betonung der Erziehung zur Eigenständigkeit innerhalb der Paarbeziehung zu einseitig hervorgehoben wurde. Vor allem machte sich keines der Bücher Gedanken darüber, was dieser Anspruch für die Eltern bedeutet und wie sie die Anforderungen im Alltag bewältigen können. Und: Ich fand kein Buch von einer Zwillingsmutter oder einem Zwillingsvater.

Mir war auch klar, warum die Eltern nicht selbst über Zwillinge schreiben: Sie haben in den ersten Jahren einfach keine Zeit dazu. Das ging auch aus der Studie hervor, in der damals gerade Frankfurter Wissenschaftler die Situation von Mehrlingseltern erfragt und dokumentiert hatten (vgl. ARA-Mehrlingsstudien 1983).

Ich beschloß: Nach einigen Jahren eigener Erfahrung wollte ich – wenn die Zwillinge im Kindergarten sind und wir wieder mehr Freiraum haben – unsere Erfahrungen aufschreiben. Dabei sollte der Alltag mit den Zwillingen im Vordergrund stehen:

Welchen Problemen sehen sich Eltern gegenüber, wenn sie Zwillinge erwarten, zur Welt bringen und erziehen?

Wie gestaltet sich die Beziehung innerhalb der Zwillingsgemeinschaft? Wie verändert sie sich?

Wie geht es den Geschwistern?

Freunde und Verwandte von Familien mit Zwillingen gehen zunächst oft hilflos mit der neuen Situation um. Dabei könnten sie sehr hilfreich sein.

Ich hatte außerdem erlebt, wie der Einblick in unsere Situation Erzieherinnen half, mit mehr Verständnis Eltern von Zwillingen und auch dem Zwillingspaar selbst entgegenzukommen.

Zwillinge im Kindergarten sind darum ein wichtiges Thema dieses Buches.

Klar war von Anfang an, daß auch die Erlebnisse und Erfahrungen anderer Familien mit Zwillingen einbezogen werden sollten. Und für die Zukunft unserer Zwillinge wollte ich wissen: Wie erinnern sich erwachsene Zwillinge später an ihr gemeinsames Aufwachsen? Wie sind ihre Freundschaftsbeziehungen davon beeinflußt? Wie geht es jemandem, der mit einem Zwilling befreundet oder verheiratet ist?

Das Einzelschicksal der Zwillinge ist von dem beeinflußt, was wir «Zwillingsmythos» nennen, der seine Faszination nicht verloren hat, seit die Natur zwei gleiche Menschen gleichzeitig aus der Mutter kommen läßt – als Überraschung und Plage, Zauber und Magie, die sich mit den Namen Kastor und Pollux am Himmel verewigt hat.

Ich habe die Geschichte unserer Zwillinge während der ersten vier Jahre gemeinsam mit meinem Mann erinnert und diskutiert. Seine Ergänzungen sind eingearbeitet, die Darstellung aber kommt aus meiner Sichtweise und Erlebniswelt.

Zur erweiterten Neuauflage

Zehn Jahre sind seit dem Erscheinen meines ersten Buches verstrichen – was hat sich getan?

Zwillingseltern treffen sich, organisieren Erfahrungsaustausch und versuchen, sich bei der Bewältigung ihrer Alltagsfragen und -probleme zu unterstützen. Solche Selbsthilfegruppen wuchsen in den letzten Jahren wie Pilze aus dem Boden, einige haben sich wieder aufgelöst. Das Interesse an Erfahrungsliteratur, die vor allem von Zwillingseltern selbst geschrieben ist (vgl. v. Gratkowski, Haberkorn, Hauenschild), zeigt den hohen Beratungsbedarf und die Neugier daran, über die Beispiele anderer einen erweiterten Blick auf die eigene Realität zu schaffen. Die einzige Zeitschrift für Mehrlingseltern im deutschsprachigen Raum («Zwillinge», Verlag v. Gratkowski) hat sich zu einer Plattform entwickelt, in der vor allem Eltern selbst zu Wort kommen.

Aber es gibt auch schon seit vielen Jahren überregionale Zwillingstreffen, bei denen die Ähnlichkeiten der Paare im Vordergrund stehen und sogar prämiert werden. Es sind vor allem die erwachsenen Zwillinge, die sich dort treffen und den Austausch suchen. Dabei stehen faszinierende Übereinstimmungen und die Frage nach dem Leben in der Paarbeziehung im Vordergrund. Bei diesen Treffen sind naturwüchsig vor allem eineiige Zwillinge angesprochen. Andere überregionale Treffen, vor allem von Selbsthilfegruppen initiiert, stehen unter einem anderen Thema: Eltern wollen mit anderen Eltern ins Gespräch kommen, wollen Öffentlichkeit herstellen für ihre Anliegen.

Die öffentliche Diskussion zeigt ebenfalls vermehrt ein Interesse daran, hinter das Geheimnis des Mythos zu blicken und die allgemeine Erziehungsdiskussion um die Facette der Erziehung von Zwillingen zu ergänzen: Mit welchen Fragen und Problemen sind Zwillinge und ihr Umfeld (z.B. Familie, Freunde, Schule) konfrontiert? Worin unterscheiden sie sich von Einlingen? Was steckt hinter der Faszination der äußerlichen Gleichheit? Worin unterscheidet sich die Entwicklung der Kinder in unterschiedlichen Zwillingskonstellationen?

Naturlich nutzt die Wissenschaft auch im deutschsprachigen Raum, nach gebührend zeitlichem Abstand zum Forschungsmißbrauch im «Dritten Reich», die genetische Übereinstimmung eineiiger Zwillinge, um Fragen der Intelligenz- und Persönlichkeitsentwicklung im Hinblick auf ihre erbbiologischen und erworbenen Anteile zu behandeln.

Gleichzeitig weiß ich aus den vielen Anfragen und Diskussionen in Presse, Funk und Fernsehen, daß es mit unterschiedlicher Ernsthaftigkeit ein öffentliches Interesse daran gibt, mehr über die differenzierte Realität derer zu erfahren, die als Zwilling oder mit ihnen leben.

Ich habe in den letzten Jahren viel dazugelernt. Mit dem Älterwerden der Kinder haben sich auch die Diskussionen und Fragen verändert, erweitert, haben ihre Sichtweisen und die Gespräche in der Familie meinen Blick geschärft. Die vor allem in den letzten Jahren zunehmende Aufforderung, mich auch in der Öffentlichkeit zu äußern, war stets von erneuten Vorbereitungen, Auseinandersetzungen mit kontroversen Ansichten und Erfahrungen begleitet. Sie alle haben meine Entwicklung unterstützt.

In dem hier vorliegenden Buch sind die alten Texte, teilweise überarbeitet, übernommen, denn sie haben ihre Gültigkeit und Aussagekraft nicht eingebüßt. Sie sind in ihrem Kontext weiterhin stimmig, sind aber von mir ergänzt worden. Schule und Pubertät waren für mich zum Zeitpunkt der damals vierjährigen Zwillinge noch kein Thema. Auch meinem Wunsch, mehr über die Zwillinge bei Naturvölkern und über die Geschichte der Zwillingsmythen zu schreiben, kann ich in dieser Neuauflage in bescheidenem Umfang nachgeben. Vielleicht werden auch Sie neugierig, mehr über die Stellung der Zwillinge in anderen Kulturen zu erfahren. Können wir etwas für unsere Situation daraus ableiten?

Einleitung

Zwillinge begegnen uns immer häufiger im Leben: 1976 war nach Berechnungen des Statistischen Bundesamtes jedes 52. Neugeborene ein Zwilling; 10 Jahre später war es schon jedes 45. Kind. Etwa zwei Drittel dieser Zwillinge sind zweieiig, davon die Hälfte etwa geschlechtsgemischt, also Pärchenzwillinge. Ein Drittel aller Zwillinge also ist eineiig. Sie vor allem werden mit dieser Begrifflichkeit und dem Mythos identifizert.

Die Gründe für das Ansteigen der Zwillingsgeburten
Hormonbehandlungen oder künstliche Befruchtung, die häufig das Heranreifen zweier oder mehrer Eizellen zur Folge haben, nehmen zu. Frauen im Alter zwischen 35 und 40 Jahren tragen häufiger zweieiige Zwillinge aus als jüngere, und immer häufiger entscheiden sich Frauen in dieser Altersphase erneut oder zum ersten Mal für ein Kind. Die Statistik zeigt darüber hinaus, daß in Deutschland die Säuglingssterblichkeit während der letzten 20 Jahre deutlich abgenommen hat. Parallel dazu hat der medizinische Fortschritt das Risiko von Frühgeburten erheblich verringert. Zusätzlich sind die Überlebenschancen von Zwillingen dadurch gestiegen, daß sie bei den routinemäßigen Ultraschalluntersuchungen früh entdeckt und entsprechend aufmerksam betreut werden.

Die Dynamik der Zwillingskonstellation
- Sie sind in der Regel als Einling-, nicht aber als Mehrlingsgeburt geplant;
- sie leben ihre prägenden Phasen jeweils in der gleichen Entwicklungsepoche der eigenen Familie;
- ihnen fehlt die biologische Altershierarchie und damit die Prägung durch die Position in der Geschwisterreihe;
- sie leben als Paar in der Geschwisterreihe (auch wenn es intern natürlich die Differenzierung [älter/jünger] gibt);

- Familie und Umwelt reagieren anders als auf Einlinge (und je nach Zwillingskonstellation noch einmal differenziert);
- Anforderungen im Alltag und Entscheidungen in der Erziehung sind zum Teil für die Eltern anders;
- sie verführen zur pluralen Ansprache, zum Blick auf das Paar;
- sie werden in ihrer Entwicklung auch davon geprägt, welches Paarkonzept (stärkere Individualität und Autonomie oder eher paarorientiert) in der Familie insgesamt, auch in der Elternpaarbeziehung, gelebt wird.

Kinder sind Akteure ihrer Entwicklung

Die Erwachsenen können nur das Aufwachsen der Kinder aktiv begleiten, wenn sie die Kinder verstehen, sie als einzigartig und unverwechselbar wahrnehmen und sie in ihrer individuellen und sozialen Entwicklung unterstützen und ermutigen, ohne sie in bestimmte Schablonen und vorgezeichnete Wege zu pressen. Es geht um einen Perspektivenwechsel, der die Eigenständigkeit des Kindes würdigt und allen Versuchen eine Absage erteilt, Menschen zu machen und nach Plan zu formen (Becker 1995).

Professor Becker formuliert sein verändertes Verständnis von uns Erwachsenen in der Rolle der Erziehenden und schlägt uns eine Sicht von Kindern vor, die ihnen mehr Eigenständigkeit zugesteht und als Akteur der eigenen Entwicklung die Unterstützung und Begleitung der Erwachsenen braucht. Dieses Verständnis von Erziehung ist auch für mich eine wichtige Orientierung. Es ist zwar für einzeln geborene Kinder formuliert. Aber ist diese Aussage deshalb für Zwillinge ungültig?

Natürlich will ich Zwillinge nicht zu kleinen Egoisten erziehen, wohl aber zu kleinen Persönlichkeiten, die sowohl soziale als auch individuelle Fähigkeiten entwickeln dürfen.

Heißt das Trennung um jeden Preis?

Erziehung zu mehr Individualität bei Zwillingen ist meines Erachtens falsch verstanden, wenn Eltern und andere Erwachsene dabei hauptsächlich an die Trennung der Kinder denken. Aber Zwillinge haben nicht immer die gleichen Bedürfnisse, und selbst eineiige Zwillinge sind in ihrer Entwicklung nicht immer auf dem gleichen Stand. Deshalb kann der Blick auf individuelle Entwicklungsanreize auch bedeuten, ihnen unterschiedliche Wege aufzuzeigen, ohne sie dabei zu überfordern und ohne den Blick für das Paar zu vernachlässigen.

Zwillinge haben anderen Kindern voraus, daß sie eine besondere Nähe und Intimität miteinander leben und genießen können. Wie erhalten sie die Chance, Nähe und Distanz nach eigenen Bedürfnissen zu regulieren? Welche Erfahrungen verhelfen ihnen zu Eigenständigkeit innerhalb der Paarbeziehung? Eltern kennen diese Fragen aus ihrer eigenen Beziehung. Das dort gelebte Partnerschaftskonzept, aber auch Geschwistererfahrungen aus der eigenen Kindheit, prägen die elterliche Haltung gegenüber dem Zwillingspaar sicherlich entscheidend.

Einige Besonderheiten, Stolpersteine und Chancen

Ohne Altershierarchie

«Seid ihr Geschwister», wurden unsere damals fünfjährigen Zwillinge vom Schwimmlehrer gefragt. «Nein, wir sind Zwillinge.» Kinder werden in ihrer Entwicklung ganz entscheidend auch davon geprägt, an welcher Stelle der Geschwisterfolge sie aufwachsen. Mit diesem Status sind Hierarchien, Chancen und Erwartungshaltungen verbunden, die oft bis in die spätere Partnerbeziehung hineinwirken. Zwillinge dagegen wachsen als Paar ohne äußere Altershierarchie auf. Es sind in der Regel nur Minuten, die sie voneinander trennen. Oft legen sie selbst aber später Wert auf verschiedene Geburtszeiten, um sich unterscheiden zu können. Wichtig ist jedoch auch die oft unterschiedliche physiologische Ausgangssituation, die in der Folge ein Kind älter wirken läßt. Dies vor allem dann, wenn solche geburtsbedingten Unterschiede durch Erwartungen und Zuschreibungen von außen verstärkt werden.

Über einen Kamm scheren?

Eltern von Zwillingen wünschen sich, beiden gerecht zu werden, doch oft zweifeln sie, ob ihnen das gelingt. Zunächst erleben sie, daß sie in ihrer Eltern-Kind-Beziehung von Beginn an Aufmerksamkeit und Zuwendung aufteilen müssen. Jede Familie sucht da ihren eigenen Weg: Die einen ordnen in der Tendenz die Zwillinge je einem Elternteil zu, der auch wechseln kann; manche Mutter (und mancher Vater) bevorzugt auch, ohne sich dessen von Beginn an bewußt zu sein, eines der beiden Kinder und überläßt das andere zu Anfang oder für lange Zeit einem Schattendasein. Wieder andere behandeln beide als eine Paareinheit, oder sie versuchen, einen Balanceakt zwischen Eltern- und Kinderbedürfnissen zu realisieren.

Bei schwierigen Entscheidungen sollten sich Eltern immer wieder einmal fragen, wie sie handeln würden, wäre der jeweilige Zwilling ein Einling. So können sie am ehesten sicher sein, die Bedürfnisse des Kindes ernst zu nehmen.

Wie Eltern die besonderen Anforderungen meistern, hängt auch davon ab, wie sie materiell ausgestattet sind. Wie sie den doppelten Kindersegen in ihr Lebenskonzept integrieren können (die Verführung, die Zwillinge als Einheit zu sehen, ist größer, wenn das zweite Kind einfach «zuviel» ist), hängt auch von den gesundheitlichen Ressourcen in der Familie, der Kraft und Phantasie der Eltern, sich auf Neues einzulassen, der Stabilität der Partnerbeziehung und dem sozialen Netz ab.

Der schwere Weg vom Spiegelbild zum Gegenüber

Eineiige Zwillinge, die im Partner häufig ihr eigenes Spiegelbild sehen, brauchen besonders lange, bis sie ihren Partner als ein anderes Individuum betrachten können. Von Beginn an wachsen Zwillinge in einer Dreierbeziehung (Triade) auf: außer der Mutter/dem Vater ist ihnen immer ein Partner nahe, zu dem sich der Kontakt jederzeit leicht herstellen läßt. Gegenseitige Anpassung ist zwangsläufig. Hinzu kommen häufig gleiche Behandlung, Ansprache im Plural und Konfusionserfahrungen durch Verwechslungen.

Dies alles erschwert die Ich-Bildung. Zwillinge sprechen deshalb in der Regel später als einzeln geborene Kinder von sich in der Einzahl. Da das Bestreben nach Nähe oder Eigenständigkeit selten bei beiden Zwillingen gleichzeitig auftritt und gleich stark ist, ergeben sich Spannungen, die für den Individualisierungsprozeß wichtig sind. Die Ambivalenz der dabei entstehenden Gefühle, der Widerstreit zwischen Bedürfnissen nach Nähe und Distanz, nach Verschmelzung und Abgrenzung, nach Dominanz und Gerechtigkeit zeigt Konfliktpunkte innerhalb der Paarbeziehung auf, die dem Harmoniemythos widersprechen. (Die Dynamik in den verschiedenen Zwillingsgruppierungen ist natürlich unterschiedlich. Vgl. dazu Haberkorn 1990, S. 137ff, und v. Gratkowski 1994, S. 14ff.)

Spätestens in der Pubertät entsteht bei den meisten Zwillingen der Wunsch nach Abgrenzung, spätestens jetzt bricht der Konflikt zwischen Ich-Findung und Paarbezogenheit mit Macht auf. Der Eintritt in den Kindergarten, in die Schule und die Entwicklungsspielräume in der Pubertät sind deshalb auch wichtige Wegmarkierungen, die in der Regel den Diskussions- und oft auch Beratungsbedarf der Eltern auf den Plan rufen.

Geschwister können helfen

Zwillinge wachsen häufiger als früher ohne Geschwister auf. Wenn es auch sonst wenig Kinder in ihrer Nähe gibt, bleiben sie bis zum Kindergartenalter ohne Freunde, aber ein eingespieltes Paar. Gibt es ein Geschwisterkind, dann ist es in der Regel älter als die Zwillinge. Die doppelte Entthronung dieses älteren Kindes ist eine konflikthafte Herausforderung, mit der es zunächst in der Regel mit Eifersucht oder besonderer Anpassung reagiert. Es muß viel Zuwendung abgeben, erlebt Eltern, die zumindest anfangs meist völlig von der Sorge um die Neuankömmlinge in Anspruch genommen sind, es spürt die überraschten, bewundernden oder besorgten Reaktionen der Umwelt. Plötzlich wird ihm ein neues Subsystem zur Seite gestellt, zu dem es in manchen Phasen nur wenig Zugang findet, weil die beiden sich oft selbst genügen.

Dreierkonstellationen sind grundsätzlich konfliktträchtiger und darauf angelegt, den Dritten auszuschließen. Doch darin liegt auch eine Chance zur Öffnung der engen Zwillingspaarbeziehung. Dies kann durch die Eltern unterstützt werden. Leichter gelingt es, wenn die Zwillinge ein Pärchen sind.

Zwar wird das Zwillingspaar immer als Subsystem innerhalb der Geschwisterreihe bestehen bleiben, aber die Paar Grenzen können durchlässiger werden.

Frühe Kindheit in der Familie

Wie reagieren Familien auf die Nachricht einer Zwillingsschwangerschaft? Wie bewältigen sie die schwierige Anfangsphase, die organisatorischen Anforderungen, aber vor allem auch die Tatsache, zu zwei Kindern gleichzeitig eine Beziehung aufbauen zu müssen? Mit welchen Fragen der besonderen Art sind Eltern in der Erziehung konfrontiert? «Vergessen Sie bitte nicht die älteren Geschwister», sagte mir eine Mutter. Wie könnte ich das, war dies doch ein wichtiges Thema in unserer eigenen Familie. Denn in der Tat ist die doppelte Entthronung eine krisenhafte Herausforderung.

Wie die Zwillinge selbst die ersten Jahre innerhalb der Paarbeziehung, aber auch in der Beziehung zu den anderen Familienmitgliedern gestalten, beschreiben die Erwachsenen aus ihrer Beobachtung. Sowohl unsere eigene Geschichte als auch die der anderen Familien ist im folgenden begrenzt auf die Zeit bis fünf Jahre. Spätere Erfahrungen mit unserer Geschichte fließen jeweils in die einleitenden Gedanken zu den weiteren Kapiteln ein.

Hannah und Jonathan: Unsere Zwillinge, und was wir mit ihnen erlebten

Als die Zwillinge vier Jahre alt waren, zog ich eine erste Bilanz. Das Foto entstand im März 1981. Zu diesem Zeitpunkt war mein Mann Heinz 38 Jahre alt. Er ist Diplom-Theologe und Diplom-Sozialarbeiter. Er hat die drei Wochen alte Hannah auf dem Arm. Ich, Erzieherin, Sozialpädagogin und Diplom-Pädagogin, bin 31 Jahre. Ich habe den drei Wochen alten Jonathan auf dem Arm. Gideon, der eigentlich in die Mitte sollte, hat sich diesen Seitenplatz gesucht. Er trifft seine Position in der Familie zu diesem Zeitpunkt sicher besser. Er ist etwas älter als vier.

Heinz arbeitete damals ganztags beim Jugendamt der Stadt Wiesbaden, ich bin wissenschaftliche Mitarbeiterin beim Deutschen Jugendinstitut.

Wir bewohnen eine große Vier-Zimmer-Wohnung mit Balkon, großem Garten hinter dem Haus und einem Park in Wohnungsnähe.

Heinz konnte eine Halbtagsstelle im Jugendamt übernehmen, die er drei Jahre beibehielt, bis die Zwillinge vier waren. So hatten wir beide neben den familiären Pflichten und Belastungen die Chance, mit einem Bein im Arbeitsprozeß zu bleiben. Wir machten dabei wichtige Erfahrungen mit dieser Form der Funktions- und Arbeitsteilung in der Familie, und außerdem konnten wir so den Alltagsstreß besser bewältigen. Wir wissen, daß wir Glück hatten und nur wenige eine solche Lösung finden werden.

Was war uns nach den ersten vier Jahren von unseren Erfahrungen mit den Zwillingen bedeutsam?

Wir haben uns ein Kind gewünscht – und es kamen zwei

Eigentlich hatte der Abstand zu unserem ersten Kind nicht so groß sein sollen. Nun waren es doch vier Jahre geworden. Ich war im vierten Monat dieser lang ersehnten zweiten Schwangerschaft. Der Termin der ersten Ultraschalluntersuchung war angesetzt. Gut erholt nach einem herrlichen Nordseeurlaub unserer dreiköpfigen Familie mit Oma ging ich mit Mann und Gideon zum ersten «Fototermin» für den Nachwuchs. Ich war aufgeregt und hatte – wie die Andeutung einer Vorahnung – das Gefühl, an diesem Tag etwas ganz Neues zu erfahren.

Schon bei der Untersuchung stellte der Frauenarzt fest, es sei schon alles mächtig groß. «Wer weiß, wie viele Kinder ich gerade austrage», meinte ich – scherzend. Und dann der Ultraschall. Wir sahen einen Kopf. Dann fragte ich: «Wie geht es unseren Zwillingen?» In diesem Augenblick sahen wir den zweiten Kopf ganz deutlich. Der Arzt verweilte bei dieser Aufnahme, ohne zunächst etwas zu sagen.

«Das sind ja zwei Köpfe.» Ganz ungläubig fragte ich den Arzt, der offenbar, um sich zu vergewissern, immer wieder nachprüfte. Nach einer Weile stellte er kurz fest: «Es scheinen tatsächlich zwei Köpfe zu sein.»

Ich erschrak. Sollte aus dem Spiel mit der Zwillingsschwangerschaft nun plötzlich ernst werden? Ich wurde hektisch. Der Arzt bemerkte es und versuchte mich zu beruhigen. Er hatte inzwischen weiter untersucht und erklärte mir nun, ja, tatsächlich, mit größter Wahrscheinlichkeit liege eine Zwillingsschwangerschaft vor. Aber, meinte er, wir sollten uns noch nicht zu viele Gedanken machen. Letzte Sicherheit würde es erst bei der nächsten Untersuchung in vierzehn Tagen geben.

Im übrigen, meinte er, seien zwei Kinder doch besser als keines, nachdem wir uns diese Schwangerschaft so gewünscht hatten. Der hatte gut reden! Ich schluckte, mußte mit den Tränen kämpfen. Wie ein Klotz legte sich auf mich das Gefühl: Das schaffst du nie! Zwei Säuglinge! Wie beiden gerecht werden? Die viele Arbeit! Und wie wird Gideon damit fertig werden? Unsere gesamte Zukunftsplanung war auf *ein* neues Kind ausgerichtet: Die Zimmeraufteilung müßte neu überdacht werden; würde das gerade bestellte Auto drei Kindern Platz geben? Wie werden wir den Alltag organisieren können, wo doch klar war, daß ich weiter halbtags arbeiten werde? Ich sah mich vor einem Berg von Anforderungen, Neuem, Ungewissem, von dem ich nicht wußte, wie ich ihn bewältigen würde.

Also, für mich als Mutter in dieser Familie war der Beginn des gemeinsamen Lebens mit unseren Zwillingen eher dramatisch und mit Tränen verbunden.

Die eher abwartende, sachliche Reaktion meines Mannes auf die Neuigkeit war mir zunächst unverständlich und wenig Trost. Für mich brachte die Vorstellung, mit Zwillingen zu leben, Ungewißheit. Für ihn war sie vertraut: Seine fünf Jahre jüngeren Geschwister sind Zwillinge. Er wollte zunächst die zweite Untersuchung abwarten, um dann mit den veränderten Anfangsbedingungen die praktischen Vorbereitungen (zum Beispiel Renovieren und Umgestalten der Zimmer) zu beginnen. Er stellte auch zu diesem Zeitpunkt alle ehrenamtlichen Tätigkeiten ein, um sich auf die Familie zu konzentrieren. Erst zwei Jahre später nahm er frühere und neue Aufgaben außerhalb der Familie wieder auf.

Die Reaktion der anderen

Nach dem ersten Schrecken hatte ich das Bedürfnis, darüber zu reden und viele Reaktionen zu erleben.

Es gab bei denjenigen, die selbst keine Zwillinge in der Familie erlebt hatten, Erstaunen bis mildes Entsetzen. «O Gott!», «Um Gottes willen!», «Ach, du meine Güte!», «O je!». Auch ihnen fielen als erstes die

Arbeit und die Anforderungen ein, die auf uns zukamen. Aber meist endeten die Gespräche aufmunternd: «Ihr werdet es schon schaffen!» – «Das kann doch ganz toll werden!» – «Im Grunde habt ihr doch etwas ganz Tolles vor euch!»

Eine Freundin, die sich selbst schon lange ein Kind wünschte, beneidete uns um unser Glück.

Wer selbst Zwillinge erzogen oder in der Familie erlebt hatte, reagierte fast ausnahmslos mit Freude.

«Ach, wie schön!» Meine Schwiegermutter lachte, als sie von ihren künftigen Zwillingsenkeln hörte, und so war das bei allen «Zwillings-Erfahrenen». Die Arbeit und das Risiko einer Geburt mit Komplikationen kamen bei ihnen immer unter «ferner liefen». Das half mir sehr, obwohl ich auch die eher entsetzten Äußerungen gut verstehen konnte, entsprachen sie doch meiner eigenen ersten Reaktion. Entscheidend war der Ausgang der Gespräche. Von Bekannten wurde ich anstandslos zur «Supermutter» gemacht. Schon zwei Tage nachdem wir von der Zwillingsschwangerschaft erfahren hatten, hatte ich das Gefühl übernommen, etwas Besonderes zu sein und konnte gut mit meiner neuen Situation umgehen.

Auf der Straße, beim Einkauf, beim Spaziergang, immer wieder die gleichen Gespräche und dabei die entsetzten Reaktionen. Gideon an meiner Hand hörte dies immer mit an. Was mochte er dabei gedacht haben? Ihn hatten wir bei unseren Gesprächen oft außer acht gelassen.

Dann waren wir mit der praktischen Vorbereitung für die neue Situation beschäftigt. Die Spannung und Erwartung stiegen. Wir haben uns auf unsere Zwillinge vorbereitet, aber Bücher haben wir nicht gelesen. Heinz ist in seiner Funktion als Sozialarbeiter fast täglich mit Erziehungsfragen konfrontiert. Und ich taglich, und zwar seit meiner Ausbildung und durch praktische Arbeit als Erzieherin und die jetzt fast fünfzehn Jahre währende Begleitung von Projekten im Vorschulbereich und der Erzieherfortbildung. Wir waren mit Theorien der Erziehung wohlvertraut. Die nun für uns neue Situation mit Zwillingen wollten wir ohne weiteren Ballast erfahren, erleben und so darauf reagieren, wie wir es konnten und für angemessen hielten.

Die Geburt

Die Wohnung umgeräumt und renoviert, waren wir auf die Geburt vorbereitet.

Die Zwillinge in meinem Bauch wuchsen, sie hatten, wie der Frauenarzt meinte, die gefährdeten Alters- und Gewichtsgrenzen überschritten. Die Antrittsuntersuchung in der Uniklinik Mainz war abgehakt. Es sollte sich übrigens als äußerst hilfreich herausstellen, daß Heinz zu diesem Termin mitgekommen war.

Was wünschten wir uns? Es sollten keine Frühgeburten sein, gesunde Kinder. Heinz wünschte sich ein Pärchen, es würde für die Entwicklung jedes Zwillings zur Eigenständigkeit leichter sein. Aber er war, sagte er, offen für jede Möglichkeit. Und ich? Ich wußte nicht, was ich mir wünschen sollte.

In den letzten beiden Wochen mußte ich viel liegen, und ich hatte auch das Bedürfnis auszuruhen. Wußte ich denn, wann das je wieder möglich sein würde? Gideon ging in dieser Zeit häufig nicht in den Kindergarten, sondern blieb zu Hause. Wahrscheinlich ahnte er, daß es nie wieder so sein würde. Wir verstanden, daß er es auskostete. Ich las ihm stundenlang Bücher vor, oder wir kuschelten einfach zusammen. Die Erzieherin hatte kein Verständnis dafür, daß Gideon so selten kam. Man dürfe solche Unregelmäßigkeit nicht einreißen lassen, meinte sie. Aber konnte er – vier bis sechs Wochen vor dem Geburtstermin, der bei Zwillingen selten erreicht wird – wissen, ob ich noch zu Hause sein würde, wenn er mittags aus dem Kindergarten käme?

Heinz und ich hatten uns – wie schon erwähnt – in Absprache mit dem Frauenarzt entschieden, daß die Zwillinge in der Uniklinik Mainz zur Welt kommen sollten. Dies vor allem aus zwei Gründen: Die Kinderintensivstation liegt hier nahe bei der Entbindungsstation. Im Notfall wäre also eine optimale Versorgung möglich. Zudem könnte ich mich nach der Geburt bald an der Betreuung der Kinder beteiligen. Der zweite Grund: die relativ kurze Wegstrecke mit dem Auto zur Klinik.

Aus den Gesprächen mit verschiedenen Zwillingseltern wissen wir, daß die Intensivstation selten benötigt wird. Aber Zwillingsgeburten sind Risikogeburten. Deshalb schien uns besondere Vorsicht sinnvoll.

Wir hofften, daß die Kinder über fünf Pfund wiegen würden. Denn nach unserer Information würden sie bei geringerem Gewicht zur Vorsicht auf die Frühgeborenenstation gebracht und ins Wärmebettchen gelegt. Wir wünschten uns, daß sie nicht über Fasching in Mainz zur Welt kommen müßten. Und wir wünschten uns, daß sie möglichst ohne Kaiserschnitt geboren werden könnten.

Es kam alles anders. Am 3. März, fünfzehn Tage vor dem Termin, kamen sie zur Welt, ausgerechnet in der Nacht von Rosenmontag auf Faschingsdienstag. Von der ersten Wehe bis zur Geburt des ersten Kindes vergingen nur 50 Minuten. Meine Mutter kam mit dem Taxi, um bei Gideon zu bleiben. Ein Krankenwagen war nicht zu erreichen. Während der Fahrt bei Nacht hatte ich Preßwehen schon im Auto, die ich aber gut beatmen konnte – Heinz behielt die Nerven. Er hatte die Wahl, sich um mich zu kümmern oder so zu fahren, daß wir möglichst schnell dort waren. Obwohl Heinz den Weg von der Vorsorgeuntersuchung her kannte, hätten wir uns doch beinahe verfahren. Wir kamen gerade rechtzeitig, zwei Minuten vor der Geburt von Hannah, in der Klinik an. Jonathan mußte 30 Minuten später durch Notkaiserschnitt geholt werden. Hannah war völlig gesund zur Welt gekommen, aber Jonathan mußte für neun Tage auf der Intensivstation betreut werden. Am ersten Tag bangten wir um sein Leben, danach wußten wir lange nicht, wie er sich entwickeln, ob er jemals ein gesundes Kind sein würde.

Was die Fahrt zur Klinik angeht, rät Heinz jedem, den es betrifft, den Weg dorthin einmal bei Nacht zu fahren, um dann auch bei Dunkelheit und größter Aufregung den Weg noch sicher zu finden.

Während ich mich von der Geburt mit ihrem dramatischen Ablauf etwas ausruhen konnte, mußte Heinz nicht nur Gideon betreuen, sondern seine Leute in drei verschiedenen Klinikgebäuden besuchen: Ich lag in der UNI-Klinik, Jonathan auf der Intensivstation, Hannah auf der Frühgeborenenstation, wo sie aus Vorsicht für zwei Tage untergekommen war. Sie hatte zwar eine völlig andere Geburt als Jonathan und war als ganz gesundes Kind zur Welt gekommen. Aber die besondere Vorsicht bei Zwillingen wurde bei ihr um ein Vielfaches verstärkt von der ärztlichen Sorge um den Bruder. Offenbar ging das nach dem Motto: Wenn einer krank ist, muß man auch beim anderen höllisch aufpassen.

Beide, Hannah und Jonathan, wogen bei der Geburt über fünf Pfund; sie waren ausgetragen. Und nachdem Jonathan zwei Jahre intensiv krankengymnastisch betreut worden war, hatten wir endlich *zwei* gesunde Kinder. Aber bis dahin war es ein mühevoller Weg. Eine solch dramatische Geburt und Folgen für die Entwicklung von Jonathan und damit auch für die Beziehung innerhalb der Zwillingsgemeinschaft, wie wir sie erlebten, sind glücklicherweise nicht der Regelfall. Wer aber Zwillinge erwartet, wird von vornherein mit solchen Schilderungen geängstigt. Das ist unvermeidlich.

Die besondere Sorge um und die besondere Aufmerksamkeit für die Zwillinge beginnen in der Schwangerschaft. Und sie hören nicht auf. Zwillinge zu bekommen und zu haben ist einmalig, etwas Besonderes. Und das geht einher mit immer neuen Fragen und Unsicherheiten. Auch aus diesem Grunde sind Zwillinge immer etwas Besonderes in der Familie.

Zu Hause angekommen

Nach zwei Wochen wurden Hannah und ich aus der Klinik entlassen. Jonathan mußte noch eine Woche dort bleiben. Wir besuchten ihn täglich, um so viele Tagesmahlzeiten wie möglich selbst zu füttern und in die krankengymnastischen Übungen eingeführt zu werden.

Drei Wochen nach der Geburt waren wir zu Hause endlich komplett. Zum erstenmal lagen beide Kinder nebeneinander auf dem Wickeltisch. Die gehören beide uns – dachte ich, fast ungläubig, aber auch stolz. Wir packten sie in den gebraucht erworbenen Zwillingswagen, und die neue Familiengröße zeigte sich im Park den Bewunderern. Es waren sehr viele Menschen, die stehenblieben. Und immer wieder die gleichen Fragen: Sind das Zwillinge? Wie alt sind sie? Sind sie eineiig? Na, da haben Sie aber viel Arbeit! Immer wieder mußten wir aufklären, warum ein Pärchen niemals eineiig sein kann. Zunächst gefielen uns die Bewunderungen. Heinz aber wurden sie schon bald zuviel. Und Gideon, der zunächst als stolzer Bruder Einblick in den Wagen unserer Zwillinge erlaubte, schob uns bald weiter, als der Spaziergang immer wieder gestoppt wurde und keiner ihm Aufmerksamkeit schenkte.

Dagegen sollten die vielen Besuche beim Kinderarzt und vor allem die Nächte zur argen Belastung werden.

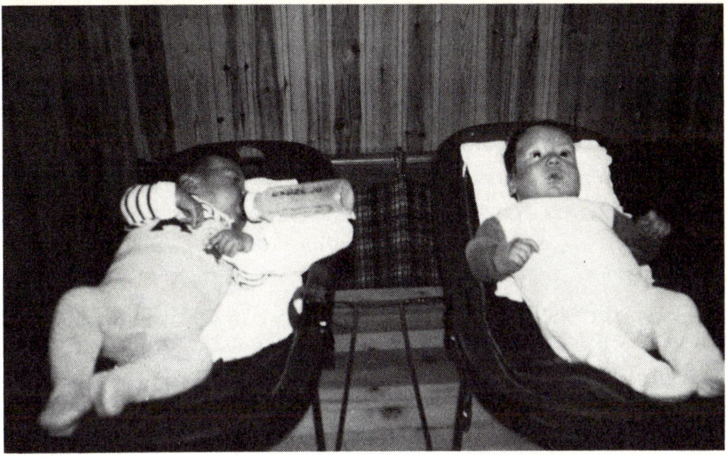

Der Alltag

In den ersten beiden Jahren nach der Geburt der Zwillinge waren wir fast ausschließlich für die Kinder da. Wie ich schon erwähnte, hatte nach dem ersten Zwillingsjahr auch Heinz eine Halbtagsstelle angenommen, so daß für uns beide die Familie zum hauptsächlichen Aktionsfeld wurde. Heinz mahnte denn auch einmal, daß wir aufpassen sollten, nicht nur für die Kinder zu leben. Denn eines Tages seien sie aus dem Haus. Aber zunächst galt es, den neuen Alltag zu bewältigen – und dabei standen nun erst mal die Zwillinge im Vordergrund.

Essensrhythmus – nach wessen Bedürfnis?

Während unser erstes Kind Gideon in den ersten Lebensmonaten den Rhythmus der Mahlzeiten weitgehend selbst bestimmen konnte, steuerten wir bei Hannah und Jonathan einer «Gleichschaltung» der Bedürfnisse zu. In der Nacht gaben wir dem noch schlafenden Zwilling höchstens 30 Minuten. Dann mußten wir ihn wecken, um nicht wenig später selbst erneut aus dem Schlaf gerissen zu werden. Zugunsten der eigenen Kraftreserven mußten die Bedürfnisse jeweils eines Zwillings zurückstehen. Dieser Anpassungsprozeß dauerte aber nur wenige Tage. Dann wurden beide gemeinsam wach, und zwar zu festen, eingespielten Zeiten.

Das Füttern selbst war unproblematisch. Unsere Zwillinge lagen, wenn sie gleichzeitig zu essen bekommen sollten, auf dem Tisch in ihren Liegewippen und wurden von einem von uns gefüttert.

In der Nacht lösten Heinz und ich uns ab, so daß jeder die halbe Nacht durchschlafen konnte. Wir hatten in dieser Zeit getrennte Schlafzimmer. Bei geschlossener Tür konnte so jeder in der «dienstfreien» Hälfte der Nacht versuchen abzuschalten.

Tagsüber dagegen konnten die Zwillinge ihre individuellen Bedürfnisse nach Essen und Schlaf ausleben. Da war es uns sogar lieb, wenn sie etwas zeitversetzt kamen, damit wir die volle Aufmerksamkeit auf ein Kind lenken konnten. Indes hatten Hannah und Jonathan mit wenigen Ausnahmen auch tagsüber ähnliche Schlafrhythmen und fast gleiche Essenszeiten. Da war es gut, daß am Tag oft Hilfe oder Besuch da war, damit die Flaschen nicht «stereo» gefüttert werden mußten.

Auf der einen Seite waren wir glücklich und auch stolz über die unkomplizierte Lösung des gleichzeitigen Fütterns in den Liegewippen, auf der anderen Seite empfanden wir es als Problem, daß die beiden sich dadurch wieder die Zuwendung und Ansprache eines Erwachsenen teilen mußten. Streß.

In den ersten zwei Jahren stellte Jonathans Situation besondere Anforderungen an uns: tägliche Krankengymnastik, viele Arztbesuche – und das verbunden mit unseren Ängsten und Unsicherheiten (s. dazu: S. 42ff).

In diesen beiden Jahren waren Hannah und Jonathan zudem besonders anfällig, sie hatten Infektionen gleichzeitig oder direkt nacheinander. Wir waren sehr häufig beim Kinderarzt, der glücklicherweise nur wenige Minuten von uns entfernt seine Praxis hat und uns sehr unterstützte.

Bei diesen häufigen gleichzeitigen Krankheiten veränderte sich der Schlafrhythmus, die Kinder brauchten mehr Zuwendung, wollten herumgetragen werden, mit einem Wort: Sie stellten Ansprüche. In solchen Phasen habe ich oft zwischen den Zwillingsbetten geschlafen, um sofort reagieren zu können, den einen Zwilling zu beruhigen, damit der andere nicht wach wurde. Wir mußten zu zweit sein.

Für Heinz gab es zwei extreme Belastungssituationen. Als die Zwillinge zwei Jahre alt waren, erkrankten sie – wieder gleichzeitig – an

Röteln, Gideon hatte Lungenentzündung und ich eine fiebrige Grippe. In dieser Woche fand Heinz kaum Zeit zum Schlafen. Die zweite extreme Streß-Situation für ihn ergab sich, als ich nach einem Bandscheibenvorfall operiert werden und länger im Krankenhaus liegen mußte. Mit Unterstützung von außen mußte er die Familie mit den zweijährigen Zwillingen versorgen und zudem noch Gideons Einschulung bewältigen.

Auf Grund des fast gleichen Schlaf- und Eßrhythmus der Kinder äußerten sie meist auch zur gleichen Zeit Hungergefühle oder Unmut wegen Müdigkeit. Das war dann besonders anstrengend, wenn beide brüllten, Zuwendung brauchten und wir gleichzeitig das Essen machen mußten. Am Abend kam Gideon mit seiner Müdigkeit und dem Bedürfnis nach Zuwendung noch hinzu.

Manchmal ging der Streß bis an die Grenze. Oft – besonders häufig im ersten Jahr – packte ich die Kinder entnervt in den Zwillingswagen und fuhr sie durch den Park, immer in der Hoffnung, Gesprächspartner und «Leidensgenossen» zu finden. Dabei erfuhr ich von den vielen Spaziergängern so viel Bewunderung und Anerkennung, aber auch so viel Bedauern über die doch große Belastung, daß ich meistens getröstet und gestärkt wieder nach Hause ging.

Hilfe durch Verwandte und Freunde

Möglichkeiten der Familie, Entlastung zu schaffen, sind in der Regel sehr begrenzt. Die Väter als die Hauptstütze sind berufstätig und können nur wenig helfen. In der ARA-Studie (1983) berichten die Mütter, daß Hilfe durch die eigene Mutter oder Schwiegermutter oft recht problematisch ist. Sie fühlen sich bevormundet von einer «erfahrenen» Mutter, die weiß, wie man's macht, oder eingeengt, weil es die ältere Generation besonders gut meint. Diese Beziehungen sind selten offen. Geschwister der Zwillingseltern sind nicht greifbar.

«Freunde und Nachbarn finden sich nur bei Familien, die ohnehin über ein besonders enges Netz sozialer Beziehungen verfügen» (ARA-Studie, 1983, S. 87). Angesichts dieser Situation ist unsere erlebte Hilfsbereitschaft ideal gewesen. Wir hatten viele gute Helfer, von denen manche uns fast abrufbar unterstützten.

Als erstes meine Mutter. Sie kam, wann immer wir sie brauchten. Es gab Phasen, da war sie jeden Morgen für uns da. Auch meine Schwester Birgitt, die zum Beispiel einmal spontan in der Nacht die Versorgung der Kinder übernahm, als Heinz nicht da war und ich hohes Fieber bekommen hatte. Meine Freundin Gabi und Jutta, eine andere Schwester von mir, kamen im ersten Jahr regelmäßig an einem Nachmittag in der Woche.

Jutta: «Ich bin deshalb ganz gerne gekommen, weil Anna (ihre Tochter) dann mit Gideon gespielt hat, er damit also Besuch hatte, und ich konnte entweder bei den Zwillingen helfen, oder wir tranken einfach mal Kaffee. Das ist ja auch schön, wenn es sich nicht immer nur um die Kinder dreht.» Jeder hatte dann einen Zwilling, und das war schon eine Erleichterung für mich.

Meine Freundin Gabi ist Hannahs Patentante. Sie sagte mir: «Wenn ich wegen der Zwillinge zu dir kam, ergab es sich oft, daß wir uns miteinander unterhielten, während Hannah und Jonathan allein spielten. Das war – wie du gesagt hast – für dich auch eine Erleichterung. Ich habe gesehen, wie schwierig es ist, sich als Mutter etwas Freiraum zu schaffen, um selbst noch ein Mensch zu sein und nicht nur Mutter.»

Es gab Freunde, die Gideon häufig einluden; oder umgekehrt spielten deren Kinder bei uns mit ihm, und wir Erwachsenen konnten uns auf die Zwillinge konzentrieren.

Eine ausgesprochen kinderfreundliche Nachbarsfamilie unterstützte uns ebenfalls sehr ausgiebig. Es gab oft Situationen, in denen ich nach Entlastung suchte. Schon als Hannah und Jonathan noch Krabbelkinder waren, konnten wir einfach unsere Tür öffnen, und die Zwillinge wurden einen Stock höher freundlich empfangen. Die damals zwölfjährige Tochter dieser Familie begleitete mich häufig bei den Einkäufen und Spaziergängen. Denn die Hindernisse türmen sich, und die Schwierigkeiten sind groß, wenn man mit dem Zwillingswagen allein einkaufen muß.

Diese bislang genannten Helfer waren Entlastung und Unterstützung, weil sie es erstens möglich machten, daß ich mich auf *ein* Kind konzentrieren konnte und ich zudem erwachsene Gesprächspartner hatte, bei denen ich einmal vom Mutter-Sein Abstand finden konnte.

Dies alles wurde leichter, als Heinz nach einem Jahr die erwähnte

Halbtagsstelle bekam und wir uns die Sorge und Arbeit in der Familie besser aufteilen konnten. In dieser Zeit empfanden wir es beide als Privileg, für vier Stunden des Tages berufstätig sein zu dürfen. Den Tapetenwechsel mit völlig neuen Anforderungen, vor allem erwachsenen Gesprächspartnern, empfanden wir in dieser Zeit eher erholsam, wenngleich Streß auch hier nicht ausblieb.

Zwillinge zehren an der Substanz der Familie

Die Helfer, von denen im vorigen Abschnitt die Rede war, brachten stundenweise Entlastungen, die Anforderungen rund um die Uhr blieben. Es waren zwei Jahre, in denen wir kaum zum Aufatmen kamen und in denen wir ganz wenig Zeit für uns fanden. Gereiztheit, die sehr schnell der Partner zu spüren bekam, war die Folge. Und auch Gideon hat unsere Ungeduld erlebt.

Heinz litt einige Zeit an Schlafstörungen. Erst nachdem die beiden ersten anstrengenden Jahre bewältigt waren, konnte er allmählich wieder entspannen.

Heinz und ich haben aber auch in der Erinnerung an unsere bislang anstrengendsten gemeinsamen Jahre festgestellt, daß es auch viel Positives gab: neben den vielen schönen Situationen mit den Kindern viel Anerkennung von außen und damit Entschädigung für den Alltags-Streß. Wir spürten dabei den besonderen Status, den wir als Zwillingseltern sowohl in der Verwandtschaft und bei Freunden als auch am Arbeitsplatz bei Kollegen einnahmen. Aber das hat mich oft auch gestört: die «Mutter mit den Zwillingen» zu sein. Sonst war ich wohl nichts?

Heute haben wir beide wieder mehr Luft, auch Herr und Frau Haberkorn zu sein, uns als Mann und Frau zu erleben. Jetzt ist der Status als Zwillingseltern eine angenehme, aber nicht mehr einengende zusätzliche Kennzeichnung.

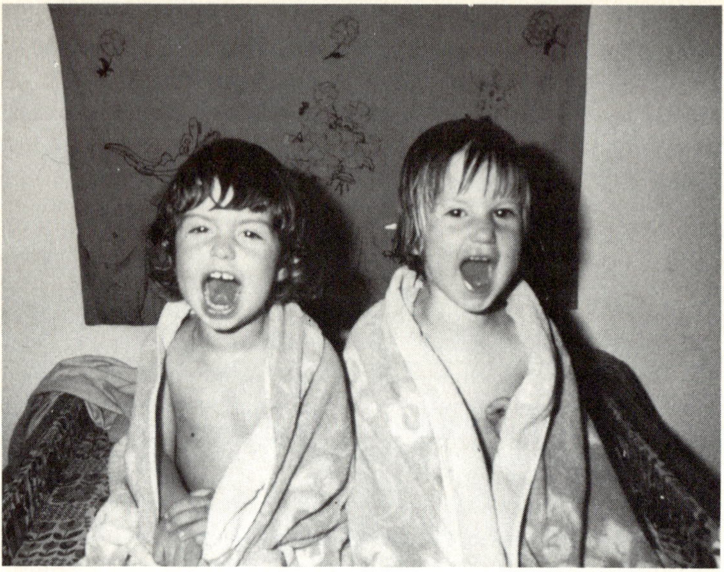

Engere Grenzen, weil es zwei sind?

Uns wurde oft gesagt, unsere Zwillinge seien so unkompliziert und brav. Natürlich waren sie das nicht immer. Aber ich hatte von Anfang an das Gefühl, daß wir bei den beiden weniger Freiräume zulassen konnten, wollten wir die Situation aushalten und bewältigen.

So hielten wir etwa in der Phase des intensiven Erkundungsdrangs von Hannah und Jonathan die Erwachsenen-Räume und Gideons Zimmer tagsüber geschlossen. Bad, Flur, Zwillingszimmer und die große Wohnküche waren frei zugänglich, und da konnte auch nichts passieren. Selbstverständlich waren Türen, hinter denen für die beiden gefährliche Dinge (wie Putzmittel) aufbewahrt wurden, mit einer Kindersicherung verschlossen. Sie hatten zwar viel Platz und Auslauf in der Wohnung. Aber ihre Freiräume waren klar abgesteckt, und zwar enger, als das bei einem einzeln geborenen Kind der Fall gewesen wäre.

Diese Klarheit hat den Kindern sicher sehr gut getan. Andererseits hatte ich manches Mal so etwas wie ein schlechtes Gewissen, wenn mir bewußt wurde, daß Hannah und Jonathan nicht nur unsere Zuwendung teilen mußten, sondern daß wir mit ihnen weniger unternahmen, ihnen weniger Außenerfahrungen ermöglichten, weil es uns einfach mit beiden gemeinsam zu anstrengend und aufwendig war.

Paarorientiert – dann ist es fast wie ein Kind

Obwohl wir uns *ein* Kind gewünscht hatten, haben wir uns doch auf die Zwillinge gefreut und versucht, ihnen, soweit wie möglich, gerecht zu werden. Und das hieß auch, bei ihnen Unterschiedlichkeit zuzulassen, ihnen verschiedene Freunde und Einzelerfahrungen zu ermöglichen, sie auch von dem anderen Zwilling unabhängiger werden zu lassen. Nähe und Intimität wollten wir ihnen nicht wegnehmen. Diese einzigartigen Erlebnisse von Zwillingen gehören zu ihrem Leben, sind Bestandteil unserer Familiendynamik und einfach auch wunderschön zu erleben. Der Wunsch und das Bestreben, eine eigene Persönlichkeit zu werden, stecken in jedem Kind, auch in jedem Zwilling. Die Ich-Entwicklung gestaltet sich bei Zwillingen grundsätzlich schwieriger als bei einzelgeborenen Kindern. Bei eineiigen Zwillingen ist die Identitätsfindung sogar das wesentliche Problem.

«Die Identitätsentwicklung ist der Prozeß, in dem sich ein menschliches Wesen biologisch und psychologisch zu einem einmaligen Wesen entwickelt» (Schlieben-Troschke 1981, S. 129). Das kleine Kind gelangt dabei zu Ich-Bewußtsein, wenn es erfährt, daß es sich nicht nur von der Mutter, sondern vor allem von dem Zwillingsgeschwister unterscheidet. Damit Zwillinge Gelegenheit zur Weiterentwicklung und Individualität haben, müssen sie einen eigenen Weg innerhalb der Zwillingsgemeinschaft einschlagen dürfen. Individualisierung setzt nicht nur voraus, daß die Eltern sie wollen, sondern daß sie auch die Kraft haben, sie bei den Kindern zuzulassen und zu unterstützen.

In Phasen besonderer Anstrengung waren wir immer wieder versucht, sie eher wie *ein* Kind zu behandeln, das heißt, das Bedürfnis eines Zwillings als Orientierung und zum Maßstab für beide zu nehmen.

Je hilfreicher für uns die Unterstützung durch andere war, um so eher konnten wir individuellen Bedürfnissen beider nachgeben, sie also wirklich wie *zwei* Kinder behandeln.

Die Kleidung macht es deutlich: Zwillinge

In der recht großen Kinderschar unserer Verwandtschaft und Bekanntschaft wird die Kleidung der Kinder oft dem nächstjüngeren weitergegeben. So ist in der Regel ein reicher Grundstock vorhanden, der mit einigen neu geschenkten und wenigen selbst gekauften Stücken angereichert wird.

Auch wir hatten daher immer viele Dinge, aber nie zwei gleiche zur Verfügung. Zur Geburt wurden uns einige Kleidungsstücke im Partnerlook geschenkt, ähnliche Jacken, gleiche Pullover und Hosen in verschiedenen Farben kamen hinzu. Heinz achtete weniger darauf, ich aber sah schon zu, daß die ähnlichen Jäckchen den Kindern auch zur gleichen Zeit angezogen wurden. Vor allem in den ersten Monaten, in denen die Belastung so stark und das Bewußtsein der Zwillingseltern oder -mutter noch so neu war, wurden Hannah und Jonathan oft ähnlich gekleidet. Und in der Tat ernteten wir die erhoffte Anerkennung: Diese süßen Zwillinge – ach, wie sehen sie doch so prächtig aus! Da Hannah mit ihren anfangs blauen Augen und schwarzen Haaren besser eine blaue Jacke kleidete und Jonathan wegen der blonden Haare und braunen Augen die rote Jacke eher stand, wurden die neugierigen Bewunderer im Park meist aufs Glatteis geführt, wenn es darum ging, welcher Säugling nun der Junge und welcher das Mädchen sei. Und mir machte das Verwirrspiel Spaß. Hatten die beiden mal gleiche Mützchen, fand ich das, im Gegensatz zu anderen, eher langweilig.

Seht: Unser Zwillingspaar

Ich ging im Sommer mit unseren zweijährigen Zwillingen zum Einkauf, Jonathan in kurzen Jeans und Hannah im entsprechenden Jeansrock, dazu ähnliche T-Shirts und Söckchen. Beide wollten sie ihre kleinen Einkaufskörbe mitnehmen. Sie hielten sich – was sie höchst selten taten – an der Hand. Ich empfand bei diesem Anblick viel Stolz und Freude. Während die beiden etwa 50 Meter weit so gingen, gab es keinen, der nicht stehenblieb, sich umdrehte. Und die Leute machten sich gegenseitig auf unsere Zwillinge aufmerksam. Nicht nur sie wurden von allen beachtet, sondern auch ich. Anerkennung, Achtung und Freude wurden mir signalisiert. Es tat gut, wenngleich es mir auch ein leichtes Unbehagen bereitete. Auch Hannah und Jonathan spürten die Wirkung, sie faßten sich fester, und stolz gingen sie weiter. Mir wurde in dieser Situation wieder einmal besonders deutlich, wie leicht Zwillinge allein durch ihre äußerlichen Ähnlichkeiten die Aufmerksamkeit auf sich lenken und welch gänzlich andere Erfahrungen sie machen müssen, wenn sie allein auftreten, nicht als Zwilling identifizierbar sind.

«Wir haben auch Zwillinge»

Urlaubserlebnis während einer Führung für Kinder in einem Heimatmuseum. In der wartenden, etwa zwanzigköpfigen Schar zwei Mädchen, etwa dreijährig, von der Haarspange bis zu den Schuhen absolut identisch gekleidet, wirklich «goldig». Die Museumspädagogin sieht die beiden, und ein Schwall von Begeisterung regnet auf sie und die stolzen Eltern herab. Heinz und ich hielten unsere schon etwas müde gewordenen Zwillinge, die nicht gleich gekleidet waren, auf dem Arm. Während diese beiden Mädchen so im Mittelpunkt standen, dachte ich: Verdammt noch mal, wir haben auch Zwillinge. Und in diesem Augenblick sagte Heinz es – für alle hörbar: «Wir haben auch Zwillinge.» So bekamen wir auch einen Teil der Zwillingsbegeisterung ab und waren zufrieden.

Aber es kam uns auch wieder der Gedanke: Zwillinge stehen bei äußerlicher Gleichheit immer sofort im Mittelpunkt. Wie muß es einem Zwilling zumute sein, wenn er allein unauffällig in der Gruppe oder im Alltag «untergeht»? Wie wird er es schaffen, Selbstbewußtsein durch Individualisierung zu erreichen und nicht auf das Wir-Bewußtsein angewiesen zu sein, das durch die Stereotypisierung entsteht? Wir wollten unseren Kindern möglichst früh die Erfahrung vermitteln, daß sie als Einzelperson wichtig sind, als Hannah und Jonathan.

Unterschiedliche Kleidung hilft nicht nur den Zwillingen selbst und den Eltern, sondern auch der Umwelt, Eigenständigkeiten zu sehen, zu fördern und zu akzeptieren.

Immer wieder haben wir zu Hause darüber gesprochen, und auch Gideon wußte bald, daß es für Zwillinge sicher besser ist, wenn sie nicht gleichgemacht werden. Das ging so weit, daß er bei einem Spaziergang – er war fünf – eine andere Zwillingsmutter fragte, warum sie ihre Kinder gleich anziehe, wo es doch für die Zwillinge besser sei, unterschiedlich gekleidet zu sein.

«Wie bei Zwillingen»

Als Hannah und Jonathan im Kindergartenalter waren, hatten sie keinerlei gleiche Kleidung mehr. Sie kannten aber zwei Zwillingspaare aus dem Kindergarten, die immer gleich gekleidet auftraten. Nun kauften wir ihnen im Winter Stiefel. Und weil es keine verschiedenen Ausführungen in diesem Geschäft gab, bekamen sie beide die gleichen. Sie unterschieden sich nur in der Größe. Beide hatten natürlich die neuen Schuhe gleich auf dem Heimweg anbehalten. Im Auto besahen sie sich ihre neue Fußbekleidung. Und plötzlich meinte Hannah zu Jonathan: «Sieh mal, wir haben ja die gleichen Schuhe an! Wie bei Zwillingen.» Natürlich «wußte» sie, daß sie und ihr Bruder «Zwillinge» sind. Aber «Zwillinge» sein und wie «Zwillinge» aussehen – das war offenbar doch etwas sehr Verschiedenes!

Besondere Nähe durch gleiche Kleidung

Welches Mädchen hat nicht gerade in der Pubertät mit einer Freundin durch gleiche Kleidung nach außen hin die besondere Nähe der Beziehung deutlich gemacht? Auch junge Paare wollen oft Harmonie, Gleichklang oder besondere Nähe zueinander nach außen mit gleicher Kleidung oder Partnerlook zeigen. Kinder spielen, sie seien Zwillinge; dabei ziehen sie sich gleich an. Dies ist offenbar – von außen betrachtet – das erste und deutlichste Kennzeichen eines Zwillingsdaseins.

Gideon hat sich mit Jonathan einen gleichen Pullover gewünscht. Beide stehen vor dem Spiegel. Gideon stolz zu Jonathan: «Jetzt sind wir Zwillinge.» In diesem Augenblick kommt Hannah dazugerannt, umarmt Jonathan und protestiert: «Nein, wir sind Zwillinge.» So einfach, durch äußerliche Zuordnung zum großen Bruder, läßt sie sich ihren Zwilling nicht wegnehmen. In diesem Fall wirkte die besondere Nähe, hergestellt und ausgedrückt durch gleiche Kleidung, wie Gideon als Nichtzwilling sich das gewünscht hatte, auf Hannah bedrohlich, und sie wehrte sich dagegen, ihren Zwillingsbruder als äußerlichen «Zwilling» des größeren Bruders erleben zu müssen. Als sich Hannah so verhielt, war sie knapp dreijährig.

«Du machst ja Zwillinge aus uns!»

Als Hannah vier war, da sprach sie im Sommer wieder diesen Zwillingsmythos an. Und diesmal anders. Sie ertappte mich dabei, wie ich ihr und Jonathan gleiche, allerdings verschiedenfarbige Hosen für den Kindergarten anzog. Sie besah sich und ihren Bruder und meinte erstaunt: «Du machst ja Zwillinge aus uns!» Sie hat jetzt offenbar doch zwei klar voneinander geschiedene Zwillingsbegriffe: «Zwillinge sein» oder «wie Zwillinge aussehen».

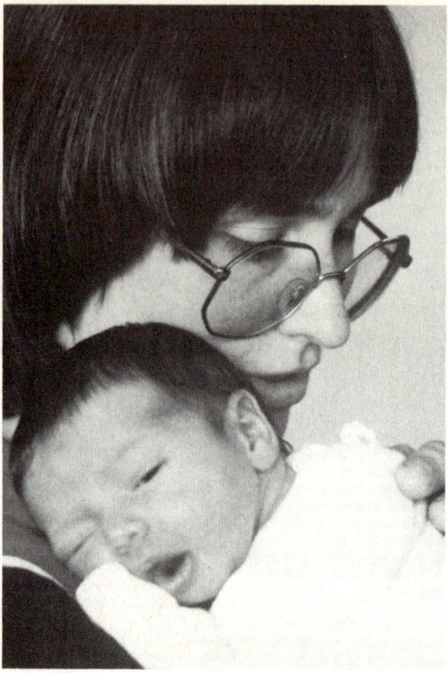

... beiden gerecht werden

Als ich aus der Vollnarkose nach dem Notkaiserschnitt aufgewacht war, waren Jonathan und Hannah schon auf der Intensiv- bzw. Frühgeborenenstation. Hannah sah ich zum erstenmal einen Tag später. Da wurde sie mir ins Zimmer gebracht. Ich war glücklich mit meiner Tochter, die gesund und zufrieden neben mir lag. Ich war auch neugierig auf sie und wie wir miteinander klarkommen würden. Es war für mich ein neues Gefühl, ein Mädchen geboren zu haben. Wir verbrachten ruhige Stunden miteinander, ich konnte sie füttern, beobachten, viel mit ihr schmusen, sie einfach genießen. Wenn sie weinte, ließ sie sich schnell von mir beruhigen. Ich hatte ein gutes Gefühl, so wie ich sie kannte. Es ging mir sehr gut mit ihr.

Mit Jonathan war es völlig anders. Ich sah ihn zum erstenmal vier Tage nach der Geburt im Inkubator. Vorher hatte ich es nicht geschafft hinzugehen. Zwar hatte ich mich von Beginn an bei jeder Gelegenheit

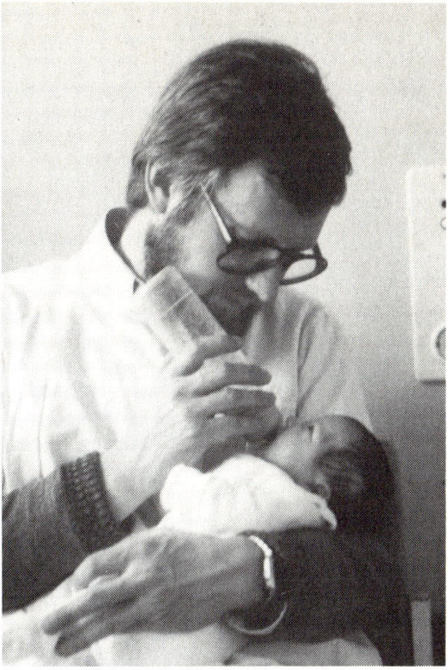

über seinen Zustand erkundigt, nach neuen Untersuchungsergebnissen, Fortschritten und prognostischen Einschätzungen gefragt. Auch von allen Besuchern, vor allem von Heinz und Gideon, hatte ich mir deren Eindrücke über Jonathan schildern lassen, aber als mich am dritten Tag ein Arzt gedrängt hatte, Jonathan zu besuchen, ich könne mich hinfahren lassen, hatte ich mich körperlich noch nicht imstande gefühlt, dieser Anforderung zu genügen. So hatte ich jedenfalls zunächst gedacht, bis ich mir eingestehen konnte, daß ich ihn eigentlich noch gar nicht sehen wollte. Ich wollte zunächst dieses eine, gesunde Kind ungeteilt genießen.

Einen Tag später schaffte ich es dann und ging mit Heinz und einigen Verwandten zu Jonathan. Er lag im Inkubator und hatte die Augen noch geschlossen. Ich durfte ihn streicheln. Ich weiß noch heute, daß ich mit den Tränen kämpfen mußte, als ich seine Haut spüren konnte, aber das Kind selbst für mich noch so weit weg war. Ich hoffte, daß er die Zuwendung spürte, aber er konnte noch nicht reagieren.

Ab diesem ersten Kontakt mit Jonathan mußte Hannah meine Zuwendung mit ihrem Bruder teilen. Während zuvor meine Beziehung zu Jonathan eher auf Verstandesebene bestand, war nun auch emotional Hannah zum Zwilling für mich geworden. So oft es ging, besuchte ich Jonathan, konnte ihm ganz bald die Flasche geben. Auf meinem Nachttisch hatte ich ein Bild von ihm. Hannah lag neben mir in ihrem Bettchen. Während ich mich mit Hannah schon einigermaßen sicher fühlte, war meine Vorstellung von der Person des Jonathan noch sehr vage. Ich wußte einfach noch zu wenig von ihm und seinen Reaktionen, und sein möglicher Entwicklungsablauf war noch höchst ungewiß. Dies prägte selbstverständlich die Art der Beziehung zu den Kindern.

Für Heinz stellte sich die Beziehungsaufnahme anders dar. Er konnte unmittelbar nach der Geburt beide Kinder sehen. Das bedeutete auch: Er konnte sich nicht wie ich zunächst auf ein Kind konzentrieren. Er hatte vom ersten Tag an eine emotionale Beziehung zu Hannah *und* Jonathan. Er konnte auch früher als ich beiden die Flasche geben. Seine Kontaktaufnahme und eigenständige Beziehung zu Hannah und Jonathan war erleichtert durch das räumliche Getrenntsein der Zwillinge voneinander. Die Folge: Er konzentrierte sich jeweils ganz auf das eine Kind.

Diese völlig verschiedenen Ausgangsbedingungen von Hannah und Jonathan haben es uns leichter gemacht, unverwechselbare Beziehungen zu jedem von ihnen aufzunehmen.

Freunde und Verwandte haben uns später gesagt, daß sie – zumindest im ersten Lebensjahr der Zwillinge – bei Heinz und mir unterschiedlich intensive Beziehungen zu beiden beobachten konnten. Heinz sprach eher auf seine Tochter an, die ihn anlachte und mit ihm schmuste, während ich stärker auf Jonathan bezogen war, schon bedingt durch die tägliche Krankengymnastik, die ich mit ihm machte. Gleichwohl wirkte Heinz mit besonderen Tobespielen meiner eher behütenden Tendenz bei Jonathan von Beginn an entgegen. Aus unserer Sicht konnten wir bei jedem Kind jeweils sich ergänzende Bereiche einer Beziehung einbringen und ansprechen. Eine sicher ganz hilfreiche Arbeitsteilung, die uns selbst – wie gesagt – allerdings gar nicht bewußt war.

Das Problem, beiden gerecht zu werden, will ich mit zwei Situationsschilderungen beleuchten.

Schon von Beginn an konnte ich bei mir und anderen beobachten, daß wir zunächst mit einem Kind sprachen, aber gleich darauf uns dem anderen Zwilling zuwandten, um ihn ja nicht zu benachteiligen. War man allein mit beiden, hatte man kaum Ruhe, bei einem Kind zu verweilen. Gleichzeitig konnten wir beobachten, daß bei den Spielen und Späßen auf dem Wickeltisch mit einem Kind jeweils der andere sich auch zumindest bedingt angesprochen fühlte. Er schien zu partizipieren, Mimik und Gestik gingen mit.

Eine andere Situation: Man hat einen Zwilling auf dem Schoß, natürlich will der andere sofort das gleiche Recht in Anspruch nehmen. Dieses Bild gab es in den ersten zwei bis drei Jahren sehr häufig bei uns zu sehen: Ein Erwachsener hat auf jedem Bein einen Zwilling. Diese waren zunächst damit zufrieden, hatten sie doch beide wenigstens einen Teil dessen, was sie für sich beanspruchten. Gleichzeitig konnte der Erwachsene das Gefühl haben, kein Kind zu benachteiligen.

Kann man denn den zweiten Zwilling mit seinem Bedürfnis nach Zuwendung warten lassen und sich zunächst ruhig dem einen Kind zuwenden?

Unsere beiden mußten immer wieder die Erfahrung machen – und das ist unabänderlich mit dem Zwillingsdasein verbunden –: Nur selten kann ich eine Person für mich beanspruchen, immer ist da ein gleichaltriger Konkurrent, der mit mir um Zuwendung und Aufmerksamkeit streitet.

Als Hannah und Jonathan älter wurden, haben sie sich zunehmend dagegen gewehrt, daß das andere Bein des Erwachsenen von dem anderen Zwilling besetzt wurde. Sie haben uns und dem Geschwister deutlich gemacht, daß sie jetzt für den Augenblick die Person ganz für sich haben wollten. In solchen Situationen mußte der andere dann vertröstet werden. Beispiel: Ich besuchte unsere Oma mit Hannah und Jonathan. Beide wollten sie auf ihren Schoß. Hannah war die schnellere und durfte zuerst zum Schmusen kommen. Zu Jonathan sagte Oma zum Trost, daß er gleich zu ihr dürfe. In dieser Situation wurde mir so richtig deutlich: Hannah konnte bei ihrer Oma nicht wirklich entspannt ausruhen, sie für einen Augenblick ganz für sich haben, weil sie wußte, gleich kommt Jonathan dran. Oder ist es doch möglich, in einer solchen Situation den Kontakt ganz auszukosten? Wie hier meine Mutter versuchte, den Bedürfnissen der beiden gerecht zu werden, genauso haben wir und andere es auch immer wieder versucht.

Auch wenn es immer wieder den Kampf um Zuwendung gab und gibt, haben die Zwillinge doch im Laufe der Jahre in unserer Familie ein sicheres Grundgefühl des Angenommen-Seins und Geliebt-Seins entwickeln können. Auf dieser Grundlage gelang es uns nach den ersten Jahren besser, einen Zwilling einfach einmal stehenzulassen, weil der andere den Erwachsenen offenbar gerade nötiger brauchte.

Wichtig erscheint uns, daß sie möglichst oft auch eine geliebte erwachsene Person oder auch einen Freund für sich haben können, und zwar in Situationen, in denen der andere Zwilling nicht dabei ist. Einerseits sollen Hannah und Jonathan ihr Aufeinander-Bezogensein intensiv leben können, sie erhalten dadurch u. a. ja auch sehr viel Zuwendung; andererseits können wir ihnen am ehesten gerecht werden, wenn sie daneben möglichst häufig Eigenständigkeit und Unabhängigkeit erproben und so allmählich Individualität entwickeln können.

Die besondere Ausgangssituation von Jonathan – und die gesunde Hannah

Wir haben uns lange überlegt, ob wir dieses Thema überhaupt aufnehmen sollten. Jonathan ist heute ein gesundes Kind mit besonderen Stärken und selbstverständlich auch Problemen. Ärztin und Krankengymnastin des Kinderneurologischen Zentrums in Mainz, die ihn in regelmäßigen Abständen betreuten, rieten uns, in neuen Situationen künftig Jonathans Schicksal nicht mehr zu erwähnen. Er müsse die Chance haben, als gesundes Kind angesehen zu werden. Auch wir sehen die Gefahr, daß die Information über die Anfangsschwierigkeiten, ist sie erst in Akten festgeschrieben, langfristig zur Stigmatisierung führen kann. Deshalb informierten wir beim Eintritt in den Kindergarten die Erzieher nicht über seinen besonderen Lebensanfang. Das war völlig problemlos. Denn eine Gefahr von Krämpfen oder anderen Schwierigkeiten gab es nicht.

Aus zwei Gründen haben wir uns dann doch entschieden, über dieses Thema nicht zu schweigen.

Erstens: Die Situation der gesamten Familie war – zumindest während der ersten achtzehn Monate – von Jonathans Schicksal geprägt. Die Beziehung zwischen Hannah und Jonathan ist nur mit diesen Informationen zu verstehen.

Es geschieht zweitens immer wieder, daß ein Zwilling – meist der Zweitgeborene – gefährdet, von Behinderung bedroht oder gar in lebensbedrohlichem Zustand geboren wird.

Jonathans Situation

Jonathan galt während des ersten Lebensjahres als ein «von Behinderung bedrohtes» Kind, so die offizielle Bezeichnung. Sein Zustand während der Geburt: drohender Herzstillstand, Armvorfall, Sauerstoffmangel; nach der Geburt: spontane Krämpfe, pathologisches EEG, extreme Muskelschwäche, Tendenz zum Schiefhals.

Nach einer Woche öffnete er zum erstenmal die Augen. Es war für uns seine zweite Geburt. Ab diesem Zeitpunkt machte Jonathan kraftvolle Fortschritte, er lernte schnell das Saugen und trank gut aus der Flasche. Aber so, wie er auch das Saugen erst erlernen mußte, wurde im ersten Lebensjahr jeder Lernfortschritt durch intensive Gymnastik erarbeitet. Er mußte wegen der anfänglichen Krämpfe bis zum dritten Lebensjahr vorsichtshalber medikamentös eingestellt bleiben. Die EEGs waren aber schnell ohne Befund, also in Ordnung. Trotzdem blieb bei uns noch lange die Angst vor hirnorganischen Folgen seiner Geburt.

Als Jonathan zehn Tage alt war, begann die tägliche Gymnastik nach einer Methode, die alltägliche Handlungen, wie zum Beispiel das An- und Ausziehen, und vor allem das Spiel in die Übungen einbezieht. Ganz in unserer Nähe fanden wir Frau Peters, die uns während der Dauer der Gymnastik, den ersten achtzehn Monaten, eine große Unterstützung war. Sie nahm sich sehr viel mehr Zeit, als ihr von den Krankenkassen bezahlt wurde. Als sie feststellte, daß Jonathan mit einem Jahr in der Atmosphäre der Praxis so stark blockiert war, daß nur gegen seinen Willen oder zumindest nur sehr mühsam geturnt werden konnte, verlegte sie den Ort der Behandlung in sein Kinderzimmer. Wir fühlten uns bei ihr sehr gut aufgehoben. Vor allem half sie uns immer weiter, wenn wir entmutigt von den Untersuchungen der Risikoberatung aus der Uniklinik Mainz zurückkamen. Jonathan fühlte sich dort offenbar nicht wohl, und daher ergab sich dort immer ein viel schlechteres Bild von ihm, als wir es hatten. Als er zehn Monate alt war, wechselten wir darum ins Kinderneurologische Zentrum Mainz. Dort ging es bei den Untersuchungen mit Ruhe und viel Verständnis zu, und zwar sowohl für das Kind als auch für die beteiligten Erwachsenen. Diese Termine konnten wir mit gutem Gefühl wahrnehmen.

Jonathans Leben war für ihn und für uns zunächst sehr anstrengend. Er mußte mühsam lernen, den Kopf gerade zu halten, zu greifen, zu drehen etc. Jeder Schnupfen, jede kleine Krankheit warfen ihn wieder zurück. Einmal kam ich ganz niedergeschlagen von der Krankengymnastik nach Hause und sagte Heinz, der Jonathan auf dem Arm hatte, es sei nicht sicher, ob er jemals laufen lernen werde. Heinz guckte auf Jonathan und antwortete: «Dann tragen wir dich halt.» So haben wir uns mögliche schwere Folgen immer wieder ausgemalt, und es war klar, daß wir die Anforderungen gemeinsam meistern würden.

Als die Zwillinge ein Jahr alt wurden, lernte Hannah laufen und Jonathan krabbeln. Wir gewöhnten uns bald ab, die beiden ständig zu vergleichen, zumal der Unterschied in den ersten beiden Jahren sehr eindeutig war. Jonathan war einfach anders, brauchte viel mehr Zeit. Seine Lernerfolge wurden besonders honoriert, dagegen waren uns Hannahs Fortschritte eher selbstverständlich.

Unser Verhältnis zu Jonathan – vor allem aber das der beiden Großmütter und einiger Verwandter – war dadurch jahrelang beeinflußt. Diese besondere Art der Beziehung ist uns bewußt. Er zeigt uns jeden Tag neu, wie gesund er sich entwickeln konnte, und damit auch, wie sehr sich unsere tägliche Mühe gelohnt hat. Er hat gelernt, sich anzustrengen und zu kämpfen. Das sehe nicht nur ich diesem Kind heute noch an. Und nicht zuletzt auf Grund der vielen Zuwendung hat er einen sehr positiven Hintergrund. Er ist ein sonniges Kind, das viel aushält.

Hannah

Hannah war von Beginn an ein goldiges und pflegeleichtes Kind. Wenn ich mit Jonathan turnte, spielte Hannah lieb für sich. Durch ihr freundliches Verhalten holte sie sich auch viel Zuwendung.

Heute denke ich, daß sie keine andere Chance hatte. Wir hätten kaum Kraft und Zeit gehabt, auf besondere Anforderungen von ihr befriedigend zu antworten. Dabei ging es ihr aber nicht schlecht. Als einziges Mädchen in der Familie und auf Grund ihres Wesens war sie sehr beliebt, und sie wurde auch von Verwandten und Besuchern gern auf den Arm genommen.

Vermutlich hat sie genau gespürt, wann welche Freiräume für sie offenstanden, wann sie ihre besonderen Bedürfnisse einbringen konnte. So war sie tagsüber sehr unkompliziert. Während aber Jonathan am Abend schnell einschlief und in der Regel bis zum Morgen durchschlief, verlangte Hannah hier die besondere Aufmerksamkeit. Sie mußte öfter noch mal herumgetragen werden, und Heinz sang ihr ein Schlaflied. Nachts forderte sie unsere Zuwendung und Tee. Auch heute noch ist Hannah sehr schnell geneigt, die Große, Vernünftige zu sein, die den Erwartungen der Erwachsenen entspricht, dabei aber Gefahr läuft, sich zu überfordern. Sie kann ihre Wünsche, klein zu sein und verhätschelt zu werden, erst dann besser ausleben, wenn Jonathan mit ihr gleichgezogen hat. Dies wird im folgenden Kapitel am Beispiel der Selbständigkeit deutlich und später noch einmal am Beispiel des Übergangs in den Kindergarten zu beschreiben sein.

Veränderungen in der Zwillingsgemeinschaft

Die Beziehung von Hannah und Jonathan ist geprägt: einerseits von Vertrautheit, Toleranz und Wärme füreinander, andererseits von dem Versuch der Abgrenzung, dem Kampf zweier gleichaltriger Konkurrenten um Sympathie und Aufmerksamkeit vor allem der Erwachsenen.

Wie die Beziehung zwischen den Geschwistern sich entwickelt, unterscheidet sich in einer Zwillingsgemeinschaft von anderen Ge-

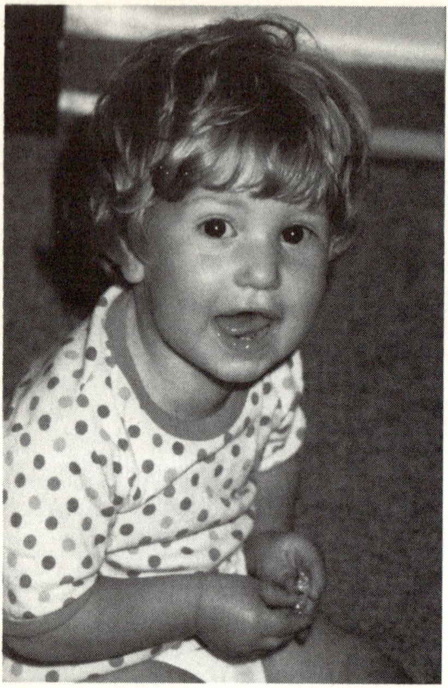

schwisterkonstellationen vor allem durch die Altersgleichheit, die keine «natürliche» Hierarchie vorgibt. Zudem herrscht der Mythos: Gleichheiten, besondere Nähe und Übereinstimmung sollen demnach den Zwillingen eigen sein. Unsere beiden, Hannah und Jonathan, allerdings haben als Pärchenzwillinge unter diesem Mythos weniger zu leiden.

Frühe Beziehungsaufnahme zwischen Hannah und Jonathan

Noch im großen Kinderwagen, also innerhalb des ersten halben Jahres, gab es immer wiederkehrende «Konflikte»: Ab und zu nahm Jonathan Hannah die Rassel weg, oder Hannah haute mit ihrer Rassel auf Jonathans Kopf, worauf Jonathan dann zu weinen begann.

Außer dem Kinderwagen, der wegen seiner Enge bald zum beiderseitigen Ärgernis wurde, war der Wickeltisch der Ort, an dem die Zwillinge langen und intensiven Kontakt zueinander hatten. Sie drehten

sich dabei auf die Seite zueinander, faßten sich gern an der Hand oder versuchten auf andere Weise, Hautkontakt zu dem anderen Zwilling zu finden.

Sie begannen schon früh, einander anzusehen und sich anzulachen. Aber Hannah lachte auch, wenn Jonathan zu weinen begann. Ob sie sich einfach freute, wenn sie etwas von ihm hörte?

Mit dreieinhalb Monaten begann Jonathan häufiger zu erzählen. Dabei konnten wir immer wieder beobachten, daß er sofort still war, wenn Hannah ihm «ins Wort fiel» und er seine «Rede» erst weiterführte, wenn Hannah zu Ende geredet hatte.

Mit sechs Monaten erzählten sie miteinander, sahen sich lange an und lachten. Wir standen oft begeistert dabei und sahen zu, wie sie zusammen Spaß hatten.

Mit zehn Monaten spielten sie in ihren Hochstühlen «Backekuchen» oder streckten die Arme nach oben, um zu zeigen, wie groß sie sind. Meist begann Hannah und animierte Jonathan zu diesem Spiel, das sie dann abwechselnd oder gemeinsam fortführten. Und dabei lachten sie laut.

Mit vierzehn Monaten erfanden sie in der Küche immer neue Krabbelspiele, bei denen Tisch und Stühle mitmachen mußten. Das Lachen der beiden konnten wir in den anderen Zimmern hören.

Bis zu diesem Alter beherrschten, wenn wir einmal von den Konflikten im engen ersten Kinderwagen absehen, Spaß und Spiel die Beziehung der beiden. Konflikte wie den um die Rassel gab es recht selten. Streit und Auseinandersetzungen sollten erst in der Zeit danach eine größere Rolle spielen.

Auseinandersetzungen

Bei Zwillingen ist das so: Keines hat gelernt, auf das andere Rücksicht zu nehmen. Hannah und Jonathan kämpften mit gleicher Härte und Brutalität – jedenfalls seitdem Jonathan der Hannah körperlich nicht mehr unterlegen war. Es ging mit Ziehen am Haar, Beißen und Kratzen und mit entsprechend lautstarken Wut- und Schmerzensschreien los. Glücklicherweise dauerten diese Konflikte nicht sehr lange an.

Vorher hatte Hannah Jonathans Unterlegenheit genutzt, erworbene Positionen zu verteidigen. Das ging etwa so lange, bis Jonathan mit achtzehn Monaten laufen lernte. In dieser Zeit dominierte Hannah wie eine ältere Schwester, und Jonathan hatte in Streitereien wenig Chancen, sich ihr gegenüber durchzusetzen. Einige Male hat sich Hannah sogar auf den liegenden Jonathan gestellt. Dieser schrie, wehrte sich aber nicht.

Wir ermunterten ihn, sich zu wehren, statt zu schreien. Aber erst allmählich wurde er kräftiger und selbstbewußter und lernte seine Stärken in der Auseinandersetzung kennen.

In dem Maße wie sie mit ihren unterschiedlichen Fähigkeiten einen vergleichbaren Entwicklungsstand erreichten, differenzierten sich die Konfliktstrategien auch:

Jonathan reagierte eher körperlich, denn so war er Hannah überlegen. Oder er schüchterte seine Schwester durch wütendes Geschrei ein.

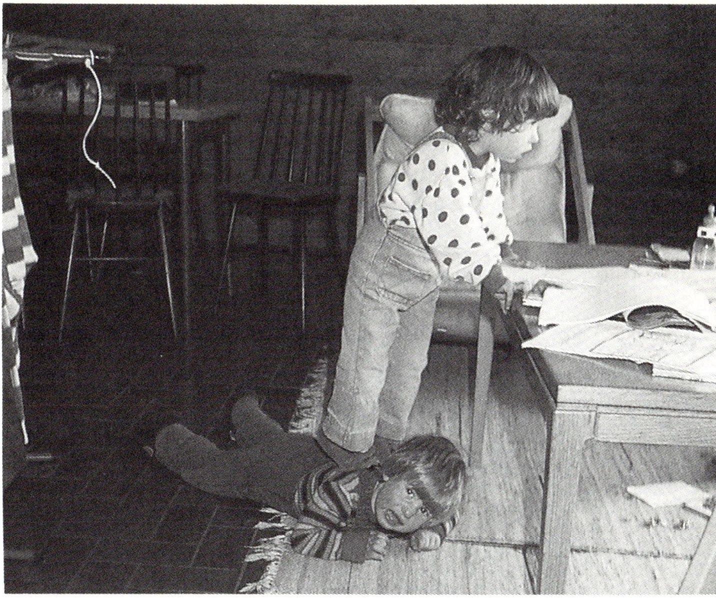

Hannah hatte gelernt, sich bemitleiden zu lassen – aber auch, bei der Suche nach Konfliktlösungen viele Ideen zu entwickeln, um damit ihren Bruder zu überzeugen.

Beiden fällt es leicht einzulenken, sie versöhnen sich gern, ohne nachtragend zu sein.

Ich bin wir

Im allgemeinen verzögert sich – im Vergleich zu einzeln geborenen Kindern – bei Zwillingen der Prozeß der Ich-Findung. Diese ist mit der notwendigen Abgrenzung zum anderen Zwilling verbunden. Häufig macht ein Zwilling den Anfang, er kann sich eher absetzen als das noch abhängigere Zwillingsgeschwister.

Jonathan hörte zwar ebenso früh wie Hannah auf seinen Namen, bezeichnete aber noch mit 22 Monaten sein Spiegelbild meist mit dem Namen seiner Schwester. Auch sein Bett gehörte Hannah, so drückte er es aus. Deutlich wurde die Position Hannahs in seiner Erlebniswelt auch beim Telefonieren. Er ging gern ans Telefon und sprach viel mit seinem Gegenüber. Aber er erzählte nicht von sich, sondern berichtete, was Hannah gerade machte. Dabei gab es für ihn keine – wie das bei eineiigen Zwillingen manchmal vorkommt – Verwechslung zwischen seinem Ich und dem seiner Zwillingsschwester. Er konnte sich in seiner Erlebniswelt von Hannah nicht ablösen. Erst wenn der Gesprächspartner am Telefon ihn aufforderte, von sich zu erzählen, tat er es.

Hannah zeigte mit 21 Monaten auf sich und sagte «ich». Einige Wochen zuvor hatte sie bereits ihr Spiegelbild erkannt und mit ihrem Namen benannt. In der Phase davor hatte sie ihr Spiegelbild mit «Joda», dem Namen des Zwillingsbruders, bezeichnet.

Jonathan konnte sich schwerer absetzen und lösen als Hannah, wenngleich auch sie sehr an ihrem Bruder hängt. Aber sie war früher unabhängig in ihrer Willensbildung und bei der Wahrnehmung und dem Akzeptieren ihrer eigenen Emotionalität.

Wie Jonathan mit zwei Jahren die Abspaltung seiner Person von Hannah noch nicht vollzogen hatte, gab es überhaupt kaum Situationen, in denen er ausschließlich von sich sprach. Entweder berichtete er über seine Schwester «Die Hannah will...», oder er nannte beide in einem Atemzug «Ich und die Hannah...». Dabei war deutlich, daß er sich an Hannah orientierte, ihre Gefühle übernahm und eher ihr Anhängsel war. Wir versuchten oft, seinen Willen zu erfahren, aber es fiel ihm sehr schwer, von Hannah unabhängige Meinungen und Wünsche zu haben.

In diesem Alter begannen wir auch intensiver, Individualisierungstendenzen zu unterstützen. Ich werde später darauf zurückkommen (s. S. 54).

Jonathan hat inzwischen ganz gut gelernt, sich mit seinem Ich anzufreunden und eigene Bedürfnisse und Wünsche unabhängiger von Hannah wahrzunehmen und zu äußern. Dabei haben ihm sicher die vielen Erfahrungen geholfen, die er unabhängig von seiner Schwester machen konnte.

Aber immer wieder gab es Phasen, in denen eines von beiden stärkere Unsicherheiten spürte und in der Folge die Orientierung am Zwillingsgeschwister suchte. «Ich muß erst mal die Hannah fragen, was wir wollen», war zeitweise Jonathans regelmäßige Rede, wenn wir ihn nach seinen Wünschen fragten. Oder er fragte zurück, ob wir Hannah schon gefragt hätten. Im Fall des Falles diente ihm ihre Antwort dazu, sich ihr anzuschließen oder sich davon abzusetzen: «Ich will das aber nicht.» Dabei war deutlich zu spüren, daß sich der eigene erst nach dem Wissen um Hannahs Wunsch entwickelte.

Positionen wechseln innerhalb der Paarbeziehung

In Büchern über Zwillinge stößte man oft auf die Begriffe ‹Innenminister› und ‹Außenminister›. Gemeint ist damit eine wiederkehrende Erfahrung: Ein Zwilling kümmert sich stärker um die Beziehung zueinander, der andere ist als ‹Außenminister› genötigt, «seine Menschenkenntnis und Kontaktfähigkeit öfter zu gebrauchen und zu üben, und ist folglich fast stets auch der Extrovertiertere, Gewandtere und Unabhängigere, derjenige, der sich notfalls leichter aus der Zwillingsgemeinschaft lösen und ein selbständiges Leben führen könnte. Dem anderen fällt die Aufgabe des ‹Innenministers› deshalb mehr notgedrungen zu, um als integrative Kraft in der Zwillingsgemeinschaft allen separatistischen Versuchungen des anderen Zwillings ständig entgegenzuwirken... Der ‹Außenminister› ist nicht nur der Sprecher für beide, sondern auch derjenige, der überwiegend Entscheidungen trifft, die beide Zwillinge angehen» (Karcher 1977, S. 179 f).

Die hier beschriebene Funktionsteilung innerhalb der Paarbeziehung findet sich weniger bei Zwillingspaaren, die nach Individualisierung streben, sondern eher bei solchen, die stark paarorientiert leben.

Die extrovertierte Position des ‹Außenministers› mit ihrer Dominanz in der Paarbeziehung konnten wir aber auch bei unseren Zwillingen und auch bei anderen beobachten.

In der Geschichte von Esther und Tobias (s. S. 83 ff) wird beschrieben, wie durch die Krankheit eines Zwillings die Positionen innerhalb der Zwillingsgemeinschaft getauscht wurden.

Bei Hannah und Jonathan war es ja ähnlich gelaufen. Hannah hatte in den ersten beiden Lebensjahren die Außenkontakte für sich und ihren Zwillingsbruder wahrgenommen. Und auf Grund seiner Startschwierigkeiten hatte sie in der Rolle der etwas älteren Schwester zugleich die Beziehung nach innen gestaltet.

Im Alter von zwei Jahren erkrankte Hannah an einer schweren Angina. Sie hatte dabei mehrere Tage hohes Fieber und war noch lange geschwächt. Jonathan, der in seiner Entwicklung Hannah jetzt fast ebenbürtig war, nahm die Chance wahr, die in der Situation ihm angemessene Rolle des ‹Außenministers› zu übernehmen. Er hatte Mut und Interesse, auf andere Menschen zuzugehen, und machte sich zum Wortführer für beide. Diese «Vertretung im Krankheitsfall» ließ er sich auch nach Hannahs Genesung nicht mehr aus der Hand nehmen. Er hatte sich innerhalb der Zwillingsgemeinschaft emanzipiert.

Bei Hannah folgte eine lange Phase der Irritation, die wir zunächst als Schwäche in der Folge der Krankheit interpretierten. Aber es hatte ihr einfach die Sprache verschlagen. Ihre dominierende Rolle in den Außenbeziehungen war ihr weggenommen worden. Dabei erlebte sie, wie freudig die Umwelt auf Jonathans Entwicklung reagierte, denn die Gestaltung der Außenkontakte ist zugleich mit Zuwendung durch Dritte verbunden. Trauer, Resignation und die Suche nach ihrer neuen Rolle kennzeichneten ihr Verhalten.

Mit fünf Jahren haben die beiden offenbar flexible Vereinbarungen. Jonathan ist noch immer derjenige, der den Kontakt mit Dritten aufnimmt, dabei manchmal für beide spricht (und auch die unterschiedlichen Wünsche deutlich macht) oder aber nur seine Interessen wahrnimmt.

Hannah sorgt mehr für die Abstimmung der Wünsche nach innen wie etwa bei der Gestaltung von Spielen. Aber beide sind nicht mehr so stark auf ihre Rollen fixiert, sie können wechseln und damit jedem Zwilling den Rückzug innerhalb der Zwillingsgemeinschaft ermöglichen. Dennoch: Jonathan ist noch immer der deutlich abhängigere Zwilling, bisher jedenfalls hält er für sich keinen Fortschritt konsequent durch, wenn Hannah ihn nicht nachvollzieht.

Ein Beispiel aus dieser Zeit: der Eintritt in den Turnverein, von beiden gewollt, von Hannah ersehnt. Sie war es, die es kaum erwarten konnte. Aber kaum hatten wir die Turnhalle betreten, rannte sie zum Ausgang zurück und wollte wieder nach Hause. Damit hatte ich nicht gerechnet. Jonathan wurde unsicher. Eigentlich wollte er turnen, aber es zog ihn auch zu seiner Schwester. Hannah ließ sich überreden, wenigstens von der Bank aus zuzuschauen, wie Jonathan mit Freunden zum erstenmal mitturnte. Aber nach zwei Übungen verließ ihn der Mut, er fand das Turnen zu schwierig und setzte sich zu seiner Schwester. Im weiteren Verlauf der Stunde konnte die Leiterin dieser Turngruppe beide zum Mitturnen überreden. Jonathan wäre allein sicher nicht mit ihr gegangen. Aber gemeinsam hatten sie dann den Mut und Spaß, die Stunde bis zum Ende mitzumachen.

Auch den Gang zum Kindergarten wollte Jonathan weit selbständiger gestalten als Hannah. Sie wollte bis zur Tür gebracht werden, während er gern ab der letzten Straßenüberquerung allein gehen wollte. Es fehlte ihm noch ein wenig Überzeugungskraft, damit Hannah diesen Schritt zur Selbständigkeit mitging. Wenn man so will, blockierte Hannah in solchen Situationen ihren Bruder, seinen Wunsch, nach mehr Unabhängigkeit und Selbständigkeit zu gehen, weil er die Loslösung von seiner Schwester noch nicht vollzogen hatte. Dagegen konnte Hannah ihren Weg gehen, unabhängig davon, ob Jonathan ihn mitging oder aber bei uns blieb. Ihre Entwicklungsfortschritte sind nicht davon abhängig, ob Jonathan sie nachvollzieht. Sie nutzt sie eher dazu, sich als «großes Mädchen» abzusetzen.

Trennungserfahrungen

Ich habe schon davon gesprochen, wie wichtig es uns war, Hannah und Jonathan schon früh getrennte Erlebnisse und Erfahrungen sammeln zu lassen, sie sollten sich selbst außerhalb der Zwillingsgemeinschaft erleben und von anderen erlebt werden.

Deshalb nahmen wir, wann immer es möglich war, nur einen Zwilling zum Einkauf mit. Dabei mußten wir aber erleben, daß die Umwelt es dem allein auftretenden Zwilling nicht leichtmacht. Ständig wurde er an den zweiten Teil der Paargemeinschaft erinnert. Wer unsere Zwillinge kannte, fragte meist auch, wo denn der andere, warum er nicht auch dabei sei? Und in der Stimme klang Bedauern, so daß Heinz oder ich uns beeilten, das Gespräch auf ein anderes Thema zu lenken. Solche Reaktionen machten uns immer wieder die Sicht der anderen deutlich, daß Zwillinge nur gemeinsam «vollständig» sind. Daß Hannah und Jonathan sich selbst als eigenständige Personen unabhängig vom Zwillingsgeschwister erleben, war offenbar nur uns Eltern wichtig. Außerdem waren wir mit einem Zwilling allein beweglicher und konnten dem Kind so besser Erfahrungen zugänglich machen, die für ein einzelgeborenes Kind selbstverständlich sind.

Als die Zwillinge zwei Jahre alt waren, wollten sie allein zur Oma. Meine Mutter nahm jeweils einen Zwilling für einige Stunden mit zu sich nach Hause. Es war für Oma und Kind angenehm, sich allein zu haben. Und zu Hause hatten wir eine neue Situation: Der hier verbliebene Zwilling mußte plötzlich allein entscheiden, was er tun will – intensiver mit dem großen Bruder spielen? Oder mit den beiden Erwachsenen? Wie gewohnt hatte auch bei diesem Ablösungsschritt Hannah den Anfang gemacht und Jonathan seine Schwester vorgeschickt: «Zuerst die Hannah...»

Bei dieser ersten Trennung von seiner Schwester beschäftigte er sich in Gedanken so intensiv mit ihr, daß er jedem, der es hören wollte, mitteilte, wo Hannah ist und was sie dort wohl tut. Er hatte seine Premiere «allein bei Oma» wenige Tage später. Auch dort sprach er viel von Hannah. Beide freuten sich sehr beim Wiedersehen. In der Folge wurden solche Besuche wiederholt, wann immer es sich einrichten ließ.

Seit sie drei Jahre alt ist, darf Hannah in den Ferien ab und zu ihre Patentante allein besuchen und dort übernachten. Seit die beiden vier sind, übernachtet eines von ihnen montags bei meiner Mutter. Sie sind beide stolz über diesen Schritt in die größere Unabhängigkeit.

Wenn man bedenkt, daß es auch schon Phasen gab, in denen keines ohne das andere ins Bett ging, so haben unsere Zwillinge schon einen großen Schritt in Richtung Individualisierung, Eigenständigkeit und Selbständigkeit getan.

Ich möchte noch eine Beobachtung aus einer Trennungssituation beschreiben, weil sie uns half, die Entscheidung für eine Trennung im Kindergarten zu fällen. Hannah mußte mit drei Jahren wegen einer Gehirnerschütterung drei Tage stationär in die Klinik aufgenommen werden. Gideon weinte, und auch Jonathan war traurig. Während Hannah zum erstenmal in ihrem Leben einen Erwachsenen Tag und Nacht für sich beanspruchen konnte (mein Mann und ich wechselten uns ab), litt Jonathan am ersten Tag unter der Trennung von seiner Schwester. Auch in dieser Situation wurde ihm die Traurigkeit von einigen Leuten immer wieder geradezu eingeredet, indem sie in Kenntnis um Hannahs Situation sagten: «Ach, da bist du aber sicher traurig, wenn dein Schwesterchen nicht da ist.»

Am zweiten Tag begann er, sich mit der Situation abzufinden, er wurde frei und lebte auf. Am dritten Tag begann eine sehr intensive Spielphase mit dem großen Bruder. Er schien Hannah nicht zu vermissen, sondern sogar zu vergessen. Uns wurde durch diese Erfahrung klar, daß Jonathan sich auch im Kindergarten – nach bewältigter Trennung – ohne seine Schwester viel freier würde entfalten können, als es ihm mit ihr gemeinsam jemals möglich wäre. Weitere Gründe für die Trennung im Kindergarten beschreibe ich auf S. 119 f.

Abgrenzung mit Hilfe geschlechtsspezifischer Orientierung

Pärchenzwillinge haben, anders als gleichgeschlechtliche Zwillingspaare, die Chance, sich durch ihre geschlechtstypische Orientierung voneinander abzugrenzen. Mit drei begann Hannah vor allem Röcke anzuziehen, um nicht wie ein Junge auszusehen. Aber auch in Umgang und Ausdruck suchen sich beide – unterstützt von der Familie – geschlechtstypische Verhaltensweisen und erleichtern sich damit ihren Prozeß der Ich-Findung und den anderen, eine unterschiedliche Beziehung zu ihnen aufzunehmen. Hannah und Jonathan sind sehr ausgeprägte Vertreter ihres Geschlechts. Wie sie sich untereinander auseinandersetzen, habe ich schon beschrieben (S. 48). Da Hannah einen bekommen hatte, wollte auch Jonathan einen Puppenwagen. Wir fanden bei Bekannten für ihn einen Sportwagen. Er benutzte ihn aber weniger zum Puppenspiel, als daß er damit durch die Wohnung und den Park raste. Allerdings: er spielt auch mit seiner Pumuckl-Puppe, seinem «Baby», macht mit ihr Turnübungen und nimmt sie mit ins Bett.

Hannah hatte ein Puppenhaus, mit dem sie sich ausgiebig beschäftigte: sie liebte das Spiel mit besonders kleinen Dingen. Sie war schon sehr früh für uns das «süße kleine Mädchen» – eine Zuschreibung, die sicher auch einengend sein kann.

Auch die Strategien der beiden, um zu einem gewünschten Ziel zu gelangen, waren aus unserer Sicht schon sehr früh typisch «männlich» und typisch «weiblich». Jonathan versuchte schon als kleines Kind seine Interessen offen durchzusetzen und nahm dabei den Konflikt in

Kauf. Bei Hannah dagegen konnten wir oft den Weg zum Ziel ihrer Wünsche kaum nachvollziehen, wir haben oft selbst nicht gemerkt, wie leise und «raffiniert» sie ihre Interessen verfolgte, ohne dabei den Konflikt riskieren zu müssen. Eine ganze Weile sahen wir die Gefahr bei Hannah, die die Erwartungen der Erwachsenen sehr sensibel erspürt, daß sie in ihrem Wunsch nach Anerkennung als «liebes, vernünftiges Mädchen» ihren eigenen Interessen zu wenig nachgeht oder sich durch besondere Anpassungsleistung überfordert.

Und zum Schluß dieser Überlegungen hier noch zwei Beispiele, die den Wunsch der beiden nach Abgrenzung deutlich machen: Die Fünfjährigen hatten den Wunsch, vor dem Einschlafen eine Kassette zu hören. Es gab über viele Wochen hin täglich Streit über die Wahl der Kassette, weil die jeweils vom anderen ausgewählte grundsätzlich auf Ablehnung stieß. Dies – so schien es uns – nur deshalb, weil der andere sie wünschte und nicht, weil man sie nicht mochte. Es war und ist ein Machtkampf. Es geht um die Durchsetzung eines eigenen Wunsches.

Zweites Beispiel: Jonathan hat mit zunehmender Eigenständigkeit viele Wochen lang immer wieder ein eigenes Zimmer verlangt. Er wollte wie Gideon eigene Regale, eigene Spielsachen, um zum Beispiel ungestört und ohne Streit Kassetten hören zu können. Wenigstens hat er damit erreicht, daß die beiden Zwillinge jetzt jeder im gemeinsamen Zimmer ein kleines Regal mit einigen eigenen Dingen haben. Und diese Regale sind beiden besonders wichtig. Es ist gut, eine kleine Ecke für sich allein zu haben.

Immer diese Vergleiche!

Auch wenn wir sagen, Hannah und Jonathan sind einfach unterschiedlich, haben wir sie schon verglichen. Es geht gar nicht anders: Der ständige Vergleich läßt sich nicht vermeiden. Bei unseren Zwillingen können wir allerdings nicht feststellen, daß sie sich gegenseitig ihre besseren Leistungen vorrechnen. Wir Erwachsenen aber schaffen es kaum, nur drei Sätze über einen Zwilling zu sagen, ohne einen Vergleich zum Zwillingsgeschwister zu ziehen. Und selbstverständlich spüren auch die beiden – ohne daß das ausgesprochen wird –, daß die Umwelt Gleiches von ihnen erwartet.

Bei Jonathan erlebe ich Ablehnung gegen das Malen und manchmal sogar Aggression darauf, denn er spürt, daß Hannah ihm hier überlegen ist. Anfangs zeigte er seinen Ärger, indem er in ihr Bild hineinmalte und es so zerstörte. Wir stellten die beiden Spieltische im Kinderzimmer auseinander, nicht nur, damit Hannah ungestört malen konnte, sondern auch, damit Jonathan nicht so leicht durch Hannahs Kunstfertigkeit bei seinen eigenen Versuchen entmutigt würde. Er malt aber immer noch selten und traut sich dabei wenig zu. Hannah möchte gelobt werden, und wir freuen uns mit ihr über ihre Werke. Wäre Jonathan etwas jünger als Hannah, würden wir ihn vertrösten. In seiner Situation können wir ihm nur Mut machen, auch einmal allein mit ihm malen, wenn er es will, und einfach feststellen, daß es eben Dinge gibt, die der andere besser kann.

Nicht ausgesprochene Absprachen

Wenn nur ein Erwachsener tagsüber zu Hause ist, kann zur selben Zeit immer nur ein Zwilling besondere Zuwendung bekommen. In solchen Situationen haben wir oft den Eindruck gewonnen, als gäbe es eine stille Vereinbarung innerhalb der Zwillingsgemeinschaft, wer zu welchem Zeitpunkt die besondere Aufmerksamkeit in Aspruch nehmen kann.

Das fing schon damit an, daß Jonathan im ersten Lebensjahr besonders viel Aufmerksamkeit erforderte und währenddessen Hannah ein liebes, unkompliziertes, «pflegeleichtes» Kind war.

Eine viel spätere konkrete Situation dieser Art war folgende: Als Jonathan nach langen Wochen in seiner Kindergartengruppe integriert war, begann Hannah zum erstenmal damit, morgens nicht im Kindergarten bleiben zu wollen. Anders als sonst konnte ich mir jetzt für Hannah mehr Zeit nehmen, im Gruppenraum bleiben und noch etwas mit ihr spielen. Das war vorher nicht möglich gewesen, als Jonathan mich noch mehr festgehalten hatte. Als er mich loslassen und ich ihn abgeben konnte, machte Hannah von der Möglichkeit Gebrauch, meine nunmehr freie Aufmerksamkeit auf sich zu lenken. Sie nutzte das nur wenige Tage. Dann war auch dies glücklicherweise überstanden.

Oder als sie eineinhalb waren. Da kam – etwa eine Stunde nach dem

Zubettgehen – jeweils immer nur ein Zwilling zu uns und wollte bei uns bleiben. Nie kamen beide gleichzeitig. Es war, als hätten sie sich abgesprochen. Einer schlief weiter, während der andere das Einzelkinddasein bei uns erlebte. Als wir dieses Ritual so verstanden, konnten wir es akzeptieren. Zunächst hatten wir nicht gerade begeistert auf die allabendliche Störung reagiert.

Auch in späteren Phasen, in denen die Zwillinge nachts in unser Bett wollten, gab es nur wenige Situationen, in denen beide gleichzeitig kamen. Entweder sie wachten zu unterschiedlichen Zeiten auf, dann durften sie kurz in unser Bett zum Schmusen und schliefen dann in ihrem eigenen Bett weiter, oder sie schliefen abwechselnd in ihren Betten durch, so daß wir jeweils nur ein Kind bei uns hatten.

Selbstverständlich wollen wir mit diesen Geschichten nicht sagen, daß das immer so sein müsse. Wahrscheinlich gibt es auch Fälle, in denen beide Zwillinge meistens gemeinsam kommen.

Wir sind froh, daß beide diese für uns anstrengenden Phasen überwunden haben. Aber es ist uns immer ein Rätsel geblieben, wie diese stillen Übereinkünfte zwischen Hannah und Jonathan zustande gekommen sind.

Geschwister- und Paarbeziehung

Wenn neben dem Zwillingspaar noch ein oder mehrere Geschwister in der Familie sind, kann die Paarbeziehung nicht unberührt davon bleiben. Denn dadurch entsteht eine besondere Dynamik: Oft wechselnde Koalitionen machen die Zwillingsbeziehung offener. In unserer Familie würden Hannah und Jonathan viel stärker aufeinander fixiert aufwachsen, gäbe es nicht den älteren Gideon, der sich mit seinen Interessen und Bedürfnissen einbringt.

Er mag seine Schwester besonders gern, die sich ihm gegenüber auch anders verhält als der kleine Bruder. Jonathan idealisiert Gideon, setzt sich auch sehr lautstark mit ihm auseinander. Beide entwickelten zeitweise mehr Gemeinsamkeiten und planten sogar, später einmal in ein gemeinsames Zimmer zu ziehen.

Wenn Gideon mit seinen Geschwistern spielen möchte, finden sie entweder zu dritt ein Spiel – dann ist es gut –, oder die Zwillinge fühlen sich gestört und schmiegen sich enger zusammen – dann bleibt Gideon allein. Aber es kommt auch vor, daß Gideon mit einem der Zwillinge intensiv spielt und der andere Zwilling allein bleibt. Als zum Beispiel die dreijährige Hannah nach einem mehrtägigen Krankenhausaufenthalt nach Hause gekommen war, hatte Gideon sich ihrer mit vielen Freundlichkeiten bemächtigt, so daß Jonathan nicht mithalten konnte. Am Tag der Entlassung spielten Hannah und Gideon in Gideons Zimmer Arzt. Die Zimmertür war geschlossen. Jonathan wollte gern mitspielen. Seine Spielidee, um sich einzubringen: Er klopfte an die Tür und sagte, er habe Zahnschmerzen und müsse behandelt werden. Hannah öffnete selbstbewußt die Tür und sagte nur: «Wir behandeln keine Zähne!» Dann war die Tür wieder zu. Jonathan blieb draußen. Er tat mir leid, aber ich dachte, daß Hannah und Gideon auch die Möglichkeit haben müssen, ein Spiel allein für sich zu gestalten.

Unsere drei Kinder – das Zwillingspärchen und der große Bruder – können in drei verschiedenen Konstellationen ihr Spiel zu zweit organisieren. Dabei ist jede Konstellation von einer besonderen Attraktivität. Am intensivsten, ausgeglichensten und friedlichsten geht es allerdings immer noch zu, wenn die Zwillinge miteinander spielen.

Die Situation des großen Bruders

Gideon war vier Jahre lang unser einziges Kind. In dieser Zeit galten ihm unsere ungeteilte Liebe, Zuwendung und Aufmerksamkeit. Er mußte aber auch unsere Unsicherheiten und Unausgeglichenheiten allein aushalten – Schicksal des ersten Kindes.

Während der Schwangerschaft nahmen wir uns viel Zeit, ihn, soweit es ging, einzubeziehen, und er freute sich auch auf die beiden künftigen Geschwister. Gleichzeitig ließ er uns auch seine Unsicherheiten spüren, die mit dieser Geburt verbunden waren. Er brauchte in dieser Phase unsere Nähe und Zuwendung ganz besonders.

Nach der Geburt waren zunächst Interesse und Neugier am stärksten. Er konnte Hannah bei mir sehen und streicheln, wenn auch nur flüchtig; denn es war in der Uniklinik damals noch nicht erlaubt, Geschwisterkinder zu den Neugeborenen zu lassen. Er sah Jonathan vor

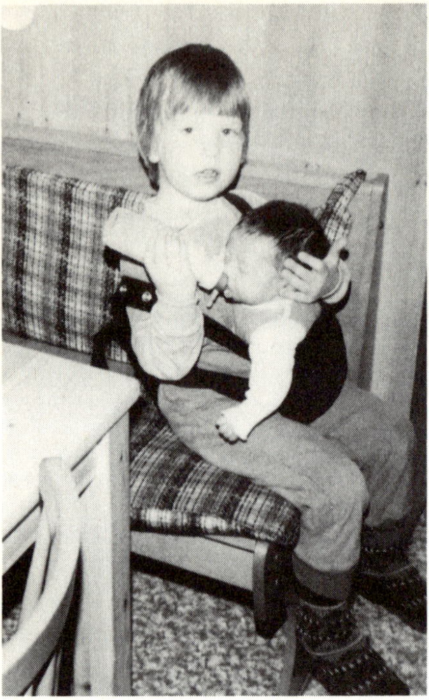

mir durch die Scheiben der Intensivstation und konnte mir von ihm berichten. Er, der große Bruder, durfte mit seinem Vater die anderen in den Kliniken besuchen und betreuen. Auch im Kindergarten und bei Freunden waren seine täglichen Neuigkeiten gefragt.

Sein «Entthronungserlebnis» begann, als beide Zwillinge nach drei Wochen zu Hause waren.

Entthronung durch zwei

Vier Jahre Einzelkind. Und nun auf einmal hatten die Eltern öfter keine Zeit für ihn. Und wenn Besucher kamen, dann wollten sie die Zwillinge sehen. In der Regel ist es doch so: Wenn ein Geschwister zur Welt kommt, wird der Vater die Hauptbezugsperson für das ältere Kind.

Wir aber hatten plötzlich beide einen Säugling auf dem Arm, dessen Bedürfnisse nicht aufschiebbar waren. Wir hatten uns vorgenommen, Gideon – so gut es ging – in seiner schwierigen Situation zu helfen, seine Aggressionen in Maßen zuzulassen. Und er sollte auch die negativen Gefühle gegen die Geschwister äußern können, damit die positiven echt sein konnten.

Aber es gab doch viele schwierige Situationen. Als besonders belastend stellte sich auch der Druck von außen heraus; alle wissen ja, wie sich ein großes Geschwister dem Säugling gegenüber zu verhalten hat.

Ein Beispiel: Die 18-Uhr-Mahlzeit war die erste, die die Zwillinge zeitgleich zu sich nahmen, also auch die erste Situation, die die volle Aufmerksamkeit von Heinz und mir forderte. Sie war ja auch für uns neu. Gideon reagierte darauf mit Trotz und Wut («Keiner hat Zeit für mich!») und versuchte mit allen Mitteln, unsere Aufmerksamkeit auf sich zu ziehen. Am nächsten Tag – wir wollten diese Situation nicht noch einmal erleben – sprachen wir vorher mit ihm und überlegten gemeinsam, wie er diese 30 Minuten für sich sinnvoll gestalten könnte, so daß er zufrieden sein und wir uns auf die Zwillinge konzentrieren könnten. So wurde in den folgenden Tagen der Fernseher mit seiner Kinderstunde von 18.00 bis 18.30 Uhr der ideale «Babysitter», der wenigstens für diese Zeit den Kampf um Zuwendung vergessen ließ.

Eine andere Situation: Verwandte und viele Bekannte meldeten sich oder kamen, um die Zwillinge zu sehen. Es ist nun mal etwas Besonderes, zwei Säuglinge auf einmal zu erleben. Und natürlich waren auch die meisten Besucher so pädagogisch sensibel oder einfach nur nett, Gideon etwas mitzubringen. Doch damit wollte er sich nicht abspeisen lassen. So versuchte er, möglichst viel seines Einzelkinddaseins zurückzuholen, also die Aufmerksamkeit auf sich zu lenken. Er zog an einem Bein eines Zwillings, wollte unbedingt dann auf unseren Schoß, wenn ein Säugling auf dem Arm war, war besonders laut, wenn die Kleinen schlafen mußten etc.

Mit der Zeit fanden wir als Familie zu fünft Wege, uns das Zusammenleben so zu organisieren, daß Gideon damit eher klarkommen konnte. Dies wurde immer dann jäh aus dem Gleichgewicht gebracht, wenn Außenstehende dazukamen und in der Folge sich wieder alles um die Zwillinge drehte, ohne daß Gideon sich integrieren konnte. Aus diesem Grunde haben wir nach den ersten Erlebnissen alle Besuche, außer von ganz wenigen engen Verwandten und Freunden, für einige Wochen abgelehnt. Gern gesehen waren allerdings auch in der Zeit schon die Eltern von Gideons Freunden (die meist auch unsere Freunde sind), weil sie ihm einen Spielkameraden mitbrachten. Das waren entlastende Besuche.

Zwar konnte Gideon bald schon – besonders morgens oder in ruhigen Stunden am Tag – geduldig und voll Freude mit seinen Geschwistern spielen, aber er war oft sehr wild mit ihnen. Zum Beispiel ließ er die beiden auf ihren Liegewippen hochfedern, so daß es von Oma und anderen Ermahnungen gab. Sie erinnerten ihn an seine neue Aufgabe als großer Bruder. Oma meinte im Rückblick dazu: «Wie ihr das gelassen hingenommen habt, wenn Gideon wirklich aggressiv gegen die Zwillinge war. Wenn er sie geschubst hat oder gepiekt. Mir haben die Zwillinge leid getan. Einmal war er ganz lieb und dann wieder ganz eklig zu ihnen.»

Die meisten sahen vor allem die schwachen und kleinen Zwillinge, während wir eher auch Gideons Problem im Blick hatten. Wir meinten, die Zwillinge sollten schon einiges aushalten müssen, würden sie doch noch viele Vorteile und positive Erlebnisse mit Gideon haben. Dennoch schritten wir, je nach unserer nervlichen Verfassung, oft viel zu früh ein. Ließen wir ihn gewähren, stellten wir nämlich fest, daß die beiden, vor allem Jonathan, Gideons wildes Spiel liebten und mit Juchzer und Lachen antworteten. Manchmal mußten wir Hannah und Jonathan auch vor Gideon schützen.

Gideon hat nicht nur uns, sondern – zumindest in den ersten Monaten – auch seine Oma an die Geschwister abgeben müssen. Früher war sie gekommen, um ihm vorzulesen, mit ihm zu spielen oder spazierenzugehen.

Die Oma: «Gideon ist natürlich zu kurz gekommen. Er hat sich zurückgezogen, war sehr zurückhaltend mir gegenüber und ist oft gleich in sein Zimmer verschwunden, wenn ich kam. Ich habe ihn auch gelassen. Er hat mir zwar leid getan, aber ich konnte es auch verstehen. Er hat halt gemerkt, ich komme wegen der Zwillinge, um da zu helfen. Meist ging er ja in den Kindergarten.»

Der Bruder, der gleich zwei Geschwister bekam

Immer wieder betonte Gideon seine besondere Situation, der einzige zu sein, der zwei Geschwister auf einmal bekommen hatte. Er war darauf eben auch stolz und fand entsprechende Beachtung unter Freunden, unter denen einige zur gleichen Zeit ein Geschwister bekamen oder sich eines wünschten oder bereits hatten.

Er hatte nicht wie wir den Wunsch, beiden gerecht zu werden, wenn er mit ihnen spielte, sondern er wandte sich dem zu, der sich auf ihn konzentrieren wollte. Es war fast immer einer ansprechbar, wenn Gideon mit einem der Säuglinge spielen wollte.

Er entwickelte aber auch viel Geschick, beide in seinen Bann zu ziehen. Er erntete dann doppelte Zuwendung. Das Spiel mit beiden hatte für ihn offenbar einen besonderen Reiz und machte ihn oft sichtbar froh.

Später, im zweiten bis dritten Lebensjahr der Zwillinge, ging Gideon dazu über, sich seinen Wunschspielpartner auszusuchen. Zunächst war es Hannah, die sich eher seinen Wünschen und Ideen anpaßte. Mit Jonathan entwickelte er zeitweilig Tobe- und Kampfspiele, während er mit Hannah manchmal lieber schmuste.

Dann gab es eine Phase, in der Gideon nach dem Aufwachen einen Zwilling zum Schmusen in seinem Bett haben wollte. Er fragte speziell nach Hannah oder Jonathan oder auch welcher Zwilling wach sei. Gideon war sehr lieb und zärtlich.

Und offensichtlich waren auch dies Momente, in denen er mit seiner Situation sehr zufrieden war.

Das Problem, zwei gleichaltrige Geschwister zu haben

In den ersten Jahren, in denen unsere Zwillinge zwar viel miteinander spielten, aber größere Spielhandlungen, Phantasiespiele oder gemeinsames Malen und Bilderbuchbetrachten noch nicht über längere Zeit miteinander durchhielten, konnte Gideon leichter einen Zwilling für sich und seine Idee gewinnen. Solche andauernden gemeinsamen Spiele entwickelten die Zwillinge zunehmend seit sie im Kindergarten waren; Gideon mußte sich seither viel einfallen lassen, um in ihr Spiel hineinzukommen. Der große Bruder muß, um mitspielen zu dürfen, bitten. Und er wird auch abgelehnt, wenn er in die Spielidee der beiden nicht hineinpaßt. So ist er nicht selten allein, obwohl er zwei Geschwister hat. Dank seiner starken Phantasie gelingt es ihm jedoch häufig, ein Spiel zu dritt zu organisieren.

Als die beiden kleiner waren, konnte Gideon oft einen Streit der beiden schlichten oder einfach nur dadurch einen Konflikt lösen, daß er mit einem Spiel ablenkte. Seitdem Hannah und Jonathan älter als zwei waren, trugen sie ihren Streit miteinander aus. Wenn Gideon sich guten Willens einmischte, wurde er von beiden angegriffen. Er lernte allmählich, sich herauszuhalten. Vermutlich fiel ihm das nicht leichter als uns Eltern.

Wir wollten Gideon ersparen, was Heinz aus seiner Erinnerung so gut kennt: Er wurde für den Streit seiner fünf Jahre jüngeren Zwillingsgeschwister verantwortlich gemacht und bestraft, wenn er in deren Nähe spielte. Ganz gelingt das nicht. Wir wissen zwar, daß unsere Zwillinge intensiv streiten können. Dennoch schimpften wir oft zunächst mit Gideon, in der Annahme, daß er den Unfrieden einbrachte. Er als der ältere Bruder wird immer noch viel zu schnell zur Verantwortung gezogen und bekommt als erster unseren Ärger zu spüren. Glücklicherweise wehrt er sich gegen ungerechtes Behandeln, und wir können seine Argumente oft aufnehmen.

Gideon genießt offensichtlich die seltenen Stunden, in denen nur ein Zwilling zu Hause ist, um sich in dieser Zeit auf diesen einen zu konzentrieren. In solchen Situationen gibt es wenig Streit – eine erholsame Zeit für alle. Kommt der andere Zwilling nach Hause, finden die beiden Gleichaltrigen schnell wieder zu ihrer Intimität, und Gideon zieht sich zurück. Manchmal mit der Bemerkung: «Jetzt bin ich doch überflüssig.»

Diese Problemschilderungen sollen uns nicht die vielen gelungenen Situationen vergessen lassen, in denen Gideon mit beiden lange Spielphasen teilte, ihnen vorlas und ihm zwei Kinder aufmerksam zuhörten, in denen er beide – sie stolz an der Hand führend – von Spielfreunden abholte. Oder er legte Wert darauf, mit beiden zu baden, auch wenn der Platz in der Wanne immer enger wurde.

Die Bindung zu den Geschwistern ist doppelgesichtig, zwiespältig.

Das wird auch an folgendem deutlich: Einerseits sieht Gideon es nicht gern, wenn Hannah und Jonathan beide nicht zum Mittagessen da sind («wenigstens einen Zwilling hättet ihr zu Hause behalten sollen»); andererseits sagte er, während eines dreitägigen Krankenhausaufenthaltes der Zwillinge, er sei froh, daß beide einmal nicht zu Hause seien. Er würde sie gern besuchen, aber er fände es schön, wenn sie noch länger wegblieben. Wir haben das so verstanden, daß er das Einzelkinddasein genoß.

Dieses Einzelkinddasein hatte Gideon auch ein halbes Jahr nach der Geburt der Zwillinge wenigstens für zehn Tage zurückerhalten, als er sich einen Leistenbruch zuzog. Jeweils ein Elternteil war bei ihm Tag und Nacht in der Klinik. Nach einer Durststrecke von sechs Monaten konnte er überprüfen, ob wir in einer Situation, in der er uns besonders brauchte, für ihn da sein würden. Welch organisatorischer Aufwand nötig war, um unsere Haltung ihm gegenüber in die Tat umzusetzen, ist sicher für jeden leicht nachvollziehbar. Ohne die allzeit bereite Oma als Stütze hätten wir es wohl nicht geschafft.

Gideon hat ein eigenes Zimmer, in dem er sich schon immer vor der

Invasion der Zwillinge schützen konnte, Freunde und viele Interessen. Auch wenn sich seine Beziehung zu den beiden immer mehr entspannt, bleibt tendenziell das Problem der doppelten «Entthronung»: Gideon hat Zwillinge als Geschwister, die, wenn sie wollen, nie allein sind, oft im Mittelpunkt stehen, als deren Spielpartner aber er oft als Dritter im Bunde die Intimität der Gleichaltrigen stört. Er hat sich schon oft selbst einen Zwilling gewünscht.

Die ersten Freundschaften

Hannah durfte früh bei Gidons Spielen dabeisein. Sie konnte sich gut integrieren oder einfach anpassen. Gideons Freunde mochten sie, und die Freundinnen spielten gern mit ihr. Jonathan brachte sich eigenwilliger ein, und es gab mit ihm mehr Streit. Er spielte oft allein, wenn seine Schwester nicht für ihn da war, oder ging zu den Erwachsenen. Hannah war also recht früh im Umgang mit anderen Kindern geübt. Bereits mit vierzehn Monaten ging sie mit Gideons Freundin Jessica allein zu ihr nach Hause.

Hannah gewann außerdem ein gleichaltriges Mädchen aus unserem Bekanntenkreis, Jana, zur Freundin. Mit Jana traf sie sich oft und entwickelte zu ihr eine enge Beziehung. Jana und Hannah orientierten sich zeitweise stark aneinander und sind Freundinnen geblieben, wenngleich bei beiden andere Freundschaften dazukamen.

Jonathan wurde von Janas Mutter manchmal miteingeladen, aber eigentlich gehörte er bei dieser Freundschaft nicht dazu. Seinen ersten guten Freund fand er im Kindergarten. Robert ist ein Jahr älter, ein sehr phantasievoll spielender Junge, der für Jonathan sowohl in der Realität als auch in der Phantasie wichtig wurde.

Hannah und Jonathan akzeptieren die jeweiligen engsten Freunde des anderen als deren Beziehungen. Häufig werden sie ohne Eifersüchteleien in das Spiel mit Freund oder Freundin einbezogen.

Auch andere Eltern haben das Problem der Abgrenzung

Im Kindergarten wird Hannah von einem sehr netten Jungen ihrer Gruppe gemocht. Wird Hannah von diesem Jungen eingeladen, darf Jonathan ihn wenige Tage später auch besuchen. Wenngleich die beiden Jungen gut miteinander spielen können, so ist dies mehr eine von den Erwachsenen gelenkte Beziehung. Jonathan spielt in dieser Freundschaft auch eine Rolle, eine Nebenrolle.

Anders als bei Geschwistern unterschiedlichen Alters, ist es für die Eltern der Freunde von Hannah und Jonathan offenbar schwer, den «zweiten Teil» der Zwillingsgemeinschaft auszugrenzen. Das erlebten wir sehr deutlich bei der Geburtstagsfeier, als die Zwillinge vier Jahre wurden. Beide hatten Einladungskarten verschickt, zum Teil wurden die Kinder gemeinsam, zum Teil nur von einem Zwilling eingeladen. Was der Fall war, stand deutlich auf der Karte. Aber keine Familie hat es fertiggebracht, nur dem einladenden Kind ein Geschenk zu machen oder wenigstens durch unterschiedliche Größen der Geschenke zu berücksichtigen, von wem die Einladung ausging. Umgekehrt sind sie immer wieder versucht, unsere beiden gemeinsam einzuladen, ohne dabei die Intensität der Freundschaftsbeziehungen zu berücksichtigen.

Mit zunehmendem Alter werden sich vermutlich bei Hannah und Jonathan noch stärker die Freundschaften geschlechtsspezifisch orientieren und damit ausdifferenzieren. Hier wird – wie weiter unten zu lesen ist (s. S. 132 ff) – unsere Zwillingskonstellation auch den Freunden und deren Eltern die Abgrenzung des von ihnen bevorzugten Zwillings gegenüber dem anderen leichter machen.

Unsere Zwillinge kommen in den Kindergarten

Für Hannah und Jonathan war der Kindergarten – wie für die meisten Kinder – der erste Schritt aus der Familie in eine größere Kindergruppe mit fremder Bezugsperson. Jetzt wurde auch das Problem der Ablösung für uns zum Thema: Wie können wir die Kinder loslassen? Werden wir einen Zwilling gehen lassen können, dafür den anderen aber noch festhalten wollen? Wie können die Kinder sich von uns lösen? Wie wird sich ihre Zwillingsbeziehung verändern? Werden sie sich voneinander lösen, selbständiger und unabhängiger werden?

Warum Hannah und Jonathan in getrennte Gruppen sollten

Lange konnten wir uns nicht entscheiden, ob unsere Zwillinge nun in derselben oder in verschiedenen Gruppen im Kindergarten betreut werden sollten. Im Kopf war uns schon klar, daß Hannah und Jonathan selbständiger würden, wenn sie getrennt wären. Aber gefühlsmäßig wehrte ich mich dagegen: Zu zweit konnten sie sich gegenseitig stützen und schützen, der Einstieg in den Kindergarten würde leichter gelingen. Zudem würden sie so nicht Gefahr laufen, durch die gleichzeitige Ablösung von den Eltern *und* vom Zwillingsgeschwister überfordert zu werden.

Wir überlegten folgendes: Im Spielkreis erlebten wir in manchen Konfliktsituationen, wie der andere Zwilling sofort aus der hintersten Ecke des Raumes eilte, um dem Geschwister beizustehen. Dabei reichte schon das plötzliche Auftauchen des anderen Zwillings aus, um den Konflikt zu beenden, das andere Kind fühlte sich dem Zusammenschluß der beiden unterlegen. Einerseits erlebte ich diese Situationen als tröstlich, waren sie doch nie allein und gemeinsam relativ stark. Andererseits würden sie auf die Art nie lernen, sich auseinanderzusetzen und dabei die eigene Kraft realistisch abzuschätzen und anzuwenden.

Hannah hatte sich ja schon vor dem Eintritt in den Kindergarten ein bißchen von Jonathan und auch von uns gelöst. Wir befürchteten nun, daß sie durch den noch unselbständigen Bruder bei ihrem Selbständigwerden gebremst werden könnte, wenn er sich an sie klammern und sie sich für ihn dann bestimmt verantwortlich fühlen würde. Wir hielten es doch für besser, wenn beide bei dem Loslösungsprozeß ihren eigenen Rhythmus und ihr eigenes Tempo finden könnten.

Im Schutz des Kindergartens kann sich der Ablösungsprozeß allmählich vollziehen. Wird er hier positiv bewältigt, wird es in künftigen Situationen, zum Beispiel beim Schuleintritt, für beide leichter sein, getrennte Wege zu gehen. So waren unsere Gedanken.

Die Erinnerung daran, wie Jonathan bei Hannahs Krankenhausaufenthalt nach anfänglicher Trauer aufblühte und Initiativen zu entwikkeln begann, bestärkte uns darin, ihnen im Kindergarten getrennte Erfahrungsmöglichkeiten zu bieten.

In den letzten Wochen vor dem Kindergarteneintritt waren Hannah und Jonathan fast ununterbrochen zusammen, was zu heftigen Konflikten führte. Wir dachten, daß diese sich bei einer Trennung für ein paar Stunden am Tag verringern würden. Wir vermuteten, daß dadurch die Zweisamkeit am Nachmittag eine neue Attraktivität gewinnen würde.

Sind Zwillinge in getrennten Gruppen, haben sie zum erstenmal in ihrem Leben die Möglichkeit, an ihrem Geburtstag allein im Mittelpunkt bei der Gruppenfeier zu stehen. Aber was noch viel wichtiger ist: Sie erleben eine Bezugsperson, die sich nur auf einen Zwilling konzentriert.

Wir entschieden uns letztlich für die Lösung der getrennten Gruppen, weil wir glaubten, daß es leichter wäre, dies bei Bedarf rückgängig zu machen, als die Kinder zunächst zusammenzulassen, um sie dann zu trennen.

Hannah sollte mit ihrer Freundin Jana in eine Gruppe mit 20 drei- bis fünfjährigen Kindern. Jonathan hatte noch keinen Freund, mußte also allein in diese neue Situation gehen. Seine Gruppe, 14 drei- bis fünfjährige Kinder, waren in einem behaglichen kleinen Gruppenraum untergebracht. Wir waren uns noch nicht sicher, ob Jonathan zum selben Zeitpunkt wie Hannah den Übergang in den Kindergarten schaffen würde. Jonathan konnte sich Zeit lassen, wenn er es brauchte.

Hannah wollte unbedingt in den Kindergarten, Jonathan auch. Wir wußten aber nicht, ob er sich ihrem Wunsch anschloß oder ob eigener Antrieb der Auslöser für sein Bestreben war.

Die Eingewöhnungsphase

Heute ist es in den Kindergärten wohl allgemein üblich, daß die Kinder die Möglichkeit haben, sich allmählich einzugewöhnen. Auch für Hannah und Jonathan folgte auf einen kurzen Besuchsvormittag vor der Sommerpause eine täglich sich steigernde Aufenthaltsdauer nach den Kindergartenferien. Hannah blieb vom ersten Augenblick mit ihrer Freundin gern, wollte eher später abgeholt werden. Auch wenn Jana nicht bleiben wollte oder gar nicht da war, war Hannah meist gern dort. Erst als Jonathan für sich den Übergang geschafft hatte und dabei war, sich zu einem selbstbewußten Kindergartenkind zu entwickeln, begann Hannah – ich erzählte es schon – für einige Tage damit, nicht bleiben zu wollen, nur zögernd in die Gruppe zu gehen. Ich habe es allerdings nicht geschafft, ihr einmal nachzugeben und sie wieder mit nach Hause zu nehmen; Jonathan wäre zu diesem Zeitpunkt noch nicht allein im Kindergarten geblieben. Er benötigte vermutlich noch die Sicherheit, die ihm die Anwesenheit seiner Schwester im gleichen Gebäude brachte.

Jonathan ließ sich bei seiner Eingewöhnung Zeit und forderte uns dabei viel Geduld und Phantasie ab. Während er am ersten Tag mit Gideon und am zweiten Tag schon eine Weile allein in der Gruppe blieb, konnte Heinz an den beiden folgenden Tagen, an denen er die Kinder brachte, mit ihm eine Art Ritual einüben, indem er sich nach einer Weile von Jonathan wegschicken ließ. Ich wollte dieses Spiel übernehmen, aber statt daß er mich wegschickte, sollte ich ihn mitnehmen. Ich wußte danach, daß ein von Heinz und ihm ausgedachtes Spiel in deren Beziehung paßt, nicht aber auf Jonathan und mich übertragbar ist.

In den folgenden Tagen wollte er nicht mehr in den Kindergarten, er begann schon nach dem Aufstehen zu weinen. Wir beschlossen daraufhin, daß er zu Hause bleiben konnte, aber unter der Bedingung, daß er sich allein beschäftigte. Wir wollten ihm diese Stunden zu Hause nicht besonders attraktiv machen. Zudem sollte er den Kontakt zur Erzieherin und zur Gruppe nicht verlieren.

Er begleitete also in den folgenden zwei bis drei Wochen Hannah jeden Morgen in den Kindergarten, begrüßte seine Gruppe und die Erzieherin und ging dann wieder mit nach Hause.

Am Ende des Kindergartenvormittags wiederholte sich das gleiche Ritual, er verabschiedete sich von seiner Gruppe. Mittags und morgens wurde er freundlich und lieb begrüßt, und in seiner Phantasie war er längst ein Kindergartenkind – so wie Hannah.

Die Wende brachte jener Sonntagmorgen, an dem er im Traum schrie: «Ich will nicht in den Kindergarten!» Als er dann aufwachte, kam die umgekehrte Reaktion: Er wollte unbedingt hin. Die bislang ablehnende Haltung schien durch die Traumarbeit überwunden zu sein. Es half alles nichts. Heinz mußte auf Jonathans Drängen an diesem Sonntagmorgen mit ihm zum Kindergarten, um ihm zu zeigen, daß das Haus geschlossen und keine Erzieherin und keine Kinder da waren. Von diesem Tag an begann er, sich für den Kindergarten zu entscheiden. Wenn er morgens zu Hause beschloß, im Kindergarten bleiben zu wollen, wurde ein Rückzieher von uns nicht mehr hingenommen. Auch ein kurzer wütender Schrei mußte für ihn erfolglos bleiben. Er war dann den Vormittag über froh und kam mittags stolz als richtiges Kindergartenkind nach Hause. Seine allmähliche Eingewöhnung zeigte er, indem er in den ersten Tagen die Jacke anließ (er war eben noch nicht zu Hause), erst Tage später die Kindergartentoilette benutzte (vorher verzichtete er lieber auf den Tee und verlangte seiner Blase besondere Leistungen ab) und erst noch viel später sein mitgebrachtes Frühstück aß.

Für uns waren bei diesem Eingewöhnungsprozeß zwei Dinge wichtig:

- Es ist wohl allgemein so, daß Väter dem Kind besser helfen können, beim Übergang in den Kindergarten die Ablösung zu bewältigen, als die Mütter. Auf Grund der besonderen Beziehung, die Mutter und Kind zueinander haben, sind Probleme des Loslassens und Abgebens hier schwieriger zu bewältigen als in der Vater-Kind-Beziehung. Heinz konnte mit eindeutigem und konsequentem Verhalten Jonathan eine wichtige Orientierung sein, die ich dann übernahm.
- Hannah und Jonathan hätten derart individuelle Eingewöhnungsrituale mit unterschiedlicher Prägung kaum gleichzeitig entwickeln können.

Mir wurde erst sehr viel später deutlich, daß Hannah zwar von Beginn an auch von sich aus in den Kindergarten wollte, aber zwischenzeitliche Rückzugswünsche kaum deutlich zeigen konnte. Sie «funktionierte», damit wir auf Jonathans «Eigenwilligkeiten» reagieren konnten. Sie wird vermutlich von uns noch immer zu schnell als die «Vernünftige» anders gefordert, vielleicht manchmal überfordert, bzw. sie hat gelernt, sich selbst zu überfordern, indem sie gewünschtes Verhalten zeigt.

Jonathan hat dagegen in unserer Familie noch immer mehr Freiraum, seinen Rhythmus deutlich zu zeigen und zu leben. Andererseits bekam Hannah viel Zuwendung und Anerkennung dadurch, daß sie so schnell diesen Übergang bewältigte. Ihre Selbständigkeit und ihr selbstbewußtes Gestalten eigener Wünsche und Ideen macht uns frei, wir genießen sie, während wir bei Jonathan immer wieder besonders gefordert werden. Das löst bei mir nicht nur Sorge, sondern auch Ärger aus.

Wie sich die morgendliche Trennung auf die Beziehung zwischen Hannah und Jonathan auswirkte

Eins fiel uns gleich deutlich auf: Die Zwillinge stritten weniger, seit sie morgens für drei bis vier Stunden getrennt waren. Sie erzählten sich von dem, was sie erlebt hatten, sangen neue Lieder und überprüften dabei, ob der andere sie auch gelernt hatte, oder sie wollten sie dem anderen beibringen. Auch die durch den Kindergarten zunehmende Fähigkeit, intensiver und phantasievoller mit anderen Kindern zu spielen, wirkte sich offenbar positiv aus. Insgesamt haben wir die Zwillinge in einer entspannteren Beziehung zueinander erlebt. Einerseits haben sie jetzt Erlebnisse und machen Erfahrungen, die der andere nicht kennt. Andererseits kennen beide die Erzieher, Kinder und Räume – die Erlebniswelt des Zwillingsgeschwisters. Auf der Grundlage dieser Kenntnisse und einer ähnlichen Ausgangssituation finden Schilderungen des einen schnell das Verständnis des anderen. Aus der Distanz am Vormittag finden sie zu einer meist harmonischen Nähe am Nachmittag.

Wir hoffen, daß bei Hannah und Jonathan die Art ihrer Zwillingsbeziehung, die Abhängigkeiten und eingespielten Rituale aufgelockert werden durch die vielen neuen und intensiven Erfahrungen, die jeder von ihnen für sich allein mit der Kindergruppe macht.

Nach einem Kindergartenjahr konnten wir bei Hannah eine noch deutlichere Orientierung ihrer Spiele und ihres Verhaltens an den älteren Mädchen feststellen. Jonathan ist ein beliebter, froher, manchmal recht wilder Junge geworden, der allmählich noch mehr eigene Stärken und Vorlieben entdeckt. Aber er orientiert sich mit seinen Ideen und Wünschen noch immer stark an Hannah, wenn sie zusammen sind. So wäre vor allem das Entdecken eigener Möglichkeiten in einer Gruppe mit Hannah wohl nur sehr schwer möglich gewesen.

Die Erzieherin ist der Anwalt eines Kindes

Jonathans Erzieherin sagte uns beim ersten Einzelgespräch nach wenigen Monaten Kindergartenerfahrung mit unserem Sohn: «Ich möchte Hannah gar nicht besser kennenlernen. Ich bin froh, daß ich mich auf Jonathan konzentrieren kann.»

Es erging Heinz und mir nämlich in diesem Gespräch wie so oft: Wir konnten einfach nicht bei Jonathan verweilen, sondern brachten gleich wieder Hannah ins Gespräch, dies auch unter dem Aspekt des Vergleichens.

Die Erzieherin ist der Anwalt *eines* Kindes, sie konzentriert sich auf einen Zwilling, hat nicht das Problem wie wir, beiden gerecht werden zu wollen. Beide Erzieherinnen berichten jeweils ihre Beobachtungen mit einem Zwilling. Dabei helfen sie uns, die Erfahrungen mit dem einen Kind kennenzulernen, bei einem Kind zu verweilen. Vielleicht können wir davon lernen.

Zwillinge in anderer Familie – Eltern berichten

An dieser Stelle kommen Eltern mit unterschiedlichen Zwillingspaaren zu Wort. Keines davon war zum Zeitpunkt der Gespräche älter als fünf Jahre. Die Familien leben in sehr unterschiedlichen Situationen, und die Startchancen der Zwillinge unterscheiden sich stark voneinander.

Die Eltern waren sehr engagiert an den Gesprächen beteiligt, wohl auch deshalb, weil ein Erfahrungsaustausch mit anderen Zwillingsfamilien zu wenig möglich ist.

Mich interessiert bei den Gesprächen * vor allem:

- Wie erlebten sie die Neuigkeit, zwei Kinder auszutragen?
- Wie verliefen Schwangerschaft und Geburt?
- Welche Probleme und welche Hilfen hatten sie bei der Bewältigung des Alltags?
- Wie erleben sie die Zwillinge in ihrer Familie?
- Welches sind aus ihrer Erfahrung spezifische Erziehungsprobleme im Umgang mit ihren Zwillingen?
- Wie erleben ihre Zwillinge den Kontakt zu anderen Kindern?
- Gibt es Erfahrungen ihrer Zwillinge aus Spielkreis und/oder Kindergarten?

Im Verlauf der Gespräche stellte sich heraus, daß jede Familie eigene Schwerpunkte setzte, ein eigenes Thema hatte. Und: Es wird deutlich, wie sehr man sich als Zwillingseltern überfordern kann, wenn man versucht, die Zwillinge bewußt zu erziehen und individuell anzusprechen.

* Ausführlichere Informationen zu den Gesprächssituationen siehe Anhang 1

Alice und Kerstin. Oder: Eins und eins ist eins

Alice und Kerstin sind eineiige Zwillinge und zum Zeitpunkt des Gesprächs 22 Monate alt. Die Familie bewohnt eine Dreizimmerwohnung. Nach der Geburt der Zwillinge tauschten die Eltern ihren größeren Schlafraum gegen das Kinderzimmer, damit die Kinder mehr Raum zur Verfügung hatten.

Der Vater ist als Polizeibeamter im Schichtdienst tätig, die Mutter ist pharmazeutisch-technische Assistentin, zur Zeit Hausfrau. Er war bei der Geburt der Zwillinge 26 Jahre und sie 24 Jahre alt.

Wir bekommen Zwillinge

Die Mutter erinnert sich an ihre Reaktion auf das Ergebnis der Ultraschallaufnahme: «Als sie dann gesagt haben, daß es Zwillinge sind, das war ein ganz komisches Gefühl. Als ich raus bin aus der Praxis, habe ich gedacht, ich muß das irgendwie loswerden. Aber ich habe auch Angst gehabt. Ich habe zwei Tage gebraucht, bis ich das vollkommen verkraftet hatte. Ich habe eine Freundin angerufen und es ihr erzählt. Sie sagte, daß ich von ihr Kleider haben könne. Und von da ab, als ich gemerkt habe, daß ich auch von Außenstehenden spontan Hilfe bekomme, da war's in Ordnung gewesen.»

Die künftigen Großeltern reagierten zunächst mit: «Um Gottes willen!» Und der Vater hatte vor der Ultraschallaufnahme noch im Spaß gesagt: «Na ja, wenn es Zwillinge werden, ist es auch nicht so schlimm!» Als er dann nach den Fotos fragte und seine Frau ihm ein zweites anbieten wollte, ist er doch erschrocken. Zwei Minuten war Totenstille, dann hat er gelacht. Er hat sich schnell damit abgefunden. Und dann kam die Panik: «Wir müssen ja das und das noch besorgen!»

Die Familie konnte viele gebrauchte Kleidungsstücke für die Zwillinge bekommen, aber bei den Kinderbetten zogen sie neue vor: «Jetzt kriegt man Zwillinge, da will man doch beides gleich haben. Das sieht ein bißchen blöd aus, wenn man das Zimmer mit zwei verschiedenen Bettchen einrichtet; da haben wir uns das eben neu gekauft.»

«Unsere Zwillinge sind gesund»

Alice und Kerstin kamen drei Wochen vor dem errechneten Geburtstermin zur Welt. Kerstin wog 2200 und Alice 2150 Gramm. Sie lagen eine Woche im Brutkasten und zwei Wochen im Wärmebettchen, wurden also im Alter von drei Wochen entlassen. Kerstin hatte mit der Saugglocke geholt werden müssen. Sie ist die Zweitgeborene. Die Mutter hatte zunächst Bedenken: ob nach der Saugglockengeburt nicht vielleicht ein Schaden zurückbleiben könne, ob sie vielleicht in ihrer Entwicklung etwas langsamer sein würde. Nach Einschätzung des Vaters war sie zunächst wirklich etwas zurück, holte diesen Rückstand aber ganz schnell auf. Dennoch wurden dadurch die Bedenken der Mutter noch nicht ausgeräumt: «Da hatte ich immer ein bißchen Angst und sagte zu meinem Mann, daß wir mit ihr vielleicht mal Probleme bekommen.»

Alice und Kerstin wurden über längere Zeit weiter ärztlich und ihre

Entwicklung krankengymnastisch unterstützt. Die Mutter empfand diese Betreuung als belastend. Ihre Kinder, die diese Gymnastik wegen angeblicher Fausthaltung beide benötigten, machten gute Fortschritte. Aber bei jeder Untersuchung wurde etwas anderes gefunden. «Irgendwann hat es uns gelangt. Andere, teilweise noch ältere Kinder, waren noch nicht so weit wie unsere. Dann sind wir einfach nicht mehr hingegangen. Sie waren damals neun Monate alt. Wir gehen nur noch zu den notwendigen Vorsorgeuntersuchungen.»

Der Mann hilft, wann immer er kann

Der Vater stellt zunächst fest: «In unserem Bekanntenkreis gibt es einige Eltern, die ungefähr zur gleichen Zeit wie wir ihre Kinder zur Welt brachten. Unter ihnen gibt es viele Ehepaare, die einfach mit ihrer Zeit nicht rumkommen, obwohl sie nur ein Kind geboren haben. Wir haben keine Probleme mit unseren. Wir schaffen das genauso wie mit einem Kind.»

Die Mutter bewältigte die an sie gestellten Anforderungen allein, wenn ihr Mann zur Arbeit war. «Also vor der ersten Nacht hatte ich wahnsinnige Angst», erinnert sie sich, «aber es ging eigentlich ganz gut. Eine mußte halt schreien.» Die Kinder waren durch den dreiwöchigen Klinikaufenthalt an feste, gleiche Uhrzeiten gewöhnt und hatten demzufolge gleichzeitig Hunger. Um die Zeit für den wartenden Säugling zu verkürzen, wurde diejenige zuerst gefüttert, die am besten trank. «Man ist dann kaum mit Ruhe bei dem einen, weil man das andere schon schreien hört. Ich habe dann Geschichten erzählt und gesungen, um mich zu beruhigen.»

Einkäufe machte sie nie allein mit den Zwillingen. Entweder konnte sie von ihrem Ehemann begleitet werden, oder sie ging, während er zu Hause die Kinder versorgte. «Man stößt auf manche Grenzen bei der Bewältigung der Alltagsarbeiten, wenn Zwillinge da sind. Schon in der Ortschaft spazierenzugehen, da sind die Bürgersteige viel zu schmal. Da muß man auf die Straße ausweichen. Es geht uns praktisch wie den Rollstuhlfahrern. Das fällt einem erst auf, wenn man mit dem Zwillingswagen irgendwo durchkutschieren muß.»

Wenn in Krankheitssituationen die Nächte gar zu anstrengend wurden, haben sich die Eltern abgewechselt. Wenn er dann zwei Tage frei hatte, versorgte er nachts die Kinder, während seine Frau durchschlafen konnte.

Die Zwillinge wechseln regelmäßig ihre Rollen

Die Eltern versuchen, die Zwillinge zu beschreiben. Die Mutter: «Alice ist die Ältere. Ich würde sagen, sie ist ziemlich aufgeweckt und wißbegierig. Also wenn irgendwas ist, dann muß sie immer die Nase vorn haben. Aber im großen und ganzen muß man sagen, daß sie beide gleich sind. Es ist mal eine die Dominierende und dann mal die andere. Das wechselt alle vier bis sechs Wochen. Die eine geht hin und verhaut die andere, nimmt ihr alles weg. Es war jetzt die ganze Zeit die Kerstin gewesen. Und da habe ich gedacht: Um Gottes willen, ist das Kind frech. Und jetzt merke ich, daß sie auf einmal diejenige ist, die im Moment fürchterlich zerkratzt aussieht, und sie kommt zu uns, weil Alice ihr was weggenommen hat.»

Der Vater kann bei beiden Eifersucht beobachten. Sitzt eine auf seinem Schoß, kommt die andere sofort und versucht, die Schwester zu verdrängen. Die Zwillinge streiten oftmals heftig miteinander, beißen und ziehen sich an den Haaren. Sie streiten sich um Dinge, die sie doppelt haben, etwa weil der eine Bär in der Kiste liegt und beide den anderen haben wollen; sie können andererseits aber auch ihre verschiedenen Puppen austauschen.

Wenn sie sich richtig anbrüllen, geht die Mutter dazwischen und mahnt, sich zu vertragen: «Wenn sie sich arg kratzen, schimpfe ich eben mit derjenigen, die auf die andere losgegangen ist. Irgendwie will ich sie nicht ganz gleich behandeln, aber man will sie auch nicht benachteiligen, also in der Beziehung finde ich das schwierig.»

Der Vater beschreibt eine Situation, in der eine die andere vorschiebt oder anstiftet, um es dann nicht gewesen zu sein: Alice spielt am Fernseher. Er verbietet es ihr. Da geht Kerstin hin und tut das gleiche. Er verbiete es auch ihr. Da nimmt Alice Kerstins Hand und macht mit deren Finger den Fernseher wieder an.

Der Vater: «Wenn ich eine beruflich hektische Woche hinter mir habe, kann es passieren, daß ich es noch so und so in Erinnerung habe, und dabei ist es schon wieder total anders. Da war dann gerade wieder ein Wechsel, den ich noch nicht mitbekommen habe.»

Ein Kind in zwei Personen?

Die Mutter: «Am Anfang war es meine Angst gewesen, sie auf alle Fälle gleich zu behandeln, daß nicht eine der Liebling wird und die andere nicht. Aber ich muß sagen, das ist mir nie passiert. Und auch wenn jetzt zum Beispiel halt eine eben mal ein bißchen aggressiver ist und dann jemand aus der Familie eine als ‹die Freche› oder ‹die Lustige› bezeichnet, gehe ich gleich dagegen und sage, daß sie beide gleich sind, damit nicht eine abgestempelt wird als frech, als lustig, als schlau. Ich möchte nicht, daß irgendeine abgestempelt wird als die Böse, die Laute, die Liebe, die Stille.»

Der Vater fühlte sich in der Anfangszeit mehr zu Alice hingezogen, ohne jetzt begründen zu können, woran das lag. Er beschreibt auch das Verhalten der beiden anderen Menschen, wie etwa den Großeltern, gegenüber als sehr unterschiedlich. Da verhält sich Alice nach seiner Wahrnehmung zurückhaltender: «Kerstin kaspert rum und weiß ganz genau, sie kann sich alles rausnehmen. Sie nutzt das voll aus. Sie weiß genau, daß sie alles machen kann. Wenn sie der Oma mal die Zunge rausstreckt, wird nur darüber gelacht, das weiß sie ganz genau.»

Wie kommt es, daß die beiden sich bei anderen verschieden verhalten?

Die Mutter: «Das kommt vielleicht daher, weil ich versuche, keine zu benachteiligen. Wenn zum Beispiel eine eine ruhigere und stillere Phase hat, habe ich Angst, darauf einzugehen, weil ich fürchte, sie dadurch dazu zu animieren, daß sie immer die Stille und Ruhige bleibt. Ich will keine benachteiligen. Oder wenn zum Beispiel die eine etwas aggressiver ist, daß ich dann sage: ‹Du gehst jetzt weg, du bist mir einfach zu böse im Moment, ich nehm jetzt deine Schwester.› Dann denke ich mir, vielleicht entsteht dadurch auch Eifersucht.»

Auch aus dem Spielkreis beschreibt sie unterschiedliches Verhalten von Kerstin und Alice. Während Alice bereits mit Kindern spielte, suchte Kerstin länger die Nähe der Mutter. «Die Kerstin ist auch jetzt so, wenn ein Vater seine Kinder vom Spielkreis abholt, kommt sie brüllend auf mich zugerannt. Der Alice ist das zwar auch nicht ganz geheuer, aber sie stellt sich nicht so an wie Kerstin.» Beide wechseln aber ihre Rollen in gewissen Zeitabständen, wenn es darum geht, aktiver auf andere Kinder zuzugehen.

Am Ende des Gesprächs bemerkt der Vater: «Wenn ich mir das so überlege, ist es fast so, als hätten wir nur ein Kind erzogen. Wir reden immer von ‹den Zwillingen›. Sie sind fast wie eins.» Und seine Frau bestätigt das.

Getrennt trauern oder aufeinander fixiert bleiben?

Als Alice und Kerstin zum erstenmal getrennt wurden, weil ein Elternteil nur ein Kind mitgenommen hat, haben beide furchtbar geweint. In einer späteren Situation wurde Kerstin von ihrer zu Hause wartenden Schwester Alice mit Freudentränen begrüßt und sofort zum Spielen ins Zimmer geführt. Die Mutter hatte das Gefühl, Alice habe unter der Trennung gelitten.

Im Hinblick auf den Kindergarten überlegen die Eltern folgendes:

Die Mutter: «Aber dann denke ich mir, wenn wir sie jetzt mal in zwei getrennte Gruppen geben im Kindergarten, und sie setzen sich dann beide hin und trauern, daß das genauso schlimm ist, als wenn wir sagen, wir tun sie in eine Gruppe, sie hängen aneinander.»

Der Vater: «Ja, wann willst du sie aber dann auseinanderkriegen? Dann geht es in der Schule weiter. Irgendwann müssen sie getrennte Wege gehen. Spätestens wenn sie heiraten und mal Kinder kriegen. Spätestens in der Schule sind normale Geschwister getrennt. Also müßte man es bei Zwillingen doch genauso machen.»

Alice und Kerstin waren nur in der ersten Zeit gleich angezogen. Sie wurden später schon deshalb unterschiedlich gekleidet, damit andere sie auseinanderhalten konnten.

Zu Beginn der Sprachentwicklung hatten sie eine Privatsprache entwickelt, mit der sie sich untereinander verständigten, bei der aber die Eltern ausgeschlossen blieben. Sie wird jetzt zunehmend durch allgemein verständliche Wortbildungen abgelöst. Auch beginnen beide, ‹ich› und ‹wir› zu unterscheiden und sich mit dem richtigen Namen zu benennen.

Kindheitserfahrungen der Mutter

«Ich bin mit meiner Schwester fünfzehn Monate auseinander. Wir waren immer gleich angezogen und bekamen das gleiche geschenkt. Wir haben zur gleichen Zeit geheiratet und Kinder bekommen und haben viel zusammen gemacht. Sie ist im letzten Jahr weggezogen. Ich fand das halt irgendwie schön, eine Schwester zu haben, mit der man etwas unternehmen kann. Wenn ich jetzt daran denke, daß ich versuche dafür zu sorgen, daß bei unseren beiden jedes für sich ist... Na ja, vielleicht fänden sie es doch ganz schön, aber vielleicht können sie es ja auch unter sich ausmachen.»

Einige Überlegungen zu dem Bericht der Eltern von Alice und Kerstin

Kerstin und Alice sind eineiige Zwillinge. Die Identitätsfindung ist bei eineiigen Zwillingen das eigentliche Problem, der Prozeß, in dem sich das Kind zu einem einmaligen Wesen entwickelt.

Das «Doppelt-Sein» und die Altersgleichheit legen es nahe, sehr früh auf das Unterschiedliche in den Charakteren zu achten – schon deshalb, damit die Erwachsenen individuelle Beziehungen aufnehmen können. Bei dieser Familie erleben wir nun gerade bei der Zuschreibung bestimmter Eigenschaften zu *einem* Kind eine besondere Zurückhaltung. Dies aus der Sorge heraus, die Zwillinge in ihrer weiteren Entwicklung zu sehr festzulegen. Gleichzeitig laufen die Eltern dabei aber Gefahr, keine individuellen Eigenschaften zuzulassen.

Die Kinder sind gleich – so sehen es die Eltern. Dabei tut sich offenbar der Vater leichter als die Mutter, differenzierende Beschreibungen für die Kinder zu finden. Die Mutter ist um Gleichheit bemüht und immer auch darum, keine unterschiedlichen Gefühle zu Alice und Kerstin zu entwickeln. Sie beschreibt es damit, beide gleich gern zu haben.

Diese gewollte Betonung des Prinzips der Gleichheit wurde schon in der Schwangerschaft – bevor sie wußten, welche Art von Zwillingen es sein würde – bei der Anschaffung gleicher Betten deutlich. Die eineiigen Zwillinge machen es den Eltern jetzt besonders schwer, von dieser Gleichheit abzurücken. Einmal, weil sich Kerstin und Alice zum Verwechseln ähnlich sehen, und zum anderen, weil sie ihre Rollen und möglichen Zuschreibungen in fast regelmäßigem Turnus wechseln.

Ist dieser Rollenwechsel begründet in dem ständigen Konkurrieren um Zuwendung und Aufmerksamkeit? Die Übernahme der Rolle des braven Kindes sichert so jedem Kind für eine gewisse Zeit die besonders umsorgende positive Zuwendung. Oder ist in der Übernahme der negativen Rolle eher ein Versuch der Abgrenzung zu sehen, der von den Eltern aus Angst vor Benachteiligung eines Kindes nicht zugelassen wird?

Diese Gleichheit der Charaktere, die sich in Nebensätzen etwa in bezug auf Kontaktfreudigkeit zu anderen Kindern, Loslassen der Mutter etc. bereits differenziert, wird nur in bezug auf die Eltern aufrechterhalten. Beobachtungen der Zwillinge im Kontakt etwa zu den Großeltern zeigen, daß in diesen Beziehungen Alice und Kerstin Unterschiedlichkeiten konstant durchhalten, und auch die Großeltern scheuen sich nicht, beide differenziert zu beschreiben.

Die Ausgangsbedingungen nach der Geburt haben kein körperlich bedingtes Ungleichgewicht geschaffen, wie das sonst häufig gerade bei eineiigen Zwillingen der Fall ist. Häufig bleibt die aus diesem Unterschied resultierende Dominanz für lange Zeit prägend innerhalb der Paarbeziehung. Kerstin und Alice waren fast gleich schwer, die Saugglockengeburt hatte nur zu Beginn geringfügige Probleme für Kerstin gebracht, die schon nach wenigen Tagen nicht mehr zu beobachten waren.

Wichtig für das Verstehen des Wunsches nach Harmonie, Gleichheit und dem Verhindern von Eifersucht ist der Rückgriff auf die eigenen Kindheitserlebnisse, von denen die Mutter erzählt. Sie erlebte ihre eigene Beziehung zur Schwester in einem Quasi-Zwillingsverhältnis als angenehm, harmonisch und glücklich, was sie nun ihren Kindern auch ermöglichen will.

Der Vater hält es offenbar für sinnvoll und möglich, die heute noch sehr kleinen Kinder in Kindergarten und Schule getrennte Wege gehen zu lassen. Er denkt dabei an die langfristig notwendige Unabhängigkeit, die Alice und Kerstin voneinander erlangen sollten. Es ist wohl schwer auszumachen, wie sehr die Bürde der Verantwortung gerade Eltern mit eineiigen Zwillingen drückt, wenn sie sozusagen gegen den

Zwillingsmythos bei ihren Kindern Individualisierungstendenzen erspüren und unterstützen und dabei auch noch die Paarbeziehung positiv beeinflussen wollen, die so sehr von Gleichheit, Harmonie und Intimität bestimmt ist.

Esther und Tobias: Jeder für sich und doch eine besondere Intimität

Tobias und Esther sind ein Zwillingspaar und zum Zeitpunkt des Gesprächs 23 Monate alt. Ihre neunzehn Monate ältere Schwester heißt Myriam.

Die Familie bewohnt eine Fünfzimmerwohnung, die bereits bezogen wurde, bevor die Familie wußte, daß sie Zwillinge haben würde. Zu der Wohnung gehören ein Balkon und ein kleiner Garten.

Der Vater und die Mutter sind Sozialarbeiter, sie ist seit der Geburt der Zwillinge Hausfrau. Er war bei der Geburt der beiden 43 Jahre, sie 25 Jahre alt.

Reaktion auf die Neuigkeit: «Ich hätte Luftsprünge machen können»

Sie hatte vor der älteren Tochter Myriam eine Fehlgeburt. Sie hatte auch in dieser Schwangerschaft Angst, dies noch einmal erleben zu müssen. «Als ich dann hörte, es sind zwei, habe ich mich vom ersten Augenblick an sehr gefreut, ich hätte Luftsprünge machen können. Ich war so glücklich. Ich habe nicht einen Moment daran gedacht, daß das zuviel wird. Wir haben auch nie gesagt, wir wollen nur zwei Kinder.» Ihre Mutter dagegen dachte zunächst an die viele Arbeit. Auch die meisten Bekannten reagierten ähnlich.

Auf den Vater wirkten die Reaktionen der Mitmenschen schockierend. In der ersten Zeit nach der Geburt wurde zwar immer wieder festgestellt, wie niedlich die beiden seien, aber dann wurde gleich die damit verbundene Unmenge an Arbeit als etwas Furchtbares beschworen.

Die werdende Zwillingsmutter suchte Rat in Zeitschriften, fand aber wenig Anregungen, vor allem war auch hier von Streß und furchtbar

viel Arbeit die Rede. Irgendwann hat sie aufgehört, diese Artikel zu lesen: «Ich meine, das stimmt ja auch, was die da geschrieben haben. Wenn unsere jetzt zum Beispiel losziehen auf Entdeckungsreise – sie stiften sich gegenseitig zu allem möglichen an. Dann ist der Streß natürlich doppelt. Ja, manches Mal kann man sagen, es ist dreimal soviel wie bei einem Kind. Nur, das so negativ zu sehen, das ist Quatsch. Selbst wenn sie dauernd was anstellen, möchte ich das nicht missen.»

Auch bei gesunden Zwillingen können einem Arzt Zweifel kommen

Wegen vorzeitiger Wehen mußte die Mutter vier Wochen vor dem Termin in die Klinik, und vierzehn Tage später wurden die beiden gesunden Kinder geboren. Tobias wog 6,5 und Esther sieben Pfund. Beide konnten von Beginn an gestillt werden. Besondere Nachsorgemaßnahmen waren nicht notwendig.

Einige Zeit nach der Geburt mußte Esther wegen einer Tränenkanalverstopfung in die Klinik. Sie war noch sehr klein. Der behandelnde Arzt fragte als erstes, ob Esther behindert sei. Es sähe so aus, die Stirn sei so weit vor. Er wußte, daß Esther ein Zwilling ist. Der Kinderarzt meinte später, es sei völlig normal, daß die Köpfe bei Zwillingen zunächst etwas verbildet seien. Die Kinder waren groß und schwer und hatten demnach im Mutterleib wenig Platz. Solche leichten Deformationen normalisieren sich im Laufe der Zeit.

Alltag mit guten Helfern

Wie bei der älteren Tochter wollte die Mutter auch diesmal nicht auf das Stillen verzichten. Sie erlebte kampagneähnliche Warnungen der eigenen Mutter, Großmutter und von Zwillingsmüttern auf der Straße vor zu viel Streß, zu großer Schwächung des eigenen Körpers.

«Aber ich habe mir gesagt, das muß gehen. Und es ging.» Sie stillte insgesamt neun Monate, davon drei Monate voll. Abends bekamen die Zwillinge bald die Flasche: «Abends haben alle Kinder gebrüllt. Die Zwillinge vor Hunger und Myriam vor Müdigkeit, also ging das abends nicht mehr mit dem Stillen. Ich hatte einfach nicht die Ruhe, die dafür notwendig gewesen wäre. Aber es hatte sich dann ganz gut eingependelt, daß ich zwei Mahlzeiten am Tag weiter gestillt habe.»

In der Nacht mußten Esther und Tobias während der ersten acht Wochen abwechselnd jede Stunde gestillt werden. Dann pendelten sie sich auf gemeinsame Zeiten ein. Später wurden die Zwillinge in den Liegewippen gefüttert. «Ich habe mich vor die beiden gestellt, so ein bißchen mit ihnen rumgeschmust und dann jedem die Flasche gegeben. Später haben sie diese dann selbst gehalten, oder Myriam hat ein bißchen geholfen.»

Unterstützung erfuhr die Familie vor allem durch ihre Mutter, die in der Nähe wohnt und am Anfang sehr häufig da war. Zudem kam von Beginn an eine Tante des Vaters zwei- bis dreimal in der Woche. Sie beschäftigte sich mit den Kindern. Die junge Mutter konnte in dieser Zeit entweder Hausarbeit erledigen, einkaufen oder etwas für sich tun.

Zu den Einkäufen meint sie: «Mit beiden pack ich das einfach nicht mehr. Es ist tatsächlich so. Tobias rennt grundsätzlich nach hinten und Esther nach vorn. Einen nehme ich gern mit. So erleben die Zwillinge einzeln, wie das mit dem Einkaufen ist. Aber mit zweien?»

Die große Schwester

Die Eltern haben die Situation mit Myriam nach der Geburt der Zwillinge sehr positiv erlebt: «Sie hat schnell vergessen, daß sie mal allein war. Sie hat auch keinerlei Eifersucht gezeigt. Jetzt merken wir aber schon ab und an, daß sie auch auf den Arm will und nicht immer nur die Kleinen.»

Für Myriam war es zunächst nicht so recht zu begreifen, weshalb andere Familien nur ein Baby haben. Sie fragte dann immer, wo denn das andere Baby sei. Myriam war bei der Geburt der Zwillinge neunzehn Monate alt.

Heute ist es wichtig, daß einer der Eltern etwas mit ihr allein macht. Sie glauben, daß Myriam durch die Zwillinge viel weggenommen wird, denn diese beanspruchen meist die volle Aufmerksamkeit der Mutter. Der Vater: «Aber Myriam lebt in dem Bewußtsein: Das ist meine Mami, und die hat Zwillinge.»

Veränderungen in der Paarbeziehung – oder: Wenn Zuschreibungen plötzlich nicht mehr stimmen

Die Mutter erinnert sich:

«Zuerst war Esther immer mehr die Zurückhaltende und Tobias derjenige, der offen auf alles losging und dann immer als Reaktion erfuhr: ‹Ach, ist der lieb, und ist der goldig.› Dann schäkerte er mit allen. Esther war behäbig, saß rum, guckte sehr viel, nahm alles vom Intellekt her auf, aber tat sehr wenig. Tobias war also derjenige, der ständig aktiv war und auch alles zuerst konnte. Und dann schlug das um! Da hatten wir eigentlich schon unsere feste Meinung von den Zwillingen. Als sie ein Jahr alt waren, merkten wir plötzlich, daß wir sie falsch eingeschätzt hatten. Esther konnte genausoviel wie Tobias. Sie hat es nur nicht gemacht. Beim Laufen war es am deutlichsten. Tobias hat geübt und geübt. Und plötzlich stand Esther auf und lief los. Sie lief vor ihm her, und er lief ganz unsicher hinterher. Also, sie konnte das wesentlich besser und hatte es gar nicht soviel geübt. Das war oft so, vor allem bei motorischen Dingen, bei denen wir immer dachten, Tobias sei vorn. Es hat sich hinterher rausgestellt, daß Esther sich das trotz allem angeeignet hatte.»

Tobias litt, als er eineinhalb war, drei Wochen an hohem Fieber mit anschließender Angina. Danach wurde er scheu, auch anderen gegenüber, auf die er früher zugelaufen wäre. Esther wurde die Kesse, die auf andere zugeht. Seit dieser Krankheit ist Esther für Tobias eingesprungen. Früher war sie diejenige gewesen, die wegen Tobias' Wildheiten bedauert wurde, weil er sie haute und ihr alles wegnahm.

Strategien im Streit

Die Mutter: «Esther wurde immer bedauert, wenn Tobias nur darauf aus war, ihr die Spielsachen wegzunehmen und ihr auf den Kopf zu hauen. Bis wir halt gemerkt haben, daß Esther sich wehrt und allein wehren kann, wenn man sie läßt. Sie hatte nur gelernt loszubrüllen wie am Spieß, dann kam irgend jemand herbeigestürzt, hat sie bedauert und Tobias getadelt. Da brauchte sie ja nichts mehr zu machen.

Dann haben wir sie mal gelassen.

Als sie das merkte, fing sie an und haute ihm das Lego wieder auf den Kopf, und inzwischen ist es ein sehr ausgeglichenes Kräfteverhältnis. Darüber bin ich sehr froh. Es gibt zwar immer mal einen, der mehr einstecken muß, aber das ändert sich dann auch wieder. Wenn sie sich streiten, dann geht es meistens um ein Spielzeug. Der eine spielt damit, und der andere will es haben. Entweder nutzt dann Esther ihre Wendigkeit und ärgert Tobias furchtbar damit, daß sie mit diesem Spielzeug vor ihm rumsaust und er nicht so schnell hinterherkommt. Oder Tobias reißt es ihr weg, und Esther kann sich in dem Moment nicht wehren, so daß sie dann furchtbar brüllt.»

Typisch Junge, typisch Mädchen?

«Ja, sie sind sehr typisch. Ich wehre mich so wahnsinnig dagegen, weil ich gesagt habe: ‹Das wird jetzt mal ein Beispiel werden, bei dem man sieht, daß das alles reine Erziehungssache ist.› Aber es sind wirklich viele Verhaltensweisen sehr typisch Junge und typisch Mädchen. Tobias macht wirklich die waghalsigsten Sachen, bei denen mir schlecht wird, wenn ich das nur sehe. Dann erntet er immer von erfahrenen Müttern: ‹Ach, typisch Junge.› Das merkt er, und da wird er nie anders. Er wird schon im Ansatz verstärkt.»

Andererseits lernte Tobias über seine Zwillingsschwester das eher mädchenbezogene Spiel mit den Puppen, für das er zunächst kein Interesse zeigte. Inzwischen spielt er gern damit.

Jeder für sich und doch eine besondere Intimität

Tobias und Esther, die beide zur Zeit des Gesprächs noch wenig sprachen, verfügten zu diesem Zeitpunkt aber offenbar über Verständigungsmöglichkeiten, die den Eltern nicht zugänglich waren. Wenn zum Beispiel Tobias Esther zum Essen rufen sollte und sie auch tatsächlich mitkam, wußte niemand, wie er ihr das mitgeteilt hatte. Wie er sich verständlich machte, konnten die Eltern nicht begreifen. Tobias und Esther hatten offenbar innerhalb ihrer Zweierbeziehung Kommunikationsmuster entwickelt, die Außenstehende nicht nachvollziehen konnten.

Die Zuordnung der Namen schien zum Zeitpunkt unseres Gespräches für beide noch etwas schwierig zu sein. Während Esther wohl sehr früh «ich» sagte, bezeichneten sie sich beide als «Bias». Und hier schien eine Wiederholung dessen zu geschehen, was das Ehepaar nach der Geburt der Zwillinge mit der damals fast zweijährigen Tochter Myriam erlebte. Obwohl Myriam damals sprachlich bereits sehr weit war und die Namen der Zwillinge durchaus hätte lernen und sprechen können, sprach sie von «Tobias» und vom «anderen Tobias».

Gleiche Kleidung, die ihnen anfangs geschenkt wurde, lenkte die Bewunderung auf den Tatbestand «Zwillinge» und schenkte auch den Eltern Anerkennung für die besondere Aufgabe. Tobias und Esther werden heute unterschiedlich gekleidet, nachdem es wegen gleicher

Schuhe zwischen beiden ständig darüber Streit gab, wem nun welche Schuhe gehörten.

Seit einiger Zeit übernachtet mittwochs abwechselnd einer der Zwillinge bei der Oma. Dies einmal, damit dieses Kind einen Erwachsenen für sich hat und lernt, ohne den anderen Zwilling zu sein. Andererseits genießt es das Ehepaar an diesem Abend und dem folgenden Morgen, nur zwei Kinder betreuen zu müssen.

Thema Kindergarten: Es ist schon jetzt eindeutig, daß Tobias und Esther in getrennte Gruppen gehen werden. In diesem Kindergarten werden Geschwister grundsätzlich getrennt. Die Eltern finden das aber auch gut, «damit sie unterschiedliche Beziehungen aufnehmen und Erfahrungen machen können». Sie seien ja sonst den ganzen Tag zusammen.

In dem privat organisierten Spielkreis sei schon heute deutlich, daß Tobias und Esther ihre Spielpartner nicht immer gemeinsam wählen.

Einige Überlegungen zu dem Bericht der Familie

Die Situation der Familie erscheint unkompliziert. Die Kinder waren von Anfang an gesund, zusätzliche medizinische Betreuung war nicht notwendig. Die Familie hat genügend Wohnräume für alle, Unterstützung durch Verwandte ist ausreichend gegeben. Der Vater packt am Wochenende und abends mit an. Die Mutter macht einen sehr vitalen Eindruck.

Nur unter diesen positiven Vorzeichen ist auch die mir vermittelte uneingeschränkte Freude, die vom ersten Augenblick an herrschte, erklärbar.

Ähnlich, wie wir es in unserer Familie beschrieben haben, gab es hier auf Grund einer Krankheit des dominierenden Zwillings einen Wechsel in der Rollenverteilung, der zunächst zur Irritation des vorher aktiven Kindes führte. Tobias wurde scheu. Solche Situationen stellen vermutlich Belastungen und Krisen innerhalb der Paarbeziehung dar.

Die Mutter beschreibt sehr anschaulich, wie ihr anfängliches Bild über die beiden eigentlich gar nicht (mehr) stimmt. Die zunächst gegensätzlichen Zuschreibungen müssen zunehmend korrigiert und differenziert werden.

Tobias war seiner Schwester gar nicht so weit voraus. Sie war einfach anders. Sie hat sich offenbar Fähigkeiten anders angeeignet als ihr Bruder. Indem die Kinder so verschieden wahrgenommen werden, ist es den Eltern leichter, eine individuelle Beziehung zu jedem Zwilling aufzunehmen. Wichtig scheint es zu sein, daß die Eltern ihre Wahrnehmungen und Zuschreibungen korrigieren können. Damit haben auch die Kinder mehr Freiraum, ihre Beziehung zueinander innerhalb des Paares immer wieder neu zu gestalten und zu definieren.

Pärchenzwillinge bieten durch geschlechtsspezifische Orientierungen sich selbst und der Umwelt die Möglichkeit der Abgrenzung und Individualisierung. Obwohl die Mutter es «nicht wollte», sind Merkmale typischen Jungenverhaltens bei Tobias durch die Umwelt unterstützt oder zumindest positiv anerkannt worden. Dies sicher nicht nur durch die von ihr genannten erfahreneren Mütter. Ich vermute, daß die Eltern es gern sehen, wenn sich der einzige Junge von den beiden Mädchen mit eher für ihn typischen Verhaltensweisen absetzt. Durch die große Nähe zur Zwillingsschwester erhält er allerdings auch den Zugang zu eher femininen Spielinhalten.

Die stundenweise Trennung der Zwillinge erhält bei dieser Familie neben dem Ziel der Individualisierung eine weitere Dimension, die auch in unserer Familie genannt wurde: Die Kinder sollen auch Erfahrungen und Erlebnisse in und mit der Umwelt machen können, wie sie es als Einzelkind erleben würden (zum Beispiel den Einkauf, Begleiten der größeren Schwester in den Kindergarten).

Was hat Myriam ausdrücken wollen, als sie in der ersten Zeit ihre Geschwister als «Tobias» und «der andere Tobias» benannte? Es war für sie vermutlich ähnlich schwierig wie für Erwachsene, zu den beiden Kindern gleichzeitig je individuelle Beziehungen aufzunehmen. So wie Erwachsene einen Zwilling verdoppeln und damit beide zu erfassen versuchen, hat Myriam die für sie anfängliche Einheit der beiden mit dem gleichen Namen ausgedrückt.

Mit zunehmendem Alter werden sich die Beziehungen der größeren Schwester zu Tobias und Esther und umgekehrt ausdifferenzieren. Wechselnde Koalitionen bringen dadurch zusätzlich mehr Offenheit in die Paarbeziehung, weil Offenheit in dieser Familie wohl grundsätzlich möglich ist.

Victoria und Frederic: Ein Wunder, daß sie leben

Victoria und Frederic sind Zwillinge und zum Zeitpunkt des Gesprächs vier Jahre alt. Die Familie bewohnt eine offenbar sehr hellhörige 2½-Zimmer-Wohnung. Elternschlafzimmer und Kinderzimmer wurden zugunsten von mehr Geräumigkeit für die Zwillinge gewechselt.

Der Vater ist Bilanzbuchhalter. Er lebt mit einem amputierten Bein. Die Mutter ist Ungarin und hat in ihrer Heimat ein Handwerk gelernt, das es bei uns wohl nicht mehr gibt, das Entwerfen und Herstellen von Mustern auf Tapetenwalzen. Sie ist seit der Geburt der Zwillinge Hausfrau. Zum Zeitpunkt der Geburt war er 35 Jahre und sie 31 Jahre alt.

Auf Zwillinge vorbereitet

Die Mutter war überglücklich, als sie erfuhr, daß sie Zwillinge austrug. Nachdem sie schon eine Zwillingsfehlgeburt hinter sich hatte, schöpfte sie nun die Hoffnung, bald zwei Kinder zu haben. In ihrer Familie gibt es auffällig häufig Zwillinge, dennoch glaubt sie, daß vor allem Hormontabletten der Auslöser für diese Zwillingsschwangerschaft waren. Wegen der Gefahr von Blutungen mußte sie während der Schwangerschaft dreizehn Wochen liegen.

Er erinnert sich an seine Reaktion auf die Neuigkeit: «Ich habe es mit einem weinenden und einem lachenden Auge zur Kenntnis genommen, daß ich Zwillingsvater werde. Das lachende Auge deshalb, weil meine Frau mir immer Zwillinge versprochen hat, nachdem wir ja auch beinahe zehn Jahre auf Kinder gewartet hatten. Das weinende Auge, weil ich wußte, daß ich mit schwereren körperlichen Arbeiten nicht belastet werden kann. Ich habe mir gedacht: Um Gottes willen! Wie schaffen wir das?»

Während der ohnehin belastenden Schwangerschaft mußte sie gegen Ängste auf Grund schrecklicher Nachrichten aus der Nachbarschaft ankämpfen: «Zum Beispiel meine Nachbarin. Sie hatte Zwillinge. Die Tochter lebt, der Junge ist tot geboren. Eine Frau im dritten Stock hat sieben Monate ihre zwei Mädchen ausgetragen, sie sind beide tot geboren. Aber ich habe gesagt: Vielleicht bist du die Glückliche, die es schafft.»

Es ist ein Wunder, daß sie leben

Am Ende der 27. Schwangerschaftswoche wurden Victoria und Frederic durch einen Kaiserschnitt geboren. Victoria wog bei der Geburt 900, Frederic 950 Gramm. Der Vater: «Frederic wurde nach der Geburt in den Inkubator gelegt. Er hatte das Format eines halben Hähnchens. Er hatte diese Fötusstellung, war in Alu-Folie eingewickelt. Ein paar Minuten später kam die Kinderärztin mit Victoria. Sie mußte mit einem Blasebalg beatmet werden. Die Ärzte sagten uns klipp und klar, daß es beide mit absoluter Sicherheit nicht schaffen werden. Jeder für sich, einzeln betrachtet, habe eine Chance von 30 Prozent.

Nach vielen Monaten noch war die Klinik stolz, die beiden durchgebracht zu haben. Der leitende Professor der Kinderklinik nannte es einen einmaligen Glücksfall, daß es beide geschafft haben.

Victoria blieb dreieinhalb Monate in der Klinik, Frederic fast vier Monate. Es war ein langes Bangen um die Kinder. Die Mutter dazu: «Einmal rief eine Schwester aus der Klinik an, der Frederic hat eine

Blutung in der Lunge. Da habe ich Angst gehabt, daß er stirbt. Sonst habe ich fest daran geglaubt, daß meine Kinder durchkommen.»

Das Ehepaar telefonierte jeden Morgen mit der Klinik, und am Abend besuchten sie die Kinder. Im Alter von 2½ Monaten durften sie beide zum erstenmal in den Arm nehmen. Der eigentliche Kontakt zu den Zwillingen wurde nach ihrer Einschätzung aufgebaut, als die Kinder zu Hause waren. Während der ersten drei Monate nach der Geburt, also der Zeit, in der sie noch in der Klinik waren, gab es immer wieder Rückschläge in der Entwicklung. Beide mußten bei einem Rückfall mit Atemstillstand wieder beatmet werden. Insgesamt war Victoria etwas leichter, aber stabiler. Sie wurde eine Woche vor Frederic entlassen.

Besondere Vorsicht, Streß und selbstgesetzte Grenzen

Das Ehepaar hatte jetzt zu Hause nicht nur die neue Elternrolle mit gleich zwei Kindern auszufüllen, sondern sie waren zugleich auch noch Krankenschwester und Pfleger. Jedes Kind wurde sechs- bis achtmal täglich, und das zu verschiedenen Zeiten, gefüttert. Dabei mußte Frederic sein Essen auf ganz bestimmte Weise bekommen, damit er nicht zu heftig trinken konnte, zu viel Luft mit einatmete und blau anlief. Geschah dies doch, mußte er auf den Kopf gestellt werden. Die Eltern fragten den Kinderarzt um Erlaubnis, bei den Nachtmahlzeiten das zweite Kind wecken zu dürfen, um die eigene Kraft nicht zu sehr zu überfordern.

Der Kinderarzt war für die Familie während der ersten Zeit eine wichtige Unterstützung. Schon wegen eines Schnupfens kam er ins Haus. Das Ehepaar konfrontierte ihn mit allen Fragen, die im Zusammenhang mit den Zwillingen auftraten. Der Professor der Kinderklinik und der Kinderarzt waren medizinische Betreuer und Erziehungsberater zugleich.

In den ersten Wochen war ihre Mutter zur Unterstützung da. Sie sorgte für eine warme Mahlzeit für die Erwachsenen und hielt die Wohnung sauber.

Wegen der Kinder mußten bestimmte Vorsichtsmaßnahmen eingehalten, zum Beispiel die Luftfeuchtigkeit kontrolliert und Mundschutz getragen werden. Nach kurzer Zeit mußten beide Zwillinge noch einmal ins Krankenhaus, Frederic blieb länger dort als Victoria.

Als Folge der totalen Beanspruchung durch die noch immer besonders gefährdeten Kinder verlor der Vater die Aufstiegschancen in seinem Beruf. Er benötigte mehr Kraft und Zeit für die Familie als früher, wofür die Firma kein Verständnis aufbrachte. «Das ist natürlich bitter für mich, aber meine Familie geht vor.»

Das Ehepaar besorgte sich bald ein drahtloses Haustelefon, das man einfach in die Steckdose steckt. Danach war es nicht mehr nötig, daß ein Erwachsener im Kinderzimmer schlief.

Sie versuchten auch konsequent, selbstgesetzte Grenzen einzuhalten. Die Mutter: «Wenn ein Kind nachts weinte, sind wir hingegangen, haben festgestellt, daß diese Quengelei im Traum war, oder es war etwas in der Hose. Wir haben das Kind saubergemacht, gestreichelt, zurückgelegt, oder es hat etwas zu trinken bekommen, und raus aus dem Zimmer, Tür zu.»

Nur sonntags morgens dürfen Victoria und Frederic in das Ehebett. Sie begründet dies so: «Ich habe immer Angst davor gehabt. Wenn einer in unser Bett darf, ist der andere sofort auch da. Zum Schluß bin ich mit meinen Kindern im Ehebett, und mein Mann schläft im Wohnzimmer oder im Kinderzimmer. Dann ist dieses bißchen Gemeinsamkeit, das ohnehin auf die Nacht reduziert ist, auch noch verloren. Also, dann wären wir nur noch für die Kinder da.»

Wochentags mußte die Mutter die Spaziergänge mit den Kindern in der Regel allein machen. Als die Kinder laufen konnten und aus dem Wagen durften, wurde auch diese Situation oft zum Streß. «Einmal, während ich mich um Victoria kümmerte, weil sie hingefallen war, ist Frederic weggelaufen und im Februar bei größter Kälte in den Bach gefallen. Die Leute haben um uns herumgestanden und zugeschaut, wie ich mich abgequält habe. Mein Glück war, daß meine Nachbarin kam und mir half.» Hin und wieder waren hilfreiche Nachbarn da, die für sie einkauften oder die Kinder zum Spaziergang mitnahmen.

Die Mutter: «Was ich noch ansprechen wollte, was ich schwierig finde bei Zwillingen: Bis zu einem bestimmten Alter kann man bei keinem der beiden an die Vernunft appellieren. Immer kommt der Druck doppelt, alles gleich. Das wird einem von anderen Eltern oft nicht abgenommen. Okay, bei einem Pärchen ist die Entwicklung oft um sechs Monate verschoben, weil die Mädchen sich schneller entwickeln. Aber bei anderen Familien sind die Geschwister ein Jahr und mehr auseinander. Das ist ein großer Unterschied.»

Heute sind die Kinder bereits fast ein Jahr in einem Kindergarten der Lebenshilfe, in einer integrativen Gruppe. Der Kinderarzt riet der Familie zu diesem Schritt, der vor allem für Frederic wichtig war, weil hier intensive Förderung geboten wird. Das Ehepaar suchte damals Entlastung vor allem für die Mutter. Der Kindergarten mit seiner guten personellen Besetzung bot da für Frederic und Victoria eine gute Perspektive. Ein Regelkindergarten wäre zum damaligen Zeitpunkt eine Überforderung für die Kinder gewesen. Heute denkt sie, daß Victoria dort zu wenig Förderung bekommt, weil die körper- und geistesbehinderten Kinder zuviel Kraft des Personals auf sich ziehen. Frederic dagegen hat große Entwicklungsfortschritte in dieser Gruppe gemacht. Die beiden sollen in einem Jahr in einen Regelkindergarten wechseln.

Die Eltern freuen sich über die besondere Nähe der beiden zueinander

Die Bettchen der Zwillinge standen von Beginn an dicht nebeneinander. Die Kinder hielten sich oft an den Händen. War es Zufall? «Es war ein Bild für die Götter.»

Die Zwillinge waren gerade sechs Monate alt, als Frederic seine Schwester wegen eines erneuten Krankenhausaufenthalts allein ließ. Die Eltern glauben, daß sie nach ihm weinte: «Sie hat dabei ganz traurig ‹Bu Bu› gesagt. Als er dann endlich zurückkam, war sie ruhig. Solche Töne hat sie nie mehr von sich gegeben.»

Noch heute im Alter von vier sind die beiden nie voneinander getrennt. Vater oder Mutter gehen nicht mit einem Kind allein einkaufen oder zum Spielplatz. «Ich könnte den Kindern kaum klarmachen, daß nur einer geht. Sie wären traurig», so die Mutter, «einer akzeptiert nicht, daß nur der andere geht.»

Was wird, wenn Frederic später erst ein Jahr nach Victoria eingeschult werden kann? Sie meinte spontan, dann müsse Victoria ihrem Bruder zuliebe auch noch ein Jahr warten. – Aber bis dahin sei noch etwas Zeit!

Das Mädchen vorwitzig – der Junge das Sorgenkind

Der Vater beschreibt Frederic als ruhiges, ab und an aber jähzorniges Kind, während Victoria eher «hibbelig» ist. «Damals schon, im Brutkasten, hat sich der Charakter der beiden abgezeichnet. Uns wurden sie auch ziemlich plastisch und eindeutig vom Arzt beschrieben. Er hat wahrscheinlich die Kinder stundenlang beobachtet.» Schon damals wurden ihnen Frederic als ruhiger Typ und Victoria als «hibbeliges» Kind charakterisiert.

Insgesamt hatte Victoria einen günstigeren Entwicklungsverlauf als Frederic. Die Eltern führen das auf seine längeren Krankenhausaufenthalte zurück. Er ließ sich anfangs zu keinem Spiel motivieren, während Victoria sofort mitmachen wollte. Er sagt noch heute sehr schnell: «Ich kann es nicht», wenn er sich einer Anforderung gegenübersieht.

Neben der krankengymnastischen Betreuung beider wurde Frederic zusätzlich heilgymnastisch behandelt. Er hatte deutliche Entwicklungsverzögerungen und konnte manches nicht, was man normalerweise von einem Baby seines Alters erwarten kann (auch wenn man die dreizehn Wochen der zu frühen Geburt zurückzählt) und was Victoria schon lange beherrschte.

Frederic ist das Sorgenkind geblieben, und was immer bei ihm anders ist, wird zunächst mit seinem Werdegang erklärt, und es wird die Befürchtung einer organischen Ursache geäußert. Der Vater: «Der kleine Kerl hatte bei mir monatelang die Angst ausgelöst, daß er ein geistig behindertes Kind sein könnte. Aber als ich gesehen habe, welch wache Intelligenz er entwickelt, wenn er etwa den Kassettenrecorder oder den Fernseher fachgerecht bedient – das hat mich beruhigt.» Offenbar gibt es aber Dinge, die Frederic nicht begreift – zum Beispiel am Gehsteig stehenzubleiben und nicht allein auf die Straße zu gehen. Auch fällt es ihm schwer, die Farben der Ampel zu lernen. «Frederic sagt, die Ampel sei blau. Auch kann man ihm tausendmal erklären, daß die Feuerwehr rot ist, bei ihm ist sie blau. Aber ein rotes Auto ist für ihn auch ‹Feuerwehrauto›. Also, er erkennt die Farben schon. Ich dachte erst, er sei farbenblind. Man hat halt immer Angst, daß organische Ursachen vorliegen.»

Victoria wird vom Vater als altkluges und vorwitziges Mädchen beschrieben, das sich lieber mit Erwachsenen als mit Kindern beschäftigt: «Victoria ist auch schneller. Sie hat Dinge schon zweimal gemacht, bevor Frederic die Sache gedanklich zu Ende gebracht hat. Damit ist sie immer im Vorteil, und Frederic bekommt überhaupt keine Chance, das zu üben.»

Andererseits kann Frederic unkomplizierter mit Kindern Kontakte aufnehmen und – so in Ungarn – nonverbal glücklich mit den anderen spielen. Victoria, die in dieser Zeit bei ihren erwachsenen Kontaktpersonen ist, spürt, wie diese Frederics Verhalten anerkennend bewundern, und reagiert besonders «zickig», um die Aufmerksamkeit der Erwachsenen wieder auf sich zu lenken.

Frederic und Victoria können gut teilen. Die Eltern beobachten dies im Vergleich zu einzeln geborenen Kindern als besondere Stärke von Zwillingen.

Die Chancen der Tochter?

Der Vater: «Sie ist so empfänglich für Zärtlichkeiten. Das bestätigt mich natürlich in meiner Väterlichkeit und auch in meiner Männlichkeit.» Und später ergänzt er zu diesem Thema: «Victoria behauptet sich in der Beziehung zu Erwachsenen. Wenn sie mal einen Schoß erobert hat, dann bleibt sie sitzen. Dann kämpft sie mit Krallen und Schreien und Beißen um ihr Privileg, und Frederic resigniert.» Victoria hatte auch sofort die Sympathien der Großmütter auf ihrer Seite. Natürlich mochten diese auch Frederic, aber von Victoria fühlten sie sich eher angesprochen. Victoria ist das «süße Mädchen». Sie kann auf die Erwachsenen eingehen und sie um den Finger wickeln. Die Mutter: «Aber ihre Zärtlichkeit ist oft Berechnung. Wenn sie anfängt: ‹Mamilein›, da weiß ich, daß sie etwas will. Frederic hat wesentlich mehr selbstlose Zärtlichkeit. Vicki ist oft eine lästige Fliege. Sie mischt sich bei den Erwachsenen gerne ein.»

Es ist schwierig, beiden gerecht zu werden

Er sieht es als typisches Problem von Zwillingseltern, die selbstgesteckten Erwartungen zu erfüllen, beiden immer gerecht zu werden. Sind beide Elternteile da, können die Kinder aufgeteilt werden. Ist aber tagsüber die Mutter allein mit den gleichaltrigen Kindern, wird sie – wie es die Mutter von Frederic und Victoria erlebt – buchstäblich zermürbt.

Frederic und Victoria werden nur selten gleich gekleidet: «Diese Kinder sind sowieso gestraft genug. Sie müssen die Mutter teilen und haben am gleichen Tag Geburtstag. Da sollen sie nicht noch gleich angezogen sein. Das finde ich unmöglich», meint die Mutter.

Mit Zwillingen ist man schnell isoliert

Der Spielkreis, den sie schon früh mit den Zwillingen besuchte, hatte für die Mutter auch das Ziel des Erfahrungsaustauschs, wichtiger aber noch war die Tatsache, daß sie aus der eigenen Wohnung hinauskonnte.

«Die Kinder waren mal beschäftigt, und man konnte tatsächlich über etwas anderes mit anderen Erwachsenen reden.» Mit den Kindern allein spazierenzugehen wurde oft zum zusätzlichen Streß. Mit Zwillingen, so ihre Meinung, ist man noch isolierter als mit einem Kind. Man kommt seltener aus dem Haus. Es ist aufwendiger, umständlicher. «Wenn man dann auf die Räume angewiesen ist, ist das praktisch wie in einer großen Glocke. Man gerät sich auch mit den Kindern viel schneller in die Wolle.»

Kontakt zu Zwillingseltern fand sie im Spielkreis und im Park.

Einige Überlegungen zu dem Bericht der Familie

Die Geschichte dieser Familie beginnt mit extremen Ausgangsbedingungen für Victoria und Frederic. Glücklicherweise werden in der Regel gesunde Zwillinge geboren bzw. können Folgen aus Schwangerschaft und Geburt im Verlauf der ersten Lebensjahre weitgehend behoben werden.

Die Basis, auf der das Ehepaar zunächst die Beziehung zu den Zwillingen aufbauen mußte, war geprägt von der über Monate anhaltenden Unsicherheit, ob die Kinder (eines oder beide) überhaupt am Leben bleiben. Zumindest während des ersten Lebensjahres standen Fragen der medizinischen Versorgung und Betreuung der Kinder im Vordergrund. Neben diesen außergewöhnlichen Anforderungen war das Ehepaar zudem belastet durch die Enge der Wohnung und besondere Rücksichtnahme, die es glaubte im Haus üben zu müssen. Die Behinderung des Mannes kam hinzu. Dabei war die Familie bei der Bewältigung der an sie gestellten Anforderungen weitgehend auf sich gestellt.

Es ist leicht nachzuvollziehen, daß in einer solchen Situation Kraft und Personen fehlen, die Individualisierungstendenzen unterstützen könnten.

Der Kinderarzt sorgte für die medizinische Betreuung der Zwillinge. Die Eltern haben großes Vertrauen zu ihm, und sie konnten ihn als einen besonders gewissenhaften, fürsorglichen Begleiter erleben. Aber sie konfrontierten ihn auch mit allen Fragen, die die Erziehung und pädagogische Betreuung der Zwillinge betraf. Allerdings dürfen wir wohl davon ausgehen, daß Kinderärzte in ihrer Aus- und Fortbildung auf das besondere Problem der Zwillingserziehung nicht vorbereitet werden.

In der Beschreibung der Kinder wurde deutlich, daß der Entwicklungsvorsprung von Victoria sich manchmal hemmend auf Frederic auswirkte. Mißerfolge frustrieren, wenn der ständig anwesende Zwilling meist schneller und geübter ist.

Jungen einer Pärchenkonstellation scheinen in der Außenwirkung der Schwester gegenüber häufiger benachteiligt zu sein. Victoria, die durch die Zuwendung der Erwachsenen Bevorzugte, hat sich offenbar eng an diese gebunden, während Frederic sich stärker und freier auf Kinder zubewegt.

Beide haben Strategien entwickelt, wie sie im rivalisierenden Kampf um Zuwendung die Aufmerksamkeit der Erwachsenen auf sich lenken: Hat Victoria positive Zuwendung durch Schmusen, Liebsein oder gute Leistung erworben, resigniert Frederic und macht durch lautes Spiel auf sich aufmerksam. Hat dagegen Frederic die Anerkennung der Erwachsenen durch gelungenen Kontakt zu Gleichaltrigen auf sich gelenkt, reagiert Victoria eher zickig, zum Beispiel durch das Nachahmen eines körperbehinderten Kindes aus ihrer integrativen Gruppe des Kindergartens.

Wenn die Familie – wenige Wochen nach unseren Gesprächen – in ihrem neuen Haus wohnen kann, werden die Zwillinge selbständiger draußen ihre Freundschaften und Spiele organisieren und individuellere Wege gehen können. Die neue Erfahrung, auch einmal vom Geschwister unabhängig zu spielen, wird für Victoria und Frederic wichtig sein. Die Familie wird durch die günstigeren Wohnverhältnisse und die zunehmende Selbständigkeit der Zwillinge weniger Druck haben, mehr eigene Erholungspausen finden. Aber die Unsicherheit, die Eltern von Zwillingen in der Erziehung oft verspüren, wird in dieser Familie vermutlich weiterhin größer bleiben, denn der Werdegang von Frederic und Victoria ist so außergewöhnlich, daß die Orientierung an der Erfahrung mit anderen Paarzwillingen nur begrenzt hilfreich und möglich ist.

Sergio und Maurizio: Warum es so schwer sein kann, Eigenständigkeit zu entwickeln

Sergio und Maurizio sind zweieiige Zwillinge und zum Zeitpunkt des Gesprächs 5 ½ Jahre alt. Der Vater der beiden Jungen ist italienischer Herkunft und mit einer deutschen Frau verheiratet. Zur Zeit der Geburt der Zwillinge war er 32 Jahre und sie 30 Jahre alt.

Die Familie baut in Italien ein Haus und wird in naher, aber noch nicht bestimmter Zeit dorthin ziehen. Zur Zeit bewohnt die Familie eine kleine Zweizimmerwohnung. Der Vater arbeitet im Schichtdienst als Chemiearbeiter; die Mutter, von Beruf Bürokauffrau, ist zur Zeit Hausfrau.

Die Mutter schildert in unserem Gespräch ihre Situation und die Erfahrung mit den Zwillingen.

Die Neuigkeit war ein Schock

«Ja, da war ich im fünften Monat, und es war ein Riesenschock, daß es zwei werden, in der beengten Wohnung.» Sie hatten sich auf ein Kind gefreut. Später haben sie sich mit der Tatsache abgefunden, daß es zwei sein würden, die Lage war schwierig, aber sie haben sich darauf eingestellt und freuten sich schließlich auf die Kinder. Die Kollegen reagierten sehr dramatisch: «Ach du lieber Himmel! Jetzt Zwillinge! Geben Sie doch einen weg! Das ist ja entsetzlich!» Solche Reaktionen führten dazu, daß sie mit niemandem mehr über die Situation sprach. Sie hatte bis zu diesem Zeitpunkt fast keine Beziehung zu kleinen Kindern und keine eigenen Geschwistererfahrungen. Sie habe Kinder zwar gern gehabt, wußte aber nichts mit ihnen anzufangen.

Risikokinder – aber letztendlich gesund

Sergio und Maurizio kamen drei Wochen vor dem errechneten Termin zur Welt. Die Mutter hatte beide nach der Geburt kurz im Arm, dann schlief sie wegen der Lachgasnarkose wieder ein.

Einen Tag nach der Geburt erfuhr sie durch ihre Eltern und ihren Mann (nicht durch den Arzt!), daß Sergio auf die Intensivstation und Maurizio auf die normale Kinderstation einer anderen Klinik gebracht worden waren. Da sie die Kinder bald sehen wollte, ließ sie sich sehr früh entlassen.

Maurizio, der Erstgeborene, ist der Zartere. Er wog bei der Geburt 2200 Gramm. Sergio wurde mit der Saugglocke geholt und mußte künstlich beatmet werden. Er wog bei der Geburt 2500 Gramm und mußte eine Woche auf der Intensivstation bleiben. «Ich hatte ständig Angst, daß dieses Kind nicht normal sein könnte», so die Mutter, «mittlerweile habe ich das überwunden, weil ich merkte, er entwickelt sich normal.»

Sergio mußte insgesamt vier Wochen in der Klinik bleiben, weil er angeblich mehrmals nicht geatmet hat. Die Mutter hatte zu Beginn große Angst, daß ihr das auch zu Hause passieren könnte. Ihr Mann und sie haben in der ersten Zeit die ganze Nacht zu Hause gewacht, um zu hören, ob das Kind atmet.

Maurizio blieb sechs Wochen in der Klinik, weil er zu wenig zunahm. Als Risikokinder mußten beide regelmäßig der Nachsorge vorgestellt werden. Beide sollten ebenfalls krankengymnastisch betreut werden. Der Grund bei Sergio war die asymmetrische Pofalte, erzählt die Mutter. Und Maurizio sollte turnen, «weil er sich schlecht bewegte». Und die Mutter fügt hinzu: «Also, im nachhinein muß ich sagen, es kann auch einfach veranlagt sein, denn ich bin ein unsportlicher Typ.»

Sie glaubt mittlerweile, daß die Ärzte immer wieder neue Gründe gefunden haben, um die Risikoberatung und Krankengymnastik fortzuführen. Heute, meint sie, würde sie in solchen Situationen selbstbewußter auftreten und sich nicht so überfahren lassen.

Wenn Hilfe zur Belastung wird und die Zeit zum Schlafen fehlt

Ihre Mutter wohnt in der Nähe und half in der ersten Zeit täglich etwa drei Stunden. «Es war eine Hilfe, aber es war auch gleichzeitig eine Belastung. Der kleine Raum – und meine Mutter neigt dazu, mich zu bevormunden. Also, wir sind uns wahnsinnig auf die Nerven gegangen, so daß ich sie am liebsten manchmal rauskomplimentiert hätte. Aber wir haben es ausgehalten, bis die Kinder acht Monate alt waren. Dann wollte ich allein zurechtkommen.

Besondere Probleme machte es, Termine, etwa die der Krankengymnastik, wahrzunehmen. Sie mußten so gelegt werden, daß der Ehemann trotz Schichtdienst Zeit hatte, sie zu fahren, da die Frau keinen Führerschein besitzt und Busfahren mit dem Zwillingswagen unmöglich ist.

Die Einkäufe erledigte in der Regel der Ehemann. Manchmal wollte sie aber auch mal aus dem Haus – ohne Kinder – und hat das gern übernommen. «Dann bin ich wie eine Wilde durch den Ort zum Einkaufen gerast, und das hat mir gutgetan. Das hat den Streß abgebaut. Freizeit hatte ich kaum.»

Die Mutter erinnert sich noch daran, daß sie beide sieben- bis achtmal am Tag gefüttert und gewickelt haben. «Wir dachten, man muß den beiden was Gutes tun und haben sie wahrscheinlich auch zu oft gefüttert. Also, das war sehr schlimm. Ich habe nachts oft nur eine Stunde am Stück geschlafen. Zumindest wenn ich allein war, war das Wahnsinn. Bis ich dann mal darauf gekommen bin, daß ich mir die Arbeit ja leichtermachen kann, indem ich beide ins Bett lege und ihnen gleichzeitig die Flasche gebe.»

Vorlieben für einen Zwilling «darf man nicht zugeben»

In den ersten vier Wochen hatte sich der Vater Urlaub genommen. «Sergio kam als erster nach Haus, und wir hatten beide Zeit. Wir haben uns förmlich darum geschlagen, wer die Flasche gibt und wer wikkelt. Das war schlimm. Dann kam Maurizio, und dann war nicht mehr so viel Zeit. Ihn haben dann von vornherein mein Mann und meine Mutter übernommen, so daß er zunächst auch eher ein Papa-Kind wurde.»

«Es hat lange gedauert, bis Maurizio und ich eine gute Beziehung zueinander aufgebaut haben. Irgendwie war es schon vom Äußeren her, daß der eine mir mehr lag als der andere. Sergio hatte diese großen schwarzen Augen und guckte da hinter der Scheibe so wahnsinnig traurig. Und das hat mir so unheimlich leid getan. Also wollte ich den unbedingt bei mir haben. Das war auch äußerlich mehr das Baby, das ich mir gewünscht hatte, kräftig, mit dunklen Augen und Locken. Wenn ich Maurizio betrachtete – das war jetzt rein äußerlich –, da hatte ich eigentlich gar nicht so das Gefühl, daß das mein Kind ist. Wie schrecklich sich das im nachhinein anhört.» Maurizio war ein typisches Schreikind, das sich durch nichts beruhigen ließ. Die Mutter empfand dies damals als «undankbar», meint aber heute, daß sie vielleicht nicht richtig auf ihn eingegangen ist.

«Ich habe mich manchmal gefragt: Warum hast du das Kind nicht genauso lieb? Ich habe das ja im Unterbewußtsein gemerkt. Manchmal dachte ich dann schon, es wäre besser, wenn nur einer da wäre. Das wäre dann Sergio. Aber ich habe natürlich nicht gewollt, daß der andere stirbt. Also, ich habe gedacht, wenn du jetzt nur ein Kind gehabt hättest, dann wäre es doch problemloser gelaufen. Man darf das aber nicht anderen gegenüber zugeben. Weil einem dann Vorwürfe gemacht werden. Aber die anderen sind in einer anderen Situation. Ich habe das aber wirklich bei mir gespürt. Ich habe zwei Jahre gebraucht, bis ich das vollkommen akzeptieren konnte. Dann hingen wir sehr aneinander. Er war dann kein Papa-Kind mehr, sondern wurde ein Mama-Kind.»

Zu diesem Zeitpunkt hatte sie beide mit ihren Eigenarten akzeptieren können. «Heute sage ich, daß sie nicht gleich sind, das fände ich langweilig.»

Zwei ganz verschiedene Typen?

Die Mutter sähe es gern, wenn Maurizio mehr Interesse am Spielen zeigen würde und mehr Ausdauer hätte. Positiv bemerkt sie, daß er sehr sensibel ist, und sieht dies als seinen Vorteil. Er kann gut trösten und mehr als Sergio mitfühlen. Das erlebte sie einmal, als sie sich am Fuß verletzt hatte. «Das tut einem natürlich gut. Maurizio ist eher das Mädchen, wenn man so will. Er ist eben weinerlicher veranlagt.» Maurizio ist der schmalere, etwas steifer und ungelenker als sein Bruder.

Sergio hat den Sport für sich entdeckt und in seinem Vater einen Verbündeten gefunden. Sie halten da zusammen, gehen Fußballspielen oder schauen sich auf dem Sportplatz ein Spiel an. Auch das Radfahren war zunächst Sergios Vorliebe. «Sergio ist pflegeleicht. Also man kann sich mit ihm ganz gut beschäftigen, er malt und puzzelt. Maurizio will immer andere Leute um sich haben und hat nur Blödsinn im Kopf. Er ist sehr geschickt, wenn es darum geht, eine Sendung vom Radio auf Kassette aufzunehmen. Aber für meine Begriffe hat er nur Unsinn im Kopf, macht nichts Konkretes, nichts, was ihm vielleicht ein bißchen schwerer fällt.»

Bevor die beiden in den Kindergarten kamen, waren sie bis zum dritten Lebensjahr im Spielkreis. In dieser Zeit war Sergio noch sehr zurückhaltend, hatte nie Freunde. «Ich glaube, daß er eben auch mehr nach mir schlägt. Ich habe auch Kontaktschwierigkeiten.» Heute fühlt sich Sergio – auch dank seiner Kindergartenerfahrungen – sicherer, hat aber immer noch den Zwillingsbruder gern im Hintergrund dabei. «Im Spielkreis hing Sergio hundertprozentig an mir. Der Maurizio hatte sich schnell abgenabelt, aber Sergio hing eigentlich immer nur an meinem Rockzipfel.»

Wodurch den beiden größere Eigenständigkeit innerhalb der Zwillingsgemeinschaft schwergemacht wurde

Die Mutter befand sich mit den Kindern seit deren dritten Lebensjahr ständig in der Erwartungshaltung, innerhalb des folgenden Jahres nach Italien zu ziehen. Dies brachte zwangsläufig die Unsicherheit mit sich, ob sie sich nach Italien orientieren soll oder etwa die Kinder hier noch für einige Zeit in den Kindergarten schicken kann. «Ich habe die Entscheidung immer vor mir hergeschoben, weil wir nicht wußten, was wird. Das ist heute noch eine Belastung.»

Andere Kinder können nur selten die Zwillinge besuchen. «Ich will nicht, daß es heißt: Die leben wie die Asozialen.» Sie spricht damit ihre beengten Wohnverhältnisse an. Wenn Sergio und Maurizio zu einem anderen Kind eingeladen werden, hat sie das auch nicht so gern. «Wenn sie eingeladen werden, dann möchte ich auch, daß andere kommen. Dazu ist aber in unserer Wohnung zu wenig Platz. Im Grunde genommen sage ich mir: Mir reichen meine zwei. Das ist schon traurig, weil ich das gern anders hätte.»

Maurizio, der kontaktfreudigere unter den Zwillingen, freut sich auf das künftige Leben in Italien. Er freut sich auf das Haus, den Hund und die Katze, die sie dort haben werden, und auf die Freunde, die er von den Urlauben her schon kennt. Sergio möchte eigentlich lieber hierbleiben. Dabei denkt er auch an seine Oma, die er dann kaum noch sehen wird.

Die Unterschiedlichkeit der beiden Jungen beginnt sich ganz allmählich auch in der Wahl der Kleidung auszudrücken. «Am Anfang war es immer so, daß der eine gern das haben wollte, was der andere hatte. Sie haben auch heute noch alles doppelt. Manchmal entscheiden sie sich morgens dafür, sich als Zwillinge anzuziehen. Dann sind sie gleich gekleidet. An einem anderen Tag möchten sie verschiedene Dinge anziehen.» Die Großeltern fördern in ganz starkem Maße die Orientierung auf das Zwillingsbild hin. So schenken sie grundsätzlich die gleichen Spielsachen, auch wenn der eine sich zur Zeit weniger dafür interessiert. Die Mutter dagegen ist der Meinung, daß die beiden sich abwechseln können oder auch ruhig einmal drum streiten sollen. Sie berichtet vom Geburtstag des Großvaters, an dem er beide zu einem Ausflug mitnehmen wollte. Sergio wäre gern darauf eingegangen, während Maurizio auf seinen Kindergartenvormittag nicht verzichten wollte und am Nachmittag zum Großvater gekommen wäre. «Der Großvater vertrat den Standpunkt: nein – entweder alle beide oder gar keiner. Das ist denen so schwer klarzumachen, daß sie damit immer die Wünsche eines Kindes übergehen. Sie meinen, sie behandeln sie gleich, aber in Wirklichkeit behandeln sie sie ja nicht gleich, weil sie einem die Wünsche ablehnen.»

Veränderungen innerhalb der Paarbeziehung durch den Kindergarten

Die Mutter beschreibt ihre Kinder vor der Kindergartenzeit als relativ friedlich miteinander umgehende Zwillinge. «Also irgendwie hat Maurizio wahrscheinlich den Sergio als über sich stehend anerkannt und das dann auch als bequem empfunden. Er ließ sich von Sergio ein Auto aus Lego bauen oder etwas malen. Das war schwer für mich, dagegen anzugehen.»

Diese Zweisamkeit wurde gestört, wenn einer der beiden mit einem anderen Kind spielte. Aus der Sicht der Mutter mischt sich Maurizio als Störenfried ein, sobald Sergio mit jemand anderem spielt. Dann sieht sie sich gezwungen, dabeizusein und zu vermitteln.

Als beide mit fast fünf Jahren in den Kindergarten kamen, wurden sie sehr aggressiv zueinander. Sergio und Maurizio wurden in einer Kindergartengruppe betreut. Während Maurizio Unmut und Ärger gleich im Kindergarten auslebte, schluckte Sergio ihn dort hinunter und ließ ihn zu Hause an Maurizio und ihr, der Mutter, aus. Er schlug zu, zog an den Haaren und trat. «Vorher waren sie recht rücksichtsvoll miteinander. Vielleicht hatte ich Auseinandersetzungen auch ein bißchen unterbunden.» Nach einiger Zeit im Kindergarten hat sich der erste aggressive Sturm zu Hause gelegt.

Maurizio erlebt sich seinem Bruder gegenüber in der Rolle dessen, der vieles noch nicht so gut kann. Wenn die Mutter mit ihm dann ein Puzzle zusammensetzen möchte, kommt Sergio dazu und zeigt oder sagt ihm, daß er es doch viel besser kann. Dann verliert Maurizio die Lust. Wenn der Vater etwas mit ihm unternehmen will, ist Sergio immer dabei.

Während Maurizio auf diesem Gebiet Erfolgserlebnisse fehlen, ist er im Alltag selbständiger und kann zum Beispiel seinen Po allein abputzen. Wenn sie sich streiten, können sie verbal sehr massiv werden. Dabei halten sie sich gegenseitig die eigenen Stärken bzw. das Unvermögen des anderen vor.

Ist die Erzieherin die zweite Mutter?

Sergio und Maurizio wurden bis zu unserem Gespräch von einer Erzieherin betreut, eine Trennung der beiden wird von der Mutter jetzt erwogen.

In dem Gespräch mit der Mutter wurde deutlich, daß die Kinder aus ihrer Sicht in der Kindergruppe mit der Erzieherin die Wiederholung der häuslichen Erfahrung erleben. Für Sergio ist die Erzieherin die zweite Mutter. Er mag sie sehr, und sie kommt mit ihm gut aus. Maurizio fühlt sich von ihr nicht akzeptiert. «Die Erzieherin hat mir noch nie etwas Positives über ihn berichtet. Aber es ist für sie auch schwierig, mit ihm etwas anzufangen, weil er wenig Interessen hat.» Dagegen sind die Vertretung der Erzieherin oder auch die Kindergartenleiterin aus der Sicht der Mutter besser mit Maurizio zurechtgekommen. Er machte bei beiden besser mit. Und über die Erzieherin sagt sie: «Es ist bestimmt keine böse Absicht. Maurizio liegt der Erzieherin eben nicht. Ich habe eben den Eindruck, daß die beiden nicht hundertprozentig miteinander zurechtkommen. Ich denke, das könnte ihn jetzt in seiner Entwicklung behindern, wenn er das Gefühl hat, ob zu Recht oder nicht immer zu Recht, abgelehnt zu werden.»

Einige Überlegungen zu dem Bericht der Familie

Die ungewöhnlich deutliche Ablehnung durch ihre Kolleginnen hat das Bemühen der Schwangeren um das Akzeptieren der Zwillingsschwangerschaft erschwert, was durch die Unterstützung ihres Mannes allerdings wieder ausgeglichen wurde. Die Ungewißheit (Bleiben wir hier? Wann ziehen wir nach Italien?) schien ihr die notwendige Sicherheit zu nehmen, die sie gebraucht hätte, um bei Sergio und Maurizio mehr Eigenständigkeit zuzulassen. Die als Provisorium für die Zeit bis zum Umzug nach Italien gehaltene sehr kleine Wohnung schränkte den Bewegungsdrang der Kinder, Kontakt mit Freunden und Abgrenzung zum Zwillingsbruder erheblich ein. Die Mutter empfand diese bereits fast sechs Jahre anhaltende Ungewißheit allmählich als unerträglich. Indem sie mit Nachdruck auf eine rasche Lösung hinarbeitet, beginnt sie stärker, individuelle Entwicklungen der Kinder zuzulassen. Die eigene Unsicherheit im Hinblick auf neue Kontakte steht ihr dabei etwas im Wege. Zudem scheinen die Großeltern die Entwicklung der Zwillinge sehr paarbezogen beeinflussen zu wollen. Die Mutter fühlt sich ihnen gegenüber immer dann in einer Rechtfertigungssituation, wenn sie den individuellen Bestrebungen der Kinder nachgeben will.

Sie beschreibt, wie unterschiedlich ihre Gefühle gegenüber Sergio und Maurizio am Anfang waren, und das Problem, sich gleichzeitig auf zwei neue Kinder einstellen zu müssen. Sergio entsprach rein äußerlich eher ihren Hoffnungen, hatte wohl mehr Ähnlichkeit mit dem Ehemann. Zudem war Sergio zunächst das kränkliche Kind, dem sie ihr Mitgefühl entgegenbrachte. Maurizio wurde während der ersten Monate im Sinne von Arbeitsteilung vor allem vom Ehemann und der Großmutter versorgt. Fixierungen werden dadurch eher unterstützt. Später scheinen sich die elterlichen Bezugspartner zu vertauschen. Sergio spricht nun mit seinen eher jungentypischen Vorlieben die Interessen des Vaters an.

Sergio und Maurizio haben offenbar ganz unterschiedliche Neigungen und Stärken. Dabei scheint Sergio in der Bewertung seiner Vorlieben besser abzuschneiden. Dadurch kann er seine Vormachtstellung auch dem Bruder gegenüber behaupten. Darüber hatte sich offenbar, solange sie unter sich waren, bis zum Eintritt in den Kindergarten ein stilles Abkommen innerhalb der Paarbeziehung entwickelt. Sergio hilft Maurizio beim Malen, Bauen etc., dafür akzeptiert Maurizio ihn quasi als den größeren Bruder. In Konfliktsituationen rechnete Maurizio aber dem Sergio seine Stärken vor. Rivalität und Machtkampf waren, auch wenn sie nur selten aufbrachen, deutlich vorhanden. Sie sind wohl notwendig und zeigen, daß Maurizio gegenüber der Dominanz des Bruders nicht völlig resigniert hat. Aber er hat offenbar nicht den Ansporn, mit dem Bruder gleichzuziehen.

Diese eingespielte Paarbeziehung schien aus den Fugen zu geraten, als beide in eine Gruppe in den Kindergarten kamen. Dort wurden sie, gleichaltrig und gleich gekleidet, mit den gleichen Erwartungen konfrontiert. Der eine war kontaktfreudiger, der andere war geschickter. Und so behinderten sie sich gegenseitig, indem sie aus Rücksicht auf den Bruder auf eigene Initiativen verzichteten, die sie auseinandergebracht hätten. Für die Mutter wurde die nun offen auftretende Aggression zum Problem. Denn die beiden hatten zuvor wenig gestritten.

Sie beschreibt die Problematik, die sie bei der Erzieherin sieht, beiden gerecht zu werden, zu beiden eine jedem Kind angemessene Beziehung aufzunehmen. Ohne es so zu formulieren, erlebt sie hier die Wiederholung ihrer eigenen Situation, die sie während der ersten beiden Jahre mit den Zwillingen durchlebte.

Die Mutter weiß, daß eine Trennung für die Kinder wichtig ist. Sie weiß auch, daß Maurizio seine Stärken entwickeln kann, wenn er unabhängig von seinem Bruder eigenständige Erfahrungen macht. Deshalb plant sie, die Kinder im Kindergarten in verschiedenen Gruppen betreuen zu lassen.

Zwillinge in Kindergarten und Schule

> «Im Kindergarten und in der Schule ist jeder Partner ein Kind unter vielen und muß seine eigenen Erfahrungen im Umgang mit den anderen Kindern machen... Das gibt ihnen die Chance, die Erfahrungen des Verlierens oder Gewinnens und die Konfrontation mit anderen Meinungen zu machen. Sie können sich so nicht auf eine Überlegenheit zurückziehen, die sie durch gemeinsames Auftreten vielleicht schon kennengelernt hatten.» (Schlieben-Troschke 1981, S. 204)

> «Als wichtigste pädagogische Aufgabe kann bei Zwillingen das Durchbrechen der Isolation, das Herstellen von Außenkontakten sowie jede Vermeidung des Zwillingsstereotyps angesehen werden.» (betrifft: Erziehung 1984, S. 56)

Mit dem Übergang in diese Institution treten dritte Personen, pädagogische Fachkräfte, in den Erziehungsprozeß der Kinder hinzu. Dabei haben Kindergarten und Schule unterschiedliche Aufträge, Strukturen, Freiräume und/oder Zwänge, mit denen wir die Kinder konfrontieren müssen, in der Hoffnung, daß sie den überwiegenden Teil der dortigen Erfahrungen für die eigene Entwicklung positiv nutzen können. Wir als Eltern wünschen uns selbst eine familienergänzende Unterstützung, Bündnispartner und kompetente Gesprächspartner.

Blättere ich durch die letzten Jahrgänge der Zeitschrift ‹Zwillinge›, wird kaum ein Thema so häufig diskutiert wie folgendes: Sollen Zwillinge gemeinsam in eine Kindergartengruppe, in eine Schulklasse, oder sollten wir ihnen verschiedene Erfahrungen anbieten, sie trennen? Sie trennen würde bedeuten, daß sie sich für einige Stunden des Tages voneinander verabschieden, um in unterschiedlichen Gruppenstrukturen eigene Beziehungen zu gestalten.

Mit der Erfahrung im Kindergarten entwickelt sich bei Zwillingen, ob sie zusammenbleiben oder nicht, eine ganz neue Dynamik mit unterschiedlichen Rückwirkungen auf ihre Paarbeziehung. Die neuen Kontakte können Entlastung und Entspannung, aber auch Unruhe durch den Aufbruch zu mehr Eigenständigkeit bewirken.

Die Erzieherin weiß: Paare finden nicht so leicht den Zugang zu einer Gruppe. Solange der vertraute Partner in der Nähe ist, fällt es schwer, eigenständige Beziehungen aufzunehmen oder Konflikte zu lösen. Sie spürt vielleicht, daß sie selbst die Entwicklung eines Kindes besser unterstützen könnte, wenn die Kollegin zur Bezugsperson des anderen würde. Dennoch sollte sie von der Haltung der Eltern und der Situation der Zwillinge ausgehen.

Vielleicht haben die Zwillinge bereits gelernt, sich auch allein auf eine neue Situation einzulassen. Vielleicht können sich die Eltern aufgrund ihrer eigenen Haltung nur eine gemeinsame Betreuung vorstellen. Es kann auch sein, daß die beiden mit der Zuordnung zu unterschiedlichen Gruppen zunächst überfordert sind oder daß man einem Zwilling den Schutz durch den anderen noch nicht nehmen will.

Was sich im Kindergarten flexibel regeln läßt, wird in der Schule schwieriger. Dort werden die Kinder einer Klasse zugeordnet, und nur in großen Ausnahmen ist eine spätere Korrektur möglich. In der Grundschule, spätestens aber danach, muß jedoch dem zunehmenden Bedürfnis nach Abgrenzung und individuellen Beziehungen eine Plattform geboten werden.

Das Schulsystem verstärkt eher die Konkurrenz unter den Zwillingen, auch bei den Hausaufgaben. Jungen leben das offener aus als Mädchen, die eher kooperieren und gern die eigenen Stärken der Harmonie zuliebe leugnen. Deshalb finden sich auch häufiger Jungen oder geschlechtsunterschiedliche Zwillinge in getrennten Klassen als Mädchen. Selbst zweieiige Mädchen sind eher in einer Klasse zu finden als eineiige Jungen.

Lehrer wissen, daß ihre Einstellung zum Leistungsverhalten der Kinder – nicht nur bei Zwillingen – deren Leistungen beeinflußt. Bei eineiigen Zwillingen erwarten sie in der Regel annähernd gleiche Leistungen, vor allem dann, wenn auch die Eltern gleiche Merkmale unterstützen und die Zwillinge sich noch nicht aus dieser Umklammerung gelöst haben.

In der Rückschau erwachsener Zwillinge stellt der ‹Schwächere› häufig fest, daß die schulischen Leistungen von dem Zeitpunkt an besser wurden, als er oder sie allein eine Klasse besuchte und die Überlegenheit des anderen wenigstens im schulischen Alltag nicht mehr so erdrückend war. Erstaunlich auch die Erfahrung vieler ‹stärkerer› Zwillinge, daß sie nach der Trennung zunächst in ihren Leistungen nachließen und sich erst später auf das Niveau der eigenen Fähigkeiten einpendelten.

Das elterliche Erziehungskonzept wird bei dem Übergang in Kindergarten und Schule mit deren Organisation und Konzeption konfrontiert. Auf dem Hintergrund der bisherigen Erfahrungen der Zwillinge und den organisatorischen Bedingungen (z. B. kleine Schule, in der die Kinder eines Ortes in einer Klasse unterrichtet werden) werden Entscheidungen getroffen, Weichen gestellt, Botschaften den Kindern und der Umwelt vermittelt, welches Bild des Paares wir nach außen tragen wollen.

Es wäre unfair, sich ausschließlich und vor allem an dem Wunsch der Kinder zu orientieren. Sie überblicken nur den nächsten Schritt, nicht aber die längerfristigen Wirkungen. Den Grund für die Entscheidung vor allem an dem Wunsch der noch jungen Kinder abzuleiten («Aber die beiden wollten...»), wäre ein Herausstehlen aus der elterlichen Verantwortung.

Wenn Eltern verantwortungsvoll die nächsten Wege vorbereiten, dann haben sie natürlich die Entwicklung beider Kinder im Blick. Sie werden ihnen Brücken bauen, um sie nicht zu überfordern. Die Freunde der beiden werden eine wichtige Rolle spielen, und die Verabredung mit den Pädagogen der Institution sollte den Meinungsfindungsprozeß unterstützen.

Wichtig ist, daß die elterliche Entscheidung auch mit der inneren Haltung einigermaßen übereinstimmt, dann werden auch die Kinder von der Stimmigkeit des Wegs zu überzeugen sein. Insofern kann es von Dritten nur Empfehlungen geben, nicht aber grundsätzliche und pauschale Regelungen.

In unserer Familie lag die letzte große Entscheidung nach der vierten Klasse an. Hannah wollte mit ihren Freundinnen und Freunden in das nahegelegene Gymnasium überwechseln. Ihre sehr guten Leistungen stellten dem nichts in den Weg. Es ist die gleiche Schule, die der vier Jahre ältere Bruder Gideon besucht. Natürlich wollte auch Jonathan mit seinen Freunden auf dieses Gymnasium überwechseln. Es wäre ein unkomplizierter, gleitender Übergang geworden. Er zeigte noch deutliche schulische Schwächen, aber seine Leistungen sprachen nicht grundsätzlich gegen den Besuch eines Gymnasiums. Schon viele Monate zuvor versuchte ich, auf der Elternebene diese Auseinandersetzung zu klären. «Jedes Kind soll in die Schule gehen, die zu ihm paßt», war so eine unserer gängigen Aussagen. Mit der Entscheidung, ihn für eine integrierte Gesamtschule anzumelden (bei innerer Differenzierung werden dort im gemeinsamen Klassenverband Haupt-, Real- und Gymnasialschüler gefördert), begann ich ihm gegenüber meine Überzeugungsarbeit. Eine Modellschule mit ausgewiesenem pädagogischem Profil war unser Ziel. Jetzt mußten wir nur noch darum kämpfen, einen Platz für ihn dort zu finden. Daß auch seine Gespräche mit der Direktorin schließlich zu dem Erfolg beitrugen, erfüllte ihn berechtigt mit Stolz. Schließlich waren wir die erste Familie des Stadtteils, die den Weg in diese begehrte Schule schaffte.

Jonathan hatte einen schwierigen Übergang zu meistern: ohne Freund, 30 Minuten Busfahrt durch die Stadt in eine völlig fremde Schule. Die ersten Tage waren demzufolge *schwierig*, und jeden Abend haben wir neu über die Gründe für diese Entscheidung gesprochen. Aber nach vier Tagen hatte er bereits die erste Einladung und den ersten Freund. Ab diesem Tag war der Schritt «alleine in eine völlig fremde Welt» *geschafft*. Die Richtigkeit dieses Wegs wird durch seine Entwicklung immer neu bestätigt.

Heute bedauere ich ein wenig, daß ich Hannah nicht auch den Wechsel in diese Schule nahegebracht habe. Aber ihr geht es auch auf dem Gymnasium gut, wenngleich ich auch ihr die besondere Prägung und die Angebote dieser IGS (integrierten Gesamtschule) gegönnt hätte. Für Gideon stand vier Jahre zuvor diese Entscheidung noch nicht zur Diskussion.

Hannah und Jonathan besuchen also nicht vergleichbare Schulsysteme. Dies entspricht unserer Haltung zu fragen: Welcher Weg paßt für *mich*? Dies zunächst unabhängig von dem Zwillingspartner und den Freunden. Mit ihnen dennoch gemeinsam viele Erfahrungen zu machen ist selbstverständlich.

Zwillinge im Kindergarten

Beispiele

Aus organisatorischen Gründen zusammen

Zwillingsmutter Rita Anklam rät nach den Erfahrungen mit ihren beiden Mädchen, die nach einer Woche Eingewöhnung gerne den Kindergarten besuchen, guten Kontakt zu den Erzieherinnen zu halten, um die Entwicklungsschritte im Kindergarten und zu Hause auszutauschen. Es waren organisatorische Gründe, weshalb beide die gleiche Gruppe besuchen. Mit prinzipiell unterschiedlicher Kleidung sollen unnötige Verwechslungssituationen vermieden werden. Wenn es notwendig sein sollte, spricht sie sich für getrennte Gruppen aus (Zeitschrift ‹Zwillinge›, Okt. 91).

Trennen, was zusammengehört?

Zwillingsmutter Karin Eichin sagt: «Ich finde, eineiigen Zwillingen wird oft abgesprochen, daß sie wirklich so gleich sind und daß sie es auch sein wollen... Bei uns wurde und ist die Gleichheit Alltag. Wir leben eben damit und hoffen, daß sich eventuelle Probleme, die damit verbunden sind, mit zunehmendem Alter selbst legen» (Zeitschrift ‹Zwillinge›, Nov. 93).

Jeder mit einem Freund in eine eigene Gruppe

Zwillingsmutter Beate Götzmann-Försch hat sich für getrennte Gruppen entschieden: «Meine beiden sind seit August im Kindergarten, und ich muß sagen, die Eingewöhnung hat recht gut geklappt. Die Kindergartenleitung ist meiner Bitte nachgekommen, die Zwillinge in zwei Gruppen zu geben und jedem einen Freund vom Krabbelkreis (also ein bekanntes Kind) zuzuordnen» (Zeitschrift ‹Zwillinge›, August 1990).

Mehr als einmal berichten Mütter von Schwierigkeiten, für ihre Kinder überhaupt einen Platz zu finden. Sie hörten den Hinweis, ein Kind könne wohl aufgenommen werden, nicht aber zwei, und zu Hause könnten sie doch wunderbar zusammen spielen. Sie seien also weniger als andere auf die Sozialkontakte in den Gruppen angewiesen. Ein energisches Auftreten der Eltern ist hier angebracht, auch auf die für die Eltern längst fällige Entlastung muß hingewiesen werden, und im Zweifelsfall sollten sie den Träger einschalten. Glücklicherweise sind diese Situationen eher Einzelfälle.

Weil die Zahl der Zwillinge insgesamt steigt, treffen wir sie natürlich auch vermehrt im Kindergarten an. Erzieherinnen sind in der Regel nicht oder zu wenig darauf vorbereitet.

Der Kindergarten ist eine Einrichtung freier und öffentlicher Träger der Jugendhilfe und betreut vor allem Kinder zwischen drei und sechs Jahren. Die Aufgaben des Kindergartens sind in Kindergartengesetzen festgeschrieben oder in Empfehlungen formuliert. Darin heißt es übereinstimmend:

Aufgabe des Kindergartens ist es u. a.

- Familienerziehung zu ergänzen,
- durch entsprechende altersgemäße Angebote die geistige und körperliche Entwicklung des Kindes anzuregen,
- die Lebenssituation *jedes* Kindes zu berücksichtigen,
- die Kinder zu selbständigem, sozialem und tolerantem Verhalten zu befähigen,
- nach *individuellen* Neigungen und Begabungen zu fördern,
- dem Kind zu ermöglichen, seine emotionalen Kräfte aufzubauen,
- allen Kindern gleiche Entwicklungschancen zu geben.

Diese Formulierung der Chancengleichheit oder Chancengerechtigkeit für alle bezog sich im Gesetz vor allem auf sogenannte sozial benachteiligte Bevölkerungsgruppen, deren Kinder im Kindergarten die ihnen angemessenen Förderchancen vorfinden sollen. Aber diese Förderung nach Chancengerechtigkeit können wir auch auf unser Thema beziehen.

Das Gespräch mit dem Team des Kindergartens, den Hannah und Jonathan besuchten, bilden den Kern der folgenden Überlegungen. Sie sind ergänzt durch vielfältige Gespräche.

Kann sich die Erzieherin in die Zwillingssituation einfühlen?

Die meisten Erzieherinnen haben eigene Geschwistererfahrungen oder wissen zumindest aus dem engen Verwandten- oder Freundeskreis, wie Geschwister miteinander umgehen. Wenn zwei Geschwister in einer Gruppe sind, kann die Erzieherin sich vermutlich recht gut in die Situation beider einfühlen. Sie kann auf Grund ihrer Beobachtungen für sich entscheiden, ob zum Beispiel eine Trennung sinnvoll ist, um dies dann mit den Eltern zu diskutieren.

Erzieherinnen wissen vermutlich auch, was es heißt, die Nähe, die Zuverlässigkeit, das Vertrauen, die Zuneigung einer engen Freundin zu erleben und zu spüren. Sie können sich deshalb gut einfühlen in die Situation, in der sich enge Freunde oder Freundinnen etwa beim Eintritt in den Kindergarten gegenseitig helfen. Man ist nicht allein, der andere fühlt ähnlich. Die Erzieherinnen haben auch schon erlebt, wie solche Freundschaften zum Gefängnis werden, wenn nämlich ein Kind über diese Freundschaft hinauswächst und dann plötzlich von dem anderen festgehalten wird. Oder wenn zwei Freundinnen von der Kindergruppe als Quasi-Zwillinge behandelt werden, weil sie anfangs stark aufeinander fixiert waren bis hin zur manchmal deutlich werdenden Angleichung ihrer Gefühle. Die beiden wurden von den anderen Kindern in dieser Zeit gemeinsam angesprochen, und sie suchten von sich aus wenig neue Kontakte, sie hatten ja sich.

In solchen Situationen hat die Erzieherin die Sicherheit zu intervenieren, wenn sie es für richtig und nötig hält.

Aber nur die wenigsten Erzieherinnen sind als Zwilling geboren und aufgewachsen. Sie können im Umgang mit Zwillingen nicht auf eigene Erfahrungen zurückgreifen und werden nur gar zu oft von dem Mythos geblendet, der sich um das Zwillingsdasein rankt. Dies macht sie in ihrem pädagogischen Handeln in bezug auf die Zwillinge oft unsicher.

Dennoch: Ist die beschriebene Situation enger Freundschaften der eines Zwillingspaares nicht sehr nahe? Natürlich sind das alles Besonderheiten: das gemeinsame Leben der Zwillinge in gleicher Familie, ihr gleiches Alter, die (möglicherweise) gleichen Erbanlagen und die besondere Nähe, die sich daraus ergibt. Bei einer starken Fixierung innerhalb der Zwillingsgemeinschaft ist zudem häufig eine deutliche Sprachverzögerung zu beobachten, weil Kontakte mit dritten wenig geübt sind.

In unseren Gesprächen ergab sich, daß die Erzieherinnen beim Eingehen auf Zwillinge besonders das Quasi-Symbiotische in den Beziehungen sehen, was sie allmählich auflockern möchten.

Sie berichten zum Beispiel von einem eineiigen Jungen-Zwillingspaar, das stets gleich gekleidet ist und nur gemeinsam auftritt. Auch neue Freunde suchen sie sich gemeinsam. Wird einer von ihnen von einem dritten Kind angesprochen, wird es im Spiel nur akzeptiert, wenn der andere Zwilling auch damit einverstanden ist. Eine andere Erzieherin berichtet von den zweieiigen Zwillingsjungen aus ihrer Gruppe, deren Namen von den Kindern wie ein Doppelname gesprochen werden. Sie haben keine Freunde. Sie sind zwar in ihren Neigungen sehr verschieden, hindern sich aber gegenseitig, ihren Vorlieben in der Gruppe nachzugehen, weil die des anderen nicht dazupassen, die Gemeinsamkeit aber um keinen Preis aufgegeben wird.

Die gleiche Kleidung verstärkt den Eindruck der besonderen Nähe zueinander. Solch enge Paarbindungen ziehen oftmals aggressives Potential aus der Gruppe auf sich, oder das Paar selbst verhält sich aggressiv.

Eine Erzieherin berichtet von ihren Kindheitserlebnissen mit der dreizehn Monate jüngeren Schwester. Sie begannen erst, sich besser zu vertragen, als Freundinnen diese Zweisamkeit belebten und sie daher nicht mehr so viel zusammen zu spielen brauchten, dann aber am Abend gern wieder beieinander waren.

Warum sollte das bei einem Zwillingspaar nicht ähnlich sein? Daß neue Erfahrungen, eine Trennung für wenige Stunden am Vormittag nicht auch die Beziehung zum Zwillingspartner neu belebten? Auch die Nähe braucht Distanz!

«Ich bin Erzieherin *eines* Zwillings»

«Ich möchte den anderen Zwilling gar nicht so genau kennenlernen. Ich will mich nur auf Jonathan konzentrieren können», so reagierte seine Erzieherin – wie in unserer Geschichte beschrieben – auf unsere Neigung, ihn immer wieder mit Hannah zu vergleichen. Sie ist der Anwalt *eines* Zwillings, kann ihn mit seiner Individualität sehen und fördern, ohne gleichzeitig auf den zweiten Zwilling Rücksicht zu nehmen. Die ständigen Vergleiche und Typisierungen zur Abgrenzung der beiden bleiben aus. Der Zwilling wird eher als «normales» Kindergartenkind betrachtet.

Ähnlich wie die Eltern nach der Geburt zu zwei Kindern gleichzeitig eine eigene Beziehung aufnehmen müssen, so ist dies auch die Anforderung an die Erzieherin, wenn beide Zwillinge in ihre Gruppe kommen. Dies kann sie in Konflikte bringen, so etwa, wenn sie sich nicht eingestehen will und darf, daß sie zu einem der Zwillinge einen intensiveren Kontakt aufbauen konnte. Wir haben in der Geschichte von Sergio und Maurizio gesehen, wie schwierig die gleichzeitige Kontaktaufnahme für die Mutter sein kann und daß sie glaubt, dies nach außen kaum zugeben zu dürfen. In dieser Familiengeschichte ist auch beschrieben, wie aus der Sicht der Mutter die Erzieherin in dem gleichen Dilemma ist und Maurizio weniger Zuneigung empfängt als Sergio. Diese Zwillinge rivalisieren – wie alle anderen auch – um die besondere Zuwendung des Erwachsenen. Sie verwickeln die Erzieherin, wie anfangs die Mutter, in die gleichen Konflikte.

Hier soll jedes Kind es selbst sein können : Entwicklungsaufgabe des Kindergartens

«Wenn wir sagen: Die Zwillinge haben heute das gemacht... Das stelle man sich einmal vor. Was heißt das eigentlich? Die Zwillinge können gar nichts machen. Sondern es kann das Kind A etwas getan haben oder im besten Fall das Kind B dasselbe getan haben. Aber die Zwillinge – was ist das?»

Diese Erzieherin macht damit auf die Worthülse aufmerksam, hinter der ein unpersönliches Wesen versteckt ist. Aufgabe des Kindergartens wäre es, aus einem häufig zu engen, auf Paarbezogenheit konzentrierten Familienklima den beiden Kindern ein bißchen herauszuhelfen, sie in neuen sozialen Kontakten und Beziehungen erleben zu lassen, daß sie jemand sind, daß sie für sich stehen können und daß sie sich nicht immer nur als die Hälfte eines Ganzen fühlen müssen.

Die Erzieherinnen sehen ihren Auftrag in der Unterstützung des Entwicklungsverlaufs bei *jedem* Kind. Sie glauben, diese Aufgabe nur unvollkommen wahrnehmen zu können, wenn eine zu starke Fixierung innerhalb eines Zwillingspaares zu gegenseitigen Blockierungen führt. Sie wollen Einzelpersonen zu mehr Selbständigkeit und Eigenständigkeit erziehen. Alle Kinder müssen sich allmählich aus engen Grenzen lösen, um wer zu sein in der Welt. Das schiebt sich nach ihrer Wahrnehmung bei eng geschlossenen Zwillingspaaren immer weiter hinaus. Aber es bleibt ihnen wohl kaum erspart.

Die Beratung von Zwillingseltern

Findet die Mutter mit ihrer besonderen Situation, mit ihren Problemen und extremen Belastungen Verständnis bei den Erzieherinnen? Wenn die Erzieherinnen wahrnehmen und nachvollziehen, daß eine Mutter von Zwillingen oftmals überfordert ist, kann das von ihnen leicht so gedeutet werden, als sei die Mutter der Situation nicht gewachsen.

Gibt es zwischen der Mutter und der Erzieherin, die beide Zwillinge in der Gruppe betreut, eine versteckte Rivalität um die Rolle der «guten Mutter»?

Es ist für Erzieherinnen kaum nachvollziehbar, wie schwer es der Mutter fällt, die Trennung der Zwillinge in verschiedenen Gruppen zu ertragen.

Nach Erfahrung der Erzieherinnen kommen Eltern von Zwillingen meist mit klaren Vorstellungen darüber in den Kindergarten, ob ihre Kinder in einer Gruppe oder getrennt betreut werden sollen.

Die Sicht der Eltern

Die Argumente der Eltern für eine Gruppe sind:
- Was zusammengehört, soll nicht getrennt werden.
- Die Kinder waren bisher immer zusammen, und sie befürchten eine Überforderung in der neuen Situation, neben der Loslösung von den Eltern gleichzeitig die Trennung vom Zwillingsgeschwister zu verkraften.

Wenn die Eltern für eine Trennung sind, dann meist deshalb, damit
- die Zwillinge nicht so sehr aufeinander fixiert bleiben und eher unabhängig voneinander werden;
- sie sich nicht möglicherweise in ihrer Entwicklung gegenseitig blokkieren;
- jeder für sich Freunde finden kann;
- sie getrennte Erfahrungen sammeln können;
- sie nicht als Besonderheit auffallen;
- jeder seine eigene Bezugsperson findet.

Bei der Betrachtung dieser Begründungen wurde den Erzieherinnen deutlich, daß die Befürworter einer stärkeren Individualisierung eher pädagogisch argumentieren, was die Erzieherinnen mit ihrem Sachverstand gut nachvollziehen können. Wenn Eltern ihre Zwillinge lieber in einer Gruppe sehen, argumentieren sie eher auf einer emotionalen Ebene, die für die Erzieherinnen schwerer nachvollziehbar ist. Aber gerade wenn sie noch keine Erfahrungen mit Zwillingen in ihrer Gruppe sammeln konnten, werden auch sie von dem Mythos, der in den eher emotionalen Argumenten mitschwingt, beeinflußt und fühlen sich von der besonderen Aufgabe herausgefordert.

Es gibt keine eindeutige, auf jede Situation anwendbare Richtlinie. Eine solche würde mit Gewißheit den konkreten Zwillingsgeschwistern, ihren Eltern und den konkreten Erzieherinnen mit ihrer eigenen Sicht und mit ihrer Gruppensituation nicht gerecht.

Die Sicht der Erzieherinnen

Für die Erzieherinnen waren *folgende Fragen* bedeutsam, deren Beantwortung ihnen hilft, die konkrete Situation einzuschätzen:
- Wie alt sind die Zwillinge?
- Haben sie Geschwistererfahrung?
- Haben sie bereits Freunde in bestimmten Gruppen?
- Haben sie Spielkreiserfahrung?
- Worauf legen die Eltern in der Erziehung besonderen Wert?
- Welches Bild von ihren Zwillingen haben die Eltern?
- Welche Trennungserfahrungen innerhalb der Zwillingsbeziehung liegen bereits vor?

- Welche Erwartung haben die Eltern an den Kindergarten?
- Werden die Kinder halbtags oder ganztags im Kindergarten betreut?
- Was löst der Gedanke bei mir aus, Zwillinge in meiner Gruppe zu betreuen?

Alle Erzieher meinten einhellig, viel zu wenig über die ersten drei Jahre des Familienalltags mit Zwillingen zu wissen. Mit dem Wissen einiger solcher Familiengeschichten würden sie die konkrete Familie in der eigenen Praxis besser verstehen können. Deshalb sind die beiden ersten Kapitel dieses Buches auch für Erzieher interessant.

Orientieren sich die Erzieherinnen an dem, was sie selbst als Entwicklungsaufgabe des Kindergartens definiert haben, werden sie den Eltern helfen, die Kinder allmählich loszulassen und auf eine langsame Öffnung der Zwillingsgemeinschaft hinarbeiten.

Die Erzieherinnen wollen dabei den Eltern nicht bestimmte, pädagogisch einleuchtende Positionen aufdrängen. Damit würden sie nur Gefahr laufen, daß die Eltern sich verschließen. Wohl aber kann die Erzieherin die Eltern bitten, einmal über eine solche allmähliche Öffnung in der Paarbeziehung nachzudenken, um zu einem späteren Zeitpunkt erneut darüber zu sprechen. Eine dann bereits gewonnene Vertrauensbasis gibt den Eltern – so die Erzieherinnen – eher den Mut, eine Trennung der Zwillinge zu wagen.

Noch unschlüssigen Eltern können sie eine bereits erprobte Übergangslösung anbieten: Die Zwillinge gehören zu verschiedenen Gruppen, die Kinder entscheiden innerhalb eines gewissen Zeitraums selbst, wann sie sich in welcher Gruppe gemeinsam oder getrennt aufhalten. In der Regel beginnt ein Zwilling sich abzusetzen. Der andere braucht dann häufig wegen seines Trennungsschmerzes den Trost der Erzieherin.

Zwillinge in der Schule

Beispiele

Der erste Anlauf war zu früh

Zwillingsmutter Marion von Gratkowsi berichtet von ihren Söhnen Maximilian und Constantin, die acht Wochen nach der Einschulung wieder in einen Kindergarten zurückgingen.

Während Conny die Hausaufgaben von Beginn an schnell erledigte, brauchte sein Bruder tägliche Unterstützung der Mutter. Stressige Nachmittage waren die Regel. Nach sechs Wochen wurden bei beiden deutliche Schulprobleme festgestellt, die sich im anschließenden Test als mangelnde Schulreife herausstellten. Noch in der gleichen Woche wechselten sie in die Vorschulgruppe eines anderen Kindergartens. Einen wichtigen Rat gibt sie aus ihrer Erfahrung weiter: «Suchen und halten Sie Kontakt zu den Erzieherinnen Ihrer Zwillinge. Wenn Sie unsicher sind, ob Ihre Kinder schulreif sind oder nicht, sprechen Sie mit dem Kindergartenpersonal über Ihre Zweifel. Ich selbst hatte leider keine Zweifel und machte mir deshalb Vorwürfe» (Zeitschrift ‹Zwillinge›, April 1991).

Sie schulreif – er nicht

Zwillingsmutter Cornelia Nagel berichtet von ihren nicht gleichzeitig schulreifen Zwillingen Sophia und Joachim. Die Einschätzungen der Erzieherinnen wurden durch Tests bestätigt: «Gegen alle entsetzten Fragen und Widerstände unserer Umgebung wurde also Sophia eingeschult und Joachim nicht... Er hat die Einschulung seiner Schwester gut verkraftet. Er geht gern in den Kindergarten.» Seinen Freund, der ebenfalls eingeschult wurde, sieht er weniger häufig, dafür fand er in seiner Gruppe einen anderen guten Freund, «der wie Joachim eine übermächtige Zwillingsschwester hat». Er gehört jetzt zu den Großen. (Zeitschrift ‹Zwillinge›, April 1995).

Gemeinsam – aber mit Konflikten

Eine Zwillingsmutter berichtet: Sämtliche Kindergartenfreunde kamen in eine Klasse, es wäre schlimm gewesen, eine der beiden hier herauszunehmen und in eine andere Klasse zu stecken. Die verschiedenen Unterrichtsstunden und Anfangszeiten sind auch nicht zu vergessen, ein Argument, warum sie zusammenbleiben sollten. Man hat es als Mutter einfach leichter, als wenn man viermal täglich zur Schule fahren muß. Wir haben einen Schulweg von 25 Minuten, dazu haben die Mädchen einen schweren Ranzen zu tragen.

Wir hatten eine Zeitlang eine Trennung nach der zweiten Klasse in Erwägung gezogen, zumal ohnehin ein Lehrerwechsel anstand. Der Grund für unsere Überlegungen: Monika ist fixer als Sabine, kapiert Dinge schneller, was die Schwester wohl registriert. Sabine ist verträumt und verspielt, aber langsamer in allem; sie litt unter dem größeren Erfolg Monikas, beide haben eben den unmittelbaren Vergleich, wenn sie in einer Klasse sind.

Die Lehrerin hatte zeitweilig den Eindruck, Sabine würde deshalb resignieren – sie strengte sich plötzlich weniger an, träumte noch mehr vor sich hin, litt ganz einfach unter der Situation. Außerdem wurde sie ihrer Schwester gegenüber schrecklich aggressiv und schlug sie bei jeder sich bietenden Gelegenheit. Inzwischen hat sich die Lage glücklicherweise entspannt, man merkt jetzt, in der zweiten Klasse, kaum noch einen Unterschied. Ihr Verhalten hat sich wieder normalisiert. Wir werden abwarten und dann entscheiden, was zu tun ist. (Vgl. Haberkorn 1989, S. 20).

Zeitpunkt ‹verpaßt›

Die zweieiigen, aber zum Verwechseln ähnlichen Zwillinge Felix und Paul sind 14 Jahre alt, und in ihren pubertären Konflikten halten sie die Nähe zueinander kaum noch aus. Noch weniger ertragen sie die Verwechslungen seitens einiger Lehrer. Ist ihr derzeitiges Bestreben doch von Abgrenzung und der Suche nach dem eigenständigen Weg zum Erwachsenwerden geprägt. Die Mutter sagt heute: «Wir haben einen früheren Zeitpunkt leider verpaßt, die beiden entweder im Kindergarten, der Grundschule oder wenigstens zu Beginn des Gymnasiums zu trennen. Jetzt sind die Konflikte sehr massiv. Andererseits hat sich der Klassenverband gefestigt, so daß ein Wechsel eines der beiden Kinder in die Parallelklasse schwierig wird». Sie appelliert an alle Eltern, die Chance des frühen Wechsels zu nutzen, auch wenn die Konflikte noch kein deutliches Indiz für die Notwendigkeit sind, den Zwillingen getrennte Erfahrungen in verschiedenen Klassen zu ermöglichen und damit Distanz zueinander zu gewinnen. (Vgl. Haberkorn: Zum Beispiel: Mario und Pedro..., München 1990a).

Wir halfen uns gegenseitig

In einer Talkrunde habe ich zwei Bankdirektoren kennengelernt. Als eineiige Zwillinge waren sie bis zum Ende der Pubertät immer gleich gekleidet, stritten selten (nach eigenen Aussagen), waren die besten Freunde. Selbstredend, daß sie immer die gleiche Klasse besuchten. Natürlich kannten sie die Stärken und Schwächen des anderen sehr genau. So geschah es häufiger, daß bei bestimmten Fragen des Lehrers derjenige aufstand, der sie beantworten konnte. Auch wenn der Bruder gemeint war, gelang diese ‹Täuschung› problemlos, weil ohnehin kein Lehrer die beiden unterscheiden konnte. Heute leben sie mit Frau und Kind/ern in einer gewissen Unabhängigkeit voneinander, aber in der Zwillingsbeziehung sind sie sich weiterhin nah und erleben das ausschließlich positiv.

Muß man Zwillinge trennen, nur weil es die anderen sagen?

Die eineiigen Mädchen Robynne und Shirley besuchen im Kindergarten gemeinsam eine Gruppe. Während das erste Jahr problemlos verlief, berichtete die Erzieherin im folgenden Jahr «von zunehmender Konkurrenz und teilweise lautstarkem Streit, der auch teilweise die Gruppe störte (z. B. wer darf vom Wochenende erzählen...). Die beiden spielen nicht immer gemeinsam, beobachten aber, ob die Schwester nicht etwas Besseres spielen darf.» Zwillingsmutter Silvia Feix kennt die Unterschiedlichkeit ihrer eineiigen Zwillinge sehr genau, und sie weiß: Die rechtshändige Robynne ist manuell geschickter und in ihrer Art beliebter bei anderen Kindern. Shirley (Linkshänderin) reagiert darauf mit Ärger. Beide sind geistig weit entwickelt, selbstbewußt und mit einem ausgeprägten Gerechtigkeitsgefühl ausgestattet. Wenn sie sich nachmittags mit verschiedenen Kindern verabreden, gefällt es ihnen gut. Die Erzieherin rät entschieden zu getrennten Klassen. Das Gefühl der Mutter sagt dagegen deutlich: eine gemeinsame Klasse. Sie fürchtet den totalen Streß mit zwei Stundenplänen, verschiedenen Hausaufgaben, doppelten Elternabenden. (Die Mutter hat noch eine kleine Tochter und Pflegekinder zu versorgen.) Und beide Mädchen wollen unbedingt in eine Klasse. Die Mutter fürchtet weiter: Vielleicht bekommt Shirley keine eigenen Freunde und ist in ihrer Klasse ganz einsam? Außerdem hat sie sonst keine Hilfe der geschickteren Schwester. Sie hat Angst vor der Entfremdung: vormittags getrennte Klassen und nachmittags eigene Freunde. «Wo bleibt da das Gemeinsame?» Silvia Feix kennt die Gegenargumente gut und hofft, den beiden Mädchen über die individuelle Nachmittagsgestaltung und eventuelle Trennung in der weiterführenden Schule getrennte Erfahrungen zu ermöglichen. (Zeitschrift ‹Zwillinge›, April 1995).

Die Zwillinge überzeugen

Zwillingsmutter Herta Roch-Frey berichtet von den positiven Erfahrungen, die sie mit Anne und Lisa in getrennten Klassen macht. Sie beobachtet, daß der Streit zu Hause nachhaltig abgenommen hat, seit sie «nur noch» am Nachmittag zusammen sind. Dagegen verläuft das Wochenende streitintensiver. Sie fragt: «Was wollen die Zwillinge? Natürlich zusammen bleiben! Sie kennen den Partner, seine Stärken und seine Schwächen. Es ist im Doppelpack alles wesentlich besser zu ertragen und aufzuteilen. Auch Anne und Lisa wollten unbedingt in eine gemeinsame Klasse gehen. Wir haben sehr viel mit ihnen gesprochen und mit der Schulleitung vereinbart, daß es jederzeit möglich ist, sie in eine gemeinsame Klasse wechseln zu lassen» (Zeitschrift ‹Zwillinge›, Juli/August 1995).

Diese Beispiele geben Einblick in die überwiegend zwillingsspezifische Varianten des Themas Schule. Da ist die flexible und individuelle Reaktion auf das Phänomen Schulreife. Die Konflikte in der Beziehung zwischen Monika und Sabine aus dem dritten Beispiel, die gemeinsam eine Klasse besuchen, nehmen eine positive Wende. Wie hat sich diese Normalisierung innerhalb der Paarbeziehung vollzogen? Wie haben die beiden ein neues Gleichgewicht geschaffen? Die Familie gibt uns keine Auskunft darüber.

Die Erfahrung mit den pubertierenden Knaben in einer Klasse mag einige Eltern aufhorchen lassen. Aber es gibt dann auch dieses eher außergewöhnliche Beispiel der offensichtlich in harmonischer Nähe aufgewachsenen eineiigen männlichen Zwillinge, die dennoch ihre Eigenständigkeit gefunden haben und beide sowohl eigene Familien gründeten, als auch eine nahe und angenehme Zwillingsbeziehung erhalten konnten.

Die beiden letzten Beispiele verweisen auf eine Kontroverse zwischen den Wünschen der Kinder, den postulierten Erziehungsvorstellungen und den elterlichen Ressourcen. In diesem Aushandlungs- und Klärungsprozeß setzt jede Familie anderen Prioritäten. Es ist in der Regel ein innerer Konflikt zwischen den eigenen Emotionen und Befürchtungen, dem Bild der Paarzusammengehörigkeit, der Einschätzung der eigenen Belastbarkeit und möglichen langfristigen Erziehungsvorstellungen. Insofern ist es auch verständlich, daß sich in der Regel fast ausschließlich Frauen zu Wort melden. Sie sind es, die im Alltag mit der gewählten Strategie (getrennt oder gemeinsam) vor allem umgehen müssen, die den zusätzlichen Aufwand bewältigen, den Streit schlichten, sich mit den Hausaufgaben beschäftigen und mit den Lehrern auseinandersetzen müssen. Die Grundschule sieht ihren Auftrag sowohl im Erziehungs- als auch im Bildungsbereich. Es geht darum, die gesamte Entwicklung zu fördern, zu deren Stabilisierung beizutragen und vor allem auch die Fähigkeit zum selbständigen Arbeiten in Gruppen zu entwickeln. Aber das vorrangige Ziel ist die Vermittlung der Kulturtechniken Lesen, Schreiben, Rechnen und anderer Bildungsinhalte, z. B. im Sachkundebereich. Erziehungs- und Beziehungsarbeit haben nicht annähernd den gleichen inhaltlichen Stellenwert wie im Kindergarten. Zudem schlagen die Leistungsanforderungen oft durch schulimmanente Bedingungen (den Vergleich mit der Parallelklasse, die Dichte des Stoffplans, den Stundenausfall, zu große Klassen), aber auch durch falsch verstandenen Ehrgeiz der Eltern in Leistungsdruck um.

Die anderen institutionellen Voraussetzungen und Bedingungen veranlassen viele Eltern, die für den Kindergarten gewählte Lösung für die Schule neu zu überdenken. Außerdem sind die Zwillinge jetzt älter, haben mit der mehrjährigen Kindergartenerfahrung ihre Paarbeziehung verändert und den Freundeskreis erweitert.

Einschulung und Schulreife

Aus den Beispielen ist u. a. abzulesen, daß vor allem der Reifevorsprung der Mädchen bei Pärchenzwillingen zu der Situation führen kann, daß die beiden nicht unbedingt zur gleichen Zeit schulreif sind.

Die Frage, welches Kind oder ob beide schulpflichtig sind, können Eltern zuerst und am besten mit der/den Erzieherinnen besprechen, die die Entwicklung über mehrere Jahre begleitet und die Kinder in sehr unterschiedlichen Situationen und Beziehungen mit Gleichaltrigen und anderen erlebt haben. Deren Einschätzung also ist eine wichtige Orientierung, die auch bei guter Zusammenarbeit mit der Grundschule dem dortigen Rektor eine wichtige Entscheidungshilfe sein kann. Die schulärztliche Untersuchung und der Ersteindruck des Rektors bei der Schulanmeldung runden das Bild ab bzw. sind der Schulleitung wichtige Entscheidungshilfen bei der Beurteilung der Schulreife.

Alle Kinder werden im intellektuellen, körperlichen und sozialen Bereich auf ihre Schulfähigkeit hin überprüft. Bei der sozialen Reife fragt man u. a. danach, inwieweit sich das Kind eigenständig in einer Großgruppe von 25 bis 30 gleichaltrigen Kindern bewegen kann, wie es in der Lage ist, soziale Beziehungen zu gestalten und Konflikte zu bewältigen.

Der Blick auf die Schulreife von Zwillingen ist (zu Recht) ein anderer. Sollen sie als Paar eingeschult werden, ist ihre soziale Reife anders zu beurteilen als bei Einzelkindern. Denn natürlich sind sie im Paar stabiler, sind sie den Anforderungen eher gewachsen. Sie treten gemeinsam auf, und so entsteht ein Ungleichgewicht in den Auseinandersetzungen mit Dritten. Außerdem ist ihr Bedürfnis nach sozialen Beziehungen in der Klasse nicht von gleicher Kraft wie das der einzel geborenen Kinder. Somit ist ihr Integrationsprozeß schwieriger. Andererseits müssen Zwillinge bei der Einschulung in zwei verschiedene Klassen mehr leisten als andere Kinder. Treten sie doch aus der gewachsenen Sicherheit der Paarbeziehung heraus, um sich alleine zu bewähren. Es ist gut, wenn sie diese Erfahrung im Kindergarten schon machen konnten. Im Schulsystem, in dem auch die Beziehungen der Kinder untereinander von einer härteren Hackordnung geprägt sind als im Kindergarten, sind sie besonderen Anforderungen ausgesetzt. Gute Freunde können da eine wichtige Unterstützung sein.

Was denken Lehrer?

Einige Lehrer befürchten, aufgrund der noch immer großen Klassen und der oft bestehenden eigenen Unsicherheit bezogen auf Zwillinge, zu wenig Aufmerksamkeit und Sensibilität dafür zu haben, wenn die beiden sich wechselseitig behindern. Und sie fühlen sich eher überfordert, dem Beratungsbedarf der Zwillingseltern gerecht zu werden.

Andere Lehrkräfte sehen sich selbst oftmals vom Mythos geblendet und erwarten gleiche oder annähernd gleiche Leistungen, je ähnlicher/gleicher die beiden auftreten. Und sie wissen, daß ihre Erwartungshaltung nicht ohne Einfluß auf die tatsächlichen Leistungen der Zwillinge bleibt. Dies um so mehr, wenn gleichzeitig auch die Eltern selbst stereotypisierend gleiche Merkmale unterstützen und die Zwillinge selbst sich noch nicht aus dieser Umklammerung gelöst haben.

Eine Lehrerin fühlte sich sofort in ihren Gefühlen als Mutter angesprochen: «Ich möchte gerne beide Zwillinge in meiner Klasse unterrichten, ich habe mir selbst früher immer Zwillinge gewünscht.» Inwieweit hier die Professionalität von den Gefühlen ihres ursprünglichen Mutterwunsches zeitweise überdeckt würde, bliebe zu bedenken, wenn beide Zwillinge in ihrer Klasse eingeschult würden.

Eine andere Lehrerin vertrat eine verblüffende These: «Wenn Zwillinge sehr verschieden sind, dann finde ich es gut, wenn sie getrennt sind. Wenn sie aber sehr ähnlich sind, sollte man sie in einer Klasse unterrichten.»

Es scheint, daß sich bei der Entscheidung der Lehrer – wie bei den Eltern – eine eher vorurteilsbehaftete, emotionale Sicht einerseits und eine bewußte pädagogische Argumentation verbinden. Es wäre sinnvoll, wenn Eltern und Pädagogen sich in einem partnerschaftlichen Dialog gemeinsam die konkrete Situation betrachten. Sie vertreten dafür unterschiedliche Kompetenzen und Perspektiven, die es zu bündeln gilt. Die Eltern können ihre in der Familie erworbenen Erziehungserfahrung und die in großer Nähe zu den Kindern gewachsene Sensibilität für deren Bedürfnisse einbringen, die Lehrkraft ihre pädagogische Kompetenz, ihre Unterrichtserfahrungen und das Wissen um die besonderen schulischen Anforderungen.

(Weitere Erfahrung und Argumentation siehe Haberkorn 1989, S. 22f).

Auswirkungen auf die Familie

Konkurrenz unter den Zwillingen wird durch ständige Vergleiche und Vergleichssituationen verstärkt. Und ein System wie die Schule, das von Leistungsermittlung und -vergleich lebt, provoziert diese Haltung bei den Kindern ebenso wie bei den Eltern und der Umwelt. Dies geht in der Regel zu Lasten des Zwillings, der in dem zu vergleichenden Bereich schlechter abschneidet. Jonathan und Hannah besuchten in der Grundschule Parallelklassen. Ihre Lehrerinnen organisierten den Unterricht sehr verschieden, sie arbeiteten mit verschiedenen Arbeitsblättern, waren in den Schulbüchern niemals auf der gleichen Seite. Sie legten unterschiedlichen Wert auf Ordnung und Heftführung, was glücklicherweise ihren Neigungen entsprach. Dies alles erleichterte auch uns Eltern die differenzierte Sicht auf die individuellen Leistungen. Jonathan hatte eine erfolgreiche Strategie, sich gegen die Versuche jener Erwachsenen zu wehren, die nun doch sehen wollten, ob beide vergleichbare Leistungen, etwa beim Lesen, bringen: «Wir sind noch nicht so weit im Lesebuch», konnte er die bessere Lesefertigkeit der Schwester gegenüber diesen Erwachsenen begründen. Natürlich wußte er sehr genau, daß seine Schwester insgesamt im Lesen weiter war als er, aber muß die anfängliche Motivation mit solchen bewußt initiierten

Vergleichen belastet werden? Sie wußten beide, daß sie über unterschiedliche Stärken verfügten. So konnte er seiner Schwester mal rasch bei den Matheaufgaben helfen, während sie ihm geduldig beim Lesen zuhörte. Und das Einmaleins schien bei Jonathan angeboren, er konnte es einfach. So konnten sie sich abends im Bett wechselseitig helfen, ohne daß wir Eltern uns groß einbringen mußten.

Leistungsvergleiche waren selten Thema, hätten uns Eltern aber immer wieder eingeholt, wären Hannah und Jonathan in einer Klasse gewesen. Die Hervorhebung des Andersseins erschwert Vergleiche und schützt deshalb den vermeintlich Schwächeren, der mit zunehmendem Alter und eigener Sicherheit Unterschiede zunehmend besser aushält. Die Besinnung auf die eigenen Stärken fördert Motivation, Spaß und Bestätigung, nicht nur im schulischen Bereich.

Werden die Bestrebungen von Zwillingen, miteinander zu konkurrieren, durch das gemeinsame Lernen im Klassenverband und den eventuellen Wettstreit um den besten Freund noch verstärkt, sind Konflikte bei den Hausaufgaben in der Regel vorprogrammiert. Hier scheinen Jungen in der gleichgeschlechtlichen Paarbeziehung besonders heftig und laut zu konkurrieren. Die Schule reicht mit ihrer Anforderung, Hausaufgaben zu erledigen, in den Nachmittag und gestaltet sich so für die Mutter und letztendlich auch für die Kinder zu einer wenig erfreulichen Angelegenheit. Wer ist schneller, weiß es besser, ist ordentlicher, hat in der Schule besser aufgepaßt? Kindern fällt viel dazu ein. Haben die Kinder verschiedene Hausaufgaben auf, ist die Mutter angehalten, sich mit jedem gesondert zu befassen. Und die Gespräche aus dem Schulalltag werden differenzierter.

Spätestens abends im Bett haben unsere beiden sich Erlebnisse aus dem Schulalltag berichtet. Es war Interesse und Neugier an der Erfahrungswelt des anderen, die sie im Alltag nicht teilten.

Konkurrenz ist grundsätzlich nicht nur negativ, sondern auch Antrieb zur eigenen Leistungssteigerung. Doch bei Zwillingen sieht das anders aus, da sie ohnehin ständig verglichen werden, selbst wenn die Eltern es eigentlich vermeiden wollen.

Stärken und Schwächen verführen zu einem Denken an Über- und Unterlegene. Das Dilemma ist nur zu umgehen, wenn das «Besser-als-Denken» abgelöst wird von der Sicht, daß jeder Zwilling *anders* ist. Zu diesem Anders-Sein gehören viele Facetten unterschiedlicher Persönlichkeitsmerkmale und Fähigkeiten, die zu jeder Person gehören.

Gleichaltrige und Freunde

«Wir waren uns immer die besten Freunde.» Kennen wir diese Aussagen nicht aus vielen Gesprächen mit erwachsenen Zwillingen?

Zwillinge haben von Beginn an gelernt, sich innerhalb der Paarbeziehung zu arrangieren, ihre Stärken und Schwächen aufeinander abzustimmen. Sie haben sich ihr eigenes Verständigungssystem geschaffen und kennen naturgemäß sehr genau den Geschmack, die Meinung des anderen. Sie haben sich ein Paarkonzept geschaffen, das Grundhaltungen ihres Familiensystems widerspiegelt. Und sie haben Beziehungserfahrung, die ihnen in neu zu entwickelnden Kontakten mit anderen Kindern hilfreich ist – vorausgesetzt, sie können sich zeitweise aus der Zwillingsbeziehung verabschieden, um selbständig eigene Beziehungen aufzubauen. Dabei erfahren sie etwas völlig Neues.

Beginnen Nicht-Zwillinge ein gemeinsames Spiel, ist ihnen zunächst die Erfahrungswelt des anderen fremd. Jüngere Kinder halten die eigene Welt- und Problemsicht für richtig und können zunächst nicht begreifen, daß andere diese Sicht nicht teilen. Die Auffassung des Kindes steht im Einklang mit der elterlichen Haltung, der es uneingeschränkt vertraut. Mit Spielpartnern erlebt das Kind so zum erstenmal, daß andere Menschen andere Auffassungen und Absichten haben können.

«Es ist wichtig zu verstehen, daß die von den Kindern erlebte Krise nicht nur in der Wahrnehmung besteht, persönliche Wünsche und Absichten nicht ungestört verfolgen zu können, sondern die Kinder entdecken viel mehr: Letztlich zerbricht die Weltsicht der frühen Kindheit, in der sich der kleine Junge, das kleine Mädchen an einem sicheren Platz im Kreise von vertrauten, gleichgesinnten Menschen wähnte. Jetzt dämmert den Kindern, daß jede und jeder nur eine, nur einer von vielen ist, die alle ihre eigenen Ziele verfolgen, mit denen man sich das Vorhandene und das Mögliche teilen muß, vor denen man sich mit seinen Auffassungen behaupten und mit denen man seine Vorhaben abstimmen muß» (Krappmann 1993, S. 136).

Im Schonraum Familie fangen die Eltern in der Regel die realen Folgen falschen oder unsinnigen Tuns der Kinder auf. Außerhalb der Familie muß das Kind lernen, andere für den eigenen Plan, für eine Idee zu gewinnen, sich anzupassen oder einen Kompromiß auszuhandeln. Ob es dann zu einem angenehmen Spiel kommt oder ob alles in einem scheinbar unlösbaren Konflikt mit Tränen endet, hängt auch davon ab, wieweit die Kinder bereits gelernt haben, Beziehungen zu gestalten. Diese Erfahrung lernt jedes Kind für sich im Umgang mit einem anderen Kind. Die allgegenwärtige Präsenz des Zwillings ist dabei eher hinderlich.

Kinder wollen ihre Auseinandersetzungen klären, um zu einem Ziel, einem gemeinsamen Spiel zu kommen. «Um aber befriedigende Lösungen zu erreichen und andere Kinder als gute Freunde für sich zu gewinnen, mit denen man gegen Regelbrecher und Streitsüchtige zusammenhält, müssen die Kinder sich durch die harten Lektionen der ‹Praxis des kommunikativen Handelns› hindurcharbeiten. Nach und nach begreifen sie, daß es sich lohnt, mühselige Aushandlungen durchzustehen, denn allmählich erleben die Kinder in der mit den anderen geteilten Welt ‹neue Sicherheit›. Sie entsteht, wenn sie merken, daß gute Lösungen mit den anderen möglich sind, und erfahren, daß einer den anderen als Partner für interessante, spannende oder lustige Vorhaben braucht, die ein Kind allein nicht durchführen könnte oder jedenfalls nur halb soviel Spaß machen würden» (ebd., S. 138).

Allmählich erwachsen aus diesen Erfahrungen Freundschaften, die den Beteiligten ein gewisses Maß an Fairneß garantieren und sie für die Auseinandersetzung mit Dritten stärken. Sie setzen ihre Interessen nicht mehr auf Kosten des anderen durch und arbeiten oft lange an Lösungen, um ein möglichst zufriedenstellendes Ergebnis für beide Seiten zu erreichen.

Manche Abstimmungen laufen in gewachsenen Freundschaften im Verlauf der Zeit fast unmerklich ab, weil sie gut aufeinander eingespielt sind. Viele gemeinsame Erfahrungen und die gewachsene Zuneigung sind wichtige Säulen dieser tragfähigen Beziehung. Jede Freundschaft hat ein bißchen Ähnlichkeit mit einer gelungenen paarinternen Zwillingsbeziehung. Aber es ist eine Beziehung, die ihre Wurzeln in verschiedenen Familien hat. Damit fließen verschiedene Familiengeschichten und -erfahrungen in diese Freundschaft ein. Sie schaffen den beiden erste Unabhängigkeit von den Erziehungssystemen, in die sie zu Hause eingebunden sind. Zwillingsbeziehungen können sich nur mühsam daraus befreien, weil beide gleichermaßen darin verwachsen sind.

Zwillinge, die vor allem als Paar auftreten, erschweren die individuelle Gestaltung von Freundschaftsbeziehungen. Suchen sie sich einen gemeinsamen Freund, wiederholen sie mit ihm die Erfahrung der Dreiecksbeziehung, die sie als Strukturmerkmal von klein auf kennen (Mutter/Vater – beide Zwillinge). Hier steht das einzelne Kind, das sich auf die Freundschaft eines Paares einläßt, in der Regel einer Machtkonzentration gegenüber, die ein ehrliches, partnerschaftliches Aushandeln von Bedürfnissen und Wünschen kaum zuläßt. Sind die Zwillinge sich aber nicht einig, kommt es zu konflikthaften Koalitionen, die einer gleichgewichtigen Freundschaft im Weg stehen.

Älterwerden – Paarbeziehung, Individualität, Partner

Selbst mit dem Erwachsenwerden verlieren Zwillinge nicht ihren besonderen Reiz, lenken sie weiterhin die Aufmerksamkeit der Umwelt auf ihre Person und ihre Geschichte. Zwar steht jetzt die Individualität stärker im Vordergrund, aber gerade mit der Außenorientierung gestaltet sich die Dynamik im Paar neu, wollen auch Freunde wissen, wie sehr sie den anderen Zwilling mitbedenken müssen oder wie ausschließlich sie Kontakt mit dem einen gewählten Freund, der Freundin, dem Partner leben dürfen und können.

Die Erziehungsfragen der Eltern werden allmählich abgelöst von der eigenverantwortlichen Übernahme des Lebens durch den/die Jugendlichen selbst. Sie gestalten ihre eigene Geschichte, bleiben aber mit unterschiedlicher Intensität von dem Zwillingsschicksal tangiert. Sich darin zu emanzipieren wird ihnen spätestens in der Pubertät ein zentrales Anliegen. Aus einem Gespräch mit einer Therapeutin stelle ich einige Überlegungen hierzu den Erzählungen heute erwachsener Zwillinge voraus.

Im folgenden kommen dann die erwachsenen Zwillinge zu Wort. Nicht immer konnte ich mit beiden sprechen. Aber die subjektive Sicht eines der beiden ist eine ebenso wichtige Wahrheit, die Einblick in Kindheit und Jugend mit ihren schönen Seiten, aber auch mit ihren Kanten und Stolpersteinen gibt. Die Aussagen über Hemmnisse für die eigene Entwicklung durch das elterliche Erziehungsverhalten oder die Familiendynamik insgesamt gaben mir für die eigene Situation immer neu Anlaß zum Nachdenken.

Bei eineiigen Zwillingen standen folgende Fragen im Vordergrund:

Wie gehen Eltern, Umwelt und die Zwillinge selbst mit ihrer Gleichheit um?

- Werden unterschiedliche Stärken wahrgenommen, zugelassen, unterstützt?
- Wie entwickelt sich die Paarbeziehung (Eigenständigkeit, Abhängigkeiten, Konkurrenzen etc.)?

– Sind individuelle Freundschaften möglich?
– Wie gestaltet jeder Zwilling für sich das Leben als Erwachsener?

Bei zweieiigen Zwillingen:
– Was unterscheidet ihr Leben von dem eines normalen Geschwisterpaares?
– Entwickeln sich die beiden zu typischen Vertretern ihres Geschlechts, um sich abzugrenzen?
– Können eigene Entwicklungsrhythmen gelebt werden, oder wie wird die von den Eltern gewünschte Rücksichtnahme auf den Zwilling erlebt?
– Wird der Freund oder Ehepartner zum Konkurrenten oder Rivalen des Zwillingsgeschwisters? Denn diese Zwillingskonstellation birgt hier ganz andere Dimensionen der Eifersucht als bei einem gleichgeschlechtlichen Zwillingspaar. Mehr Informationen zu den Gesprächssituationen siehe Anhang 2.

Es kommen unterschiedliche erwachsene Zwillinge zu Wort, die sich an ihre Kindheit und Jugend als Zwilling erinnern. Ein Ehepartner beschreibt, was es Besonderes hat, mit einem Zwilling verheiratet zu sein. Ich habe neben einem eineiigen Zwillingspaar ein gemischtes und ein zweieiiges gleichgeschlechtliches Zwillingspaar befragt.

Die Kindheit der hier befragten Zwillinge vor 20 bis 30 Jahren sah anders aus als die der Kinder heute. Die Zwillinge hatten Geschwister, aber eben auch oft beengte Wohnverhältnisse. Der zusätzliche Erfahrungsraum auf der Straße und im Umfeld bot – ohne von den Eltern organisiert zu werden – den Kindern vielfältige Kontaktmöglichkeiten. Allerdings zeigen die beiden letzten Beispiele der eineiigen Frauen, wie sehr Zwillinge auch in einer reichen Geschwisterschar darunter leiden können, als Paar herausgehoben zu werden.

Wo stehen unsere Zwillinge heute?

Sie sind 14 Jahre und derzeit sehr bedacht darauf, daß ich nichts zu Privates über sie veröffentliche. Ihr Recht auf Privatsphäre wird gerade in diesem Entwicklungsalter besonders entschlossen – zu Recht – verteidigt. Viele Leser haben mich danach gefragt, wie es Hannah und

Jonathan geht und wie sie sich entwickeln (vgl. dazu auch meine Artikel in der Zeitschrift ‹Zwillinge› 1989, 1991 und 1993).

Die beiden leben seit nunmehr sieben Jahren mit ihrem Bruder Gideon und mir alleine in unserer geräumigen Wohnung. Zu ihrem getrennt lebenden Vater haben sie ein gutes Verhältnis. Jonathan ist Hannah mittlerweile über den Kopf gewachsen, aber nur optisch. Sie leben ihr eigenes Leben in verschiedenen Schulen, mit verschiedenen Freunden und seit einem Jahr – sehr zur Entspannung der Beziehung – in eigenen Zimmern. Sie kennen die offizielle Welt des anderen recht gut. Aber vor allem Hannah tauscht ihre Geheimnisse mit Freundinnen aus, nicht mit dem Bruder. Dazu sind die Erfahrungen, Gefühle, Gedanken und Interessen derzeit zu verschieden. Oft sitzen sie dennoch gemeinsam in einem Zimmer und hören Musik, unterhalten sich. Auch mit dem älteren Bruder gibt es diese Situationen. Hannah und Jonathan streiten sich wenig, und mit ihrer offenen, angenehmen Beziehung und Beziehungsfähigkeit tragen sie für ihren Teil zu einem unkomplizierten Verhältnis mit dem vier Jahre älteren Bruder bei. Wie in den meisten Familien ist auch bei uns das Essen eine der wenigen Gelegenheiten, bei der sich alle Familienmitglieder treffen. Und auch bei uns zeigt sich in dieser Situation die Dynamik der Beziehungen am deutlichsten. Dann sind Gideon und ich oftmals außen vor, wenn sich die beiden über Blickkontakt verständigen, gemeinsam lachen. «Wir sind eben Zwillinge», sagt uns ihr Blick entschuldigend dazu, daß wir nicht mithalten können.

In diesem Jahr haben sie zum erstenmal seit neun Jahren wieder gemeinsam ihren Geburtstag gefeiert. In den vergangenen Jahren waren sie manchmal noch nicht einmal wechselseitig eingeladen. Aber die oftmals unvermeidliche Präsenz des anderen war dann schnell akzeptiert.

Hannah wird im nächsten Jahr die Tanzstunde besuchen. Jonathan zeigt noch kein Interesse. Wohl aber würde Gideon gerne als Tänzer mitgehen. Wie überhaupt die Beziehung zu dem älteren Bruder, nicht nur durch den Besuch derselben Schule, eine andere Färbung hat als die zu Jonathan, der zur Zeit eher ein geliebter Kumpel ist.

Trotz allem Anders-Sein und trotz verschiedener Erfahrungswelten, die zunehmend weiter auseinanderklaffen, haben Jonathan und Hannah doch über lange Zeit mit viel Interesse und Nähe an der Welt des anderen teilgenommen, voneinander gelernt. Beide profitierten von der

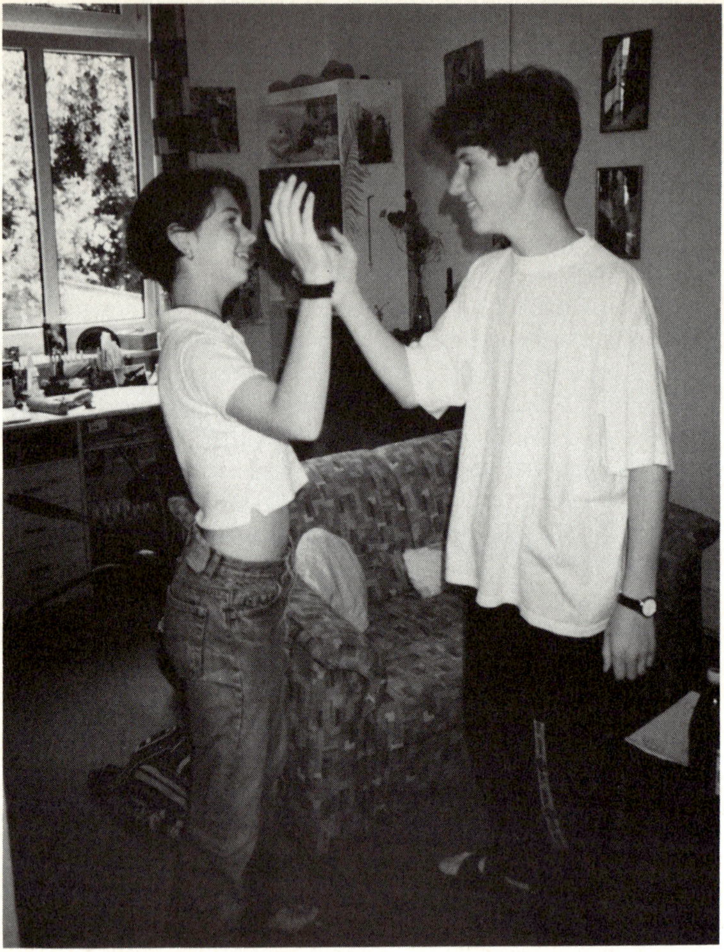

Sicht und Denkweise des anderen. Es scheint, als könnten beide auf der Basis relativer Unabhängigkeit das Heranreifen von Männlichkeit und Weiblichkeit, die Erfahrung der Akzeptanz von Abgrenzung und Nähe innerhalb der Paarbeziehung mit viel Zuneigung erleben. Welche positiven Voraussetzungen werden damit für künftige Partnerbeziehungen geschaffen?

Obwohl beide relativ unabhängig voneinander leben, ist es erstaunlich, wie schnell sie dennoch den anderen vermissen, wenn dieser für einige Tage auf Reisen ist. Hannah steht ihrem Bruder keineswegs nach.

Die Kinder erleben sehr bewußt meine öffentlichen und veröffentlichten Diskussionen zum Thema Zwillinge. Kritische Auseinandersetzungen sind jeweils damit verbunden. Im offenen Austausch lernen wir voneinander. Dennoch wird es vermutlich einige Überraschungen geben, wenn die beiden später als erwachsene Zwillinge über ihre Kindheit und Jugend nachlesen und nachdenken. Deren subjektiver Blick aus der Distanz wird sicher bei mir neues Nachdenken provozieren.

Pubertät – die Suche nach dem eigenen Weg

Die Pubertät löst die Kindheit ab und bildet die Hauptphase der biologischen Reife. Diese Zeit der Geschlechtsreife hat sich in den letzten Jahrzehnten deutlich nach vorn verlagert und beginnt bei den Mädchen etwa mit neun bis elf Jahren, bei den Jungen in der Regel zwei bis drei Jahre später. Parallel dazu ist ein «Schuß» im Längenwachstum zu beobachten. So wirken die Mädchen in diesem Alter nicht nur älter, sie sind meist größer, werden aber mit Beginn der Pubertät der Jungen von ihnen schnell wieder eingeholt.

Die biologische Entwicklung ist begleitet von einer einschneidenden psychischen Entwicklung, die als Vorpubertät der biologischen Reife vorausgeht und sich als Adoleszenz an die Geschlechtsreife anschließt. Am Ende der Pubertät zeichnet sich bei der/dem Jugendlichen der Beginn eines eigenen Standorts ab. Er ist Ausgangspunkt für die nächste Lebensperiode, in der sich die jungen Erwachsenen allmählich in die allgemeinen gesellschaftlichen Zusammenhänge eingliedern, z. B. bei der Berufsfindung und -ausbildung. Das ist die Phase der Adoleszenz, sie reicht etwa vom 18. bis zum 25. Lebensjahr.

Vor allem den Eltern fällt neben der biologischen Veränderung auf, daß das ehemals relative Gleichgewicht der Psyche deutlichen Schwankungen ausgesetzt ist. Der/die Jugendliche muß Beziehungen neu klären, auch die Rollen innerhalb der Familie ändern sich: Das Kind ist nicht mehr das Kind, sondern eine Tochter, ein Sohn. Die Geschlechtlichkeit steht bewußter im Vordergrund. Gleichzeitig tritt der Wunsch nach körperlicher Nähe in der Familie zugunsten einer eher symbolischen Nähe zu den Eltern zurück. Sie sollen erreichbar bleiben, als versorgende Instanz und für Gespräche. Eine permanente physische Anwesenheit ist nicht mehr nötig.

Themen der Pubertät sind: Abgrenzung, Loslassen, Außenorientierung, Neugestaltung von Beziehungen. Eltern erleben, daß sie mit ihren Normen und Werten in Frage gestellt werden, daß die Kinder sich daran abarbeiten, um zu eigenen Positionen zu finden. Je nach Geschlecht des/der Jugendlichen sind die Konflikte auf der Elternebene unterschiedlich gewichtet und verteilt. Die Orientierung an Gleichaltrigen und die Suche nach neuer Nähe zu ihnen werden wichtiger. Gleichzeitig lebt die Diskussion um globale Fragen und Themen in den Familien weiter, wird oft radikaler geführt. Es muß sich eine offensive, neue Streit- und Gesprächskultur entwickeln. Insgesamt hängt die Art der notwendigen Auseinandersetzung in den Familien auch davon ab, ob Eltern-Kind-Beziehung eher ängstlich festhaltend, eher fordernd ist oder Freiräume zuläßt.

In meinem Gespräch mit Theresa Weismüller, einer Therapeutin und Zwillingsmutter, wollte ich folgenden Aspekten und Fragen nachgehen:

1. Was kennzeichnet die Pubertät bei Zwillingen? (Die Beziehung wird auf neue Füße gestellt.)
2. Wie verläuft der Prozeß der Pubertät in unterschiedlichen Paarkonstellationen? (Auch eineiige Zwillinge pubertieren individuell.)
3. Der Wunsch, endlich unverwechselbar zu sein. (Das Recht auf eigene Entwicklung, Angst vor Verlust des Zwillingspartners, Angst vor Kränkung.)

Was macht die Dynamik in der Pubertät von Zwillingen aus?

Nach der Geburt baut der Zwilling nicht nur seine Beziehung zu Mutter/Vater auf, sondern er hat gleichzeitig einen ständigen Begleiter, der immer präsent ist und eine zentrale Bedeutung für die eigene Entwicklung erhält. In der Phase der Ablösung, in der Pubertät, ist genau diese

Dreiecksbeziehung neu zu gestalten. Nicht nur die Eltern-Kind-Beziehung, sondern auch die zum Zwillingspartner verändert sich in dem vorhandenen Gestaltungsspielraum, wird ‹erwachsener›. Auch hier geht es um Abgrenzung und Neugestaltung von Nähe. Diese Dynamik der Gegensätze wird bei beiden zu unterschiedlichen Zeiten bedeutsam und provoziert so konflikthafte Auseinandersetzungen.

Bei geglücktem Verlauf können sich die Zwillinge in Notzeiten aufeinander verlassen, finden Halt und Trost, leben aber allgemein eher eigenständige Lebensentwürfe. Die besondere Bedeutung des Zwillings bleibt allerdings auch da ausgesprochen oder unausgesprochen stets Thema. Dieser Prozeß mag sich unterschiedlich gestalten, die erworbene innere und äußere Unabhängigkeit hat natürlich damit zu tun, wie stark Ähnlichkeiten und Paarfixierung in der Kindheit im Vordergrund standen.

So zeigen in der Regel zweieiige Zwillinge weniger Probleme, eigene Wege nach der Pubertät einzuschlagen. Mit der allmählichen Eingliederung in die allgemeinen gesellschaftlichen Zusammenhänge scheint es Zwillingen in diesen Paarkonstellationen leichter zu fallen, sich abzulösen und die eigentliche Ablösung eine individuelle Lebensgeschichte zu gestalten. Vor allem eineiige Zwillingsschwestern sind durch symbiotische Erfahrungen besonders belastet und haben es demzufolge besonders schwer, der Paarbeziehung eine neue Basis zu geben, so daß eigenständige Lebensentwürfe möglich sind.

Gleichgeschlechtliche Zwillinge

Diese Paare, vor allem wenn sie sich besonders ähnlich sind, müssen in der Pubertät viel Kraft aufwenden, um zu zeigen: Ich bin ein eigenes, unverwechselbares Wesen. Die Nähe wirkt in dieser Phase deshalb so bedrohlich, weil die beiden die Gefahr spüren, erneut eins zu werden, in der Wirkung eins zu sein. Sich im gleichgeschlechtlichen Paar zu individualisieren bedeutet also zunächst einmal, sich ein Stück innerlich voneinander zu entfernen. Dieses Bedürfnis äußern sowohl männliche als auch weibliche Zwillingspaare, wenn sie denn ihre eigenen Wünsche benennen können und dürfen.

Deshalb ist es günstig, wenn beide bereits vor der Pubertät individuelle Pfade beschritten haben, um so die notwendige Individuation in der Pubertät zu erleichtern. Natürlich ist auch dann die Loslösung von Eltern und Zwilling notwendig, aber es ist leichter, in bereits entwickelten Strukturen außerhalb der jetzt oft als unangenehm erlebten Nähe mit dem anderen zu leben. Bei gleichgeschlechtlichen Zwillingen sind Eltern versucht, gleiche Prozesse in der Entwicklung zu erwarten. Zwar sind eineiige Zwillinge mit den gleichen Genen ausgestattet. Damit sind sie allerdings keine ‹Abziehbildchen› des anderen. Der biologische Teil der Pubertät ist bei eineiigen Zwillingen relativ identisch, aber der psychische und damit entscheidende Prozeß in der Entwicklung verläuft in der Regel sehr unterschiedlich. Trotz aller äußeren Gleichschaltung verhalten sich Eltern den einzelnen Zwillingen gegenüber sehr verschieden, das zeigen die Geschichten der heute erwachsenen Zwillinge. Es sind auch die geheimen und offenen Botschaften der Eltern, die die innerpsychischen Prozesse der Zwillinge beeinflussen. Und beide haben unterschiedliche Rollen innerhalb der Paarbeziehung, gestalten ihre Beziehungen zu den einzelnen Familienmitgliedern und zu Personen des Umfelds keineswegs gleich. Und auf jeden Fall sind ihre Temperamente verschieden, denn die psychische und physische Konstitution ist, selbst bei eineiigen Zwillingen, nie gänzlich identisch. Damit sind auch die Mechanismen der Konfliktverarbeitung andere.

Ein einschneidendes Ereignis in der Pubertät von Zwillingsschwestern ist die Menstruation, die bei beiden nicht am selben Tag beginnt. Ursula Weck («Das doppelte Leben», 1990) erinnert sich:

«Eines Morgens, meine Mutter aß gerade ein Marmeladenbrot, flüsterte ich ihr etwas Aufregendes ins Ohr. Hochrot sprang sie auf, lief mit mir zum Kleiderschrank und zog ein Paket heraus: Binden. Dazu ein passendes Höschen, vorne und hinten mit Knöpfen, zum Festschnüren. Ich war erwachsen, eine Frau, und die Hormone spielten verrückt.

Plötzlich schlug die Nähe zwischen mir und meiner Schwester in Fremdheit um. Wie unangenehm, aus dem gleichen Fleisch und Blut zu sein. Die soll sein wie ich? Sie wagt es, mit dem gleichen Gesicht herumzurennen? Wer ist denn hier schöner, attraktiver, wer bekommt den ersten Freund?

Die Schwester wurde zum Hindernis, der Kampf, die Suche nach dem Ich, nach der Identität, dem Individuum begann» (S. 17).

Der plötzlich auftretende Unterschied läßt auch zwischen eineiigen Zwillingen eine gewisse Fremdheit wachsen. Sie beginnen, spätestens jetzt, zu konkurrieren. Auch eineiige männliche Zwillinge erleben beim anderen die biologische Entwicklung zum Mann mit gewissem Argwohn. Ihre Form der Konkurrenz gestaltet sich häufig im Wettstreit um körperliche und schulische Leistung. Es sind gesellschaftlich anerkannte, männliche Muster des Vergleichs. Auch «kracht» es bei Jungen häufiger. Das heißt, sie tragen ihre Konflikte in der Regel offen und heftig aus.

Zwillingsschwestern haben es da in der Regel erheblich schwerer. Sie wirken nach außen eher friedlich, ihr Bild der Harmonie hat wohl Kratzer bekommen, aber der oberflächliche Blick läßt auch weiterhin die Vorstellung einer Einheit als Paar zu. Individuations- und Abgrenzungswünsche widerstreben dem verinnerlichten Bild der Harmonie und dem Wunsch, die Schwester nicht zu kränken. Dazu kommt die Angst vor eigenen Schuldgefühlen, wenn man selbst die gewohnte Nähe verläßt. Anders als Jungen sind die meisten Zwillingsschwestern in der Kindheit eher den narzistischen Bedürfnissen der Eltern ausgesetzt, werden sie, als Einheit geschmückt, der Umwelt präsentiert. Die pubertären Abgrenzungsversuche vollziehen sich meist leise. Es sind Mechanismen, die gesellschaftlich eher Frauen zugeschrieben werden. Therapeuten kennen bei weiblichen Zwillingen autoaggressive Formen des Widerstands, der stillen Konfliktbewältigung, und zwar vor allem dann, wenn deren Wunsch nach Abgrenzung nicht erlaubt war und deshalb nicht offen realisiert werden konnte: Es sind psychosomatische Reaktionen, oftmals Eßstörungen bei einer der beiden. Oder sie verschieben den Kampf auf später, wenn sie spüren, daß sie gegen das Familienkonzept (Symbiose) nicht ankommen. Sie wenden den Konflikt in die Devise um: «Wir sind uns unsere besten Freundinnen.» In der Adoleszenz haben sie dann erneut die Chance, indem eine der beiden wegzieht oder indem beide in verschiedenen Städten fern von den familialen Mustern den eigenen Weg suchen. Beispiele dazu schilderten die erwachsenen Zwillinge (s. S. 154ff).

Eltern sollten sehr genau ansehen, mit welchen subjektiven Mechanismen jeder Zwilling Konflikte bewältigt, ihn/sie dabei unterstützen, Konflikte zulassen und als Impuls für Veränderung sehen.

Wie bewertet die Familie insgesamt Konflikte? Welche Freiräume für Entwicklung werden zugelassen? Welches Autonomiekonzept lebt die Familie? Welche Signale geben die Eltern den Zwillingen über ihr Bild von Einheit im Paar?

Pärchenzwillinge

Die Pubertät verläuft bei Jungen und Mädchen grundsätzlich unterschiedlich. Die biologische Entwicklung ist zeitlich versetzt, die beiden orientieren sich bei ihrer Identitätssuche an unterschiedlichen Personen, meist an dem geschlechtsgleichen Elternteil, nachdem sie sich beide von der versorgenden Mutterinstanz gelöst haben. Auch die psychischen Prozesse mit ihren sensiblen Anteilen und Verarbeitungsmechanismen sind, wie schon beschrieben, verschieden.

Die Beziehung der Pärchenzwillinge ist geprägt durch Rollenmuster, die sie in ihrer Kindheit erworben haben: Meist durfte der Junge eher das typische «Lausbubenverhalten» zeigen, hat sich bevorzugt über Sport definiert, das Mädchen ist eher die Vernünftige, die sich letztlich ein Stück mitverantwortlich für den Bruder fühlt. Es sind Reste aus der Kindheit: Die Mädchen sind über lange Zeit ihrer Entwicklung den Jungen voraus; über die Identifikation mit der Mutter und deren Appell an die «ergänzende Fürsorgepflicht» für den Bruder wächst ein prägendes Dominanzverhältnis zu Lasten des Jungen. So ist es nicht verwunderlich, daß in der überwiegenden Zahl der Pärchen das Mädchen dominiert, es im Vergleich zu den anderen Mädchenzwillingen (gleichgeschlechtlich eineiig oder zweieiig) das meiste Selbstbewußtsein entwickelt hat. Der Junge ist im Verhältnis zu anderen Jungenzwillingen (gleichgeschlechtlich eineiig oder zweieiig) eher schüchtern.

Zwar ist die Pubertät bei beiden weniger auf Konkurrenz angelegt als bei gleichgeschlechtlichen Zwillingen. Bei enger Paarbeziehung mit tradierten Rollenmustern hat sich dennoch eine für beide einengende Fixierung entwickelt. Sie kann beide gefangen halten und macht es ihnen schwer, ein vom Zwillingspartner unabhängigeres Konzept individueller Weiblichkeit und Männlichkeit zu entwickeln. Wie stark und männlich sich ein Junge innerhalb der Zwillingsgemeinschaft entfalten kann, hängt nicht zuletzt von Koalitionsmöglichkeiten mit einem Bruder als Korrektiv ab und davon, inwieweit die Eltern den Jungen in seiner Identitätssuche vorbildhaft unterstützen können (vgl. Haberkorn 1990, S. 137ff).

Der heute 16jährige Jonas wußte zu Beginn der Pubertät, daß seine Schwester ihm im Längenwachstum zwar vorauseilen wird, daß er sie aber zu einem späteren Zeitpunkt ein- und vermutlich überholen wird. Oft mag er gedacht haben: Hoffentlich stimmt das mit dem zeitlich verzögerten Wachstum. Er kompensierte seinen unvermeidlichen «biologischen Verzug» durch sportliche Leistungen.

Jonas und Sarah haben die Pubertät des anderen aus unmittelbarer Nähe miterlebt. Für beide lief die Entwicklung des anderen wie in einem parallelen Film zur eigenen Geschichte ab.

Beide leben in einem kleinen Ort in einem großen Haus mit den Eltern, sie haben verschiedene Zimmer, besuchen die gleiche Klasse, leben aber am Nachmittag vielfach in anderen Bezügen, haben verschiedene Freundeskreise. In der Not sind sie aber sofort dem anderen zur Seite.

Partys und Feste besuchen sie oft gemeinsam. Dort bleiben sie allerdings auf Distanz. Dies schon deshalb, um sich nicht die Chancen zu nehmen. Denn leicht entsteht das Mißverständnis, er könnte ihr Freund sein. Dagegen wollen sie jetzt deutlich zeigen: Ich bin noch nicht besetzt. So fahren beide unter Umständen zur gleichen Veranstaltung bereits in verschiedenen Fahrzeugen, um jedes Mißverständnis auszuschließen.

Insgesamt kommen sich beide wenig ins Gehege. Und Sarah kann ihm potentielle Freundinnen bringen. Umgekehrt allerdings müßte er älter sein, um ihr die begehrten Freunde ins Haus zu bringen.

Die Beziehung beider ist grundsätzlich geprägt von liebevoller Akzeptanz, wenig Streit. Aber Jonas nervt Sarah oftmals, trotz seiner Freundlichkeit, wenn er bevorzugt in ihrem Zimmer ihre Gesellschaft sucht. Sarah möchte sich gerne zurückziehen. Aber sie begleitet ihn zu seinen Fußballspielen. Beide bleiben in Augenwinkeldistanz zum anderen.

Eine neue Erfahrungsvariante erleben Pärchenzwillinge, wenn der Konkurrent ins Haus kommt, wenn die Zwillingsschwester einen Partner findet und damit den männlichen Teil aus der Paarbeziehung als Liebesbeziehung anders belebt und umgekehrt der Zwillingsbruder seiner Zwillingsschwester eine andere Frau vorzieht. Allerdings muß mancher Partner eines Pärchenzwillings ein Leben lang akzeptieren, daß neben ihm manchmal sogar dazwischen und näher ein oft Ebenbürtiger steht.

Steffi und Susi: «Wir waren unsere besten Freundinnen.»

Steffi und Susi sind eineiige Zwillinge und zum Zeitpunkt des Gesprächs 24 Jahre. Ihre Berufe sind Bank- und Versicherungskauffrau.

Sie haben einen acht Jahre älteren und einen drei Jahre jüngeren Bruder. Steffi und Susi hatten in ihrer Kindheit und Jugend immer ein gemeinsames Zimmer. In Wohnungsnähe war das Spiel draußen relativ ungestört möglich. Steffi ist verheiratet.

Der Vorsprung durch die Geburt

Steffi, die heute noch eher wie Susis ältere Schwester auftritt oder wirkt, hatte schon bei der Geburt 1000 Gramm mehr Gewicht. Sie war auch 5 Zentimeter größer. Steffi ist früher gelaufen als ihre Schwester und war – nach Einschätzung beider – immer etwas weiter. Sie war die Mutigere und fühlte sich für beide verantwortlich. Wenn sie sich zum Beispiel ein Eis kaufen wollten, dann besorgte Steffi es für die Schwester mit. Dieser Vorsprung war aber für Susi Ansporn, es ihrer Schwester gleichzutun. «Wenn Steffi ins Geschäft ging, um für uns beide Bonbons zu kaufen, habe ich gedacht, Mensch, warum kann ich das nicht? Ich habe mich durch Steffi angespornt gefühlt, mich aufzuraffen.»

Aber obwohl Steffi als die Stärkere, Mutigere galt, kam sie abends ins Bett der Schwester. Nie war es umgekehrt.

Die Zwillinge sind sechs Wochen zu früh geboren. Susi, die Schwächlichere, wurde von der Mutter stärker umsorgt und war auch stärker auf sie bezogen. Sie ging zu keinem anderen auf den Arm. Auch auf Fotos ist sie immer bei der Mutter zu sehen. Steffi saß dann eher auf dem Schoß des Vaters oder bei den Großeltern.

Steffi: «Ich bin automatisch abgeschoben worden. Ich habe halt Ruhe gehalten.»

Susi: «Aber das hast du nie als Nachteil empfunden, da warst du noch zu klein, oder?» Steffi: «Nein, überhaupt nicht. Aber ich habe es auch auf den Bildern gesehen. Wenn du bei der Mutti auf dem Schoß saßest, dann saß ich beim Papi.»

Alles gleich – ganz natürlich

Susi und Steffi erinnern sich daran, daß sie völlig unabhängig voneinander die gleiche Bluse oder die gleichen Schuhe kauften.

Sie gingen beide in den Handballclub, in den Turnverein. «Wir wurden nie zu etwas gezwungen. Es war für uns ganz natürlich, daß wir gleich angezogen waren und in die gleiche Klasse gingen.»

Auch der Beginn der ersten Menstruation verschob sich lediglich um vierzehn Tage. Diesmal war Susi schneller. Den ersten Freund fanden sie im Abstand von zwei Tagen.

Gleich sein bedeutet auch gleiche Leistung in der Schule

«Konkurrenz gab es, aber in gesundem Maße. Im letzten Schuljahr hatten wir total die gleichen Zeugnisse, ich glaube bis auf eine Note waren sie alle gleich.»

«Eigentlich wollte keiner besser sein als der andere. Wir wollten immer alles zusammen machen und wollten auch immer gleich sein. Auch in der Schule wollte keiner von uns, daß er jetzt besser ist als der andere.»

Susi und Steffi lernten immer zusammen. Gerade bei den Lernfächern, etwa bei einer Vokabelarbeit im Englischen, konnte es auch vorkommen, daß sie den gleichen Fehler machten. Sie wurden bei Arbeiten teilweise auseinandergesetzt, damit der Lehrer gegenseitiges Abschreiben als Ursache für die fast gleiche Arbeit ausschalten konnte. Für die Zwillinge war es schön, immer gemeinsam Hausaufgaben zu machen, für die Arbeiten zusammen zu lernen – gemeinsam hat es mehr Spaß gemacht.

Steffi: «Wenn ich eine schlechte Note gehabt habe, war ich ganz traurig. Vielleicht auch, weil ich wußte, daß Susi eine bessere hatte. Aber die Eltern haben uns dabei nicht gegenseitig als Vorbild hingestellt. Wenn wir nicht so gleich gewesen wären, hätten uns die Eltern vielleicht eher verglichen. Wir wurden auch für Noten nie belohnt oder bestraft.»

Gleich sein bedeutet auch attraktiv sein

Bis zum Alter von dreizehn Jahren waren Steffi und Susi stets gleich gekleidet. Später haben sie sich manchmal zum Spaß gleich angezogen, wenn sie gemeinsam weggingen.

Sie berichteten von einer Situation aus ihrer Kindheit: Sonntags waren beide stets besonders schön gekleidet. Einmal fiel ein Zwilling hin, verschmutzte die weiße Strumpfhose. Die Mutter wollte sie gegen eine blaue austauschen. Die Kinder haben sich so lange gegen diese Maßnahme gewehrt, bis beide eine blaue Strumpfhose anziehen durften und nun wieder gleich aussahen.

Sie erinnern sich beide, daß sie schon sehr früh ihre Kleidung selbst wählen durften, die Mutter ihnen nie ihre Vorstellung aufzwingen wollte. Aber Steffi und Susi legten selbst großen Wert auf gleiche Kleidung.

«Ich finde, wir waren gleich.»

«Zwilling sein und einen Zwilling haben ist sehr schön und war früher etwas ganz Tolles.»

«Früher war es noch eher etwas ganz Besonderes, weil wir auch mehr zusammen waren.»

«Heute müssen wir unser Zwillingsdasein nicht mehr so demonstrieren. Aber als Kinder – ich fand das toll. Echt.»

Steffi und Susi wurden oft verwechselt, vor allem, wenn sie nicht zusammen unterwegs waren. Außenstehende wußten oft nicht, wen von beiden sie nun vor sich hatten. Einem Zwilling wurde dann manchmal vorgeworfen, nicht gegrüßt zu haben, weil derjenige glaubte, die Zwillingsschwester vor sich zu haben.

Steffi: «Ich höre automatisch auch auf Susanne. Wenn jemand ‹Susi› sagt, denke ich, sie kann gemeint sein oder auch nicht.»

Welch besondere Attraktion und Verkörperung des Zwillingsmythos sie darstellen, wurde ihnen noch einmal besonders deutlich, als sie bei der Suche nach einer Lehrstelle von einer Behörde gemeinsam – als

Zwillingsattraktion – eingestellt werden sollten. Als eine von beiden mitteilte, schon eine andere Stelle zu haben, wurde der anderen abgesagt. Die zuständigen Herren dieses Hauses gaben zu verstehen, daß sie nur an dem Zwillingspaar interessiert gewesen seien.

«Wir waren die besten Freundinnen»

In der Kindheit, vermuten Steffi und Susi, haben sie sich auch manchmal um Spielzeug gestritten. Als sie größer waren, gab es keinen Streit. Konflikte entstanden immer dann, wenn sie in ihrer Zweisamkeit gestört wurden, wenn ein Dritter hinzu kam. «Weil jeder von uns den anderen für sich beanspruchen wollte, wir ganz aufeinander bezogen waren.» Eine gemeinsame Freundin gab es nicht. Es wäre zum Streit gekommen. Jede von ihnen hatte in der Schulzeit eine Freundin, aber es war nie eine sehr enge und intensive Freundschaft. «Wir waren unsere besten Freundinnen. Das hat uns zufrieden gemacht.»

Ein Dritter hatte es auch nach ihrer Einschätzung schwer, in diese Zweiergemeinschaft einzudringen. «Der eine von uns ist da ein bißchen stark, und der andere ist da ein bißchen schwach. Aber zusammen waren wir ja stark.»

Steffi und Susi spielten viel draußen, später waren sie in einer Clique. Sie hatten also Beziehungen zu vielen anderen, aber keine enge Freundin. Sie lebten ihr inniges Verhältnis miteinander. Dies kommt auch zum Ausdruck, wenn Susi sagt: «Ich sage heute noch oft ‹wir› und meine ‹ich›.»

Freunde – eigene Wege beginnen

Wie schon erwähnt, hatten Steffi und Susi ihren ersten Freund im Abstand von zwei Tagen kennengelernt. Dies war wenige Wochen nach ihrer Konfirmation. Sie waren dann oft zu viert zusammen .

Für die beiden ist es natürlich und selbstverständlich, daß der andere Zwilling sich mit dem eigenen Partner auch gut versteht. Es ist ihnen wichtig, daß durch den eigenen Partner die Zwillingsgemeinschaft nicht zerstört wird. Bislang – also bis zum Alter von 24 Jahren – erlebten sie hier keine Probleme.

Mit den Freunden kam der Zeitpunkt, von dem ab Steffi und Susi stärker eigene Wege gingen. Auch in der Kleidung begannen sie mehr und mehr, eigenen Stil zu entwickeln.

Ablösung der ‹jüngeren› Schwester

Früher war Susi relativ unselbständig. Sie hatte lange Angst, allein mit dem Zug zu fahren. Susi: «Ja, und dann auf einmal habe ich gedacht: Ich ziehe zu Hause aus, ich ziehe nach Trier! Mit neunzehn Jahren. Da kannte ich keine Menschenseele. Ich habe gar nicht so viel überlegt, sondern einfach gehandelt. Es war schnell alles beschlossen, und ich konnte es dann auch nicht mehr rückgängig machen. Die erste Zeit ist mir das Alleinsein schwergefallen. In den ersten beiden Tagen habe ich auch geheult. Aber dann war ich völlig selbständig.»

Nach Abschluß der Lehre also lebte Susi für drei Jahre in Trier, dann wohnte sie wieder zu Hause. Vor zwei Jahren heiratete Steffi. Jetzt zieht Susi auch zu Hause aus. Heute feiern Steffi und Susi ihren Geburtstag gemeinsam und treiben zusammen Sport. Sie haben ihre verschiedenen, wenn auch ähnlichen Berufe, die den Alltag bestimmen, und sie leben in unterschiedlichen Beziehungen.

Ist der Zwillingsmythos wie ein Sternzeichen?

Steffi brachte diesen Vergleich in unser Gespräch.

«Wenn man denkt, es muß aufgrund des gleichen Sternzeichens eine Ähnlichkeit da sein, dann achtet man auch besonders darauf. Man tut dies aber nicht, wenn diese Gleichheit nicht bekannt ist.»

Sie berichtet von einer Kollegin, deren Mann das gleiche Sternzeichen hat wie sie selbst. «Wenn sie dann von ihrem Mann erzählt, denke ich manches mal, der ist ja so ähnlich wie ich. Wenn ich das aber jetzt nicht wüßte, dann würde ich vermutlich gar nicht nach Ähnlichkeiten suchen. Die meisten Ähnlichkeiten bei Zwillingen gibt es doch durch die Erziehung, durch das ständige Zusammensein, und weil man das gleiche macht.»

Es war (nicht immer) schön

Steffi erzählt, daß sie es nicht immer schön fand, alles gleich und gemeinsam zu haben. Wenigstens den Geburtstag hätte sie manches Mal gerne ganz für sich allein gehabt, einen Tag, an dem nur sie im Mittelpunkt gewesen wäre.

Vom Frühstück bis zum Abend waren sie zusammen. Die Kinderärztin riet den Eltern damals, Steffi und Susi in unterschiedliche Klassen zu geben. Aber weder die Zwillinge noch die Eltern wollten sich dieser Empfehlung anschließen. Sie sehen heute auch gleich den Vorteil ihrer gemeinsamen Schullaufbahn; sie konnten gemeinsam lernen und im Krankheitsfall dem anderen helfen.

Steffi würde, wenn sie wählen könnte, lieber zwei Kinder verschiedenen Alters haben wollen. «Einer kann von dem anderen lernen. Da kann man sich viel intensiver mit jedem Kind befassen, jedes Kind ist ja auch anders.»

Danach gefragt, was ihnen bei der Erziehung eigener Zwillinge wichtig wäre, meinten beide, genauso handeln zu wollen, wie es ihre Eltern taten. Sie würden die Zwillinge auch in eine Klasse geben und hoffen, daß es beide auch schaffen. «Ich würde davon ausgehen, daß sie es schaffen, daß sie so sind wie wir.»

Einige Überlegungen zur Geschichte von Steffi und Susi

«Selbst eineiige Zwillinge, deren Startchancen anfangs völlig gleich sind, weisen bei der Geburt manchmal Gewichtsunterschiede bis zu 1000 Gramm auf. Obwohl sich Entwicklungrückstände nach der Geburt weitgehend aufholen lassen, bedeutet ein Gewichtsunterschied von mehr als 300 Gramm bei eineiigen Zwillingen meist eine Vorentscheidung darüber, welcher der beiden Zwillinge im späteren Leben der körperlich stärkere und in der Beziehung zu Dritten dominierend sein wird» (Karcher 1977, S. 110).

Diese Prognose erfüllt sich vermutlich vor allem dann, wenn die beiden Kinder stark aufeinander bezogen leben und in ihrer Kindheit wenig Individualisierungsbestrebungen entwickeln. Die Stärke des einen Zwillings prägt dann früh die Paarbeziehung und schreibt sie fest.

Steffi hat mit einem Kilo wohl den größtmöglichen Gewichtsvorsprung bei der Geburt mitgebracht. Sie wirkt heute noch wie Susis ältere Schwester. Aber Susi hat sich letztlich doch auch in dieser Zwillingsgemeinschaft emanzipieren können. Sie ging dazu für drei Jahre nach Trier, war allein auf sich gestellt und kehrte mit mehr Selbständigkeit und Selbstbewußtsein in die Zwillingsgemeinschaft zurück. Ich habe in dem Gespräch nur einige Aspekte ansprechen und wenig vertiefen können. Aber Susi und Steffi haben mir vermitteln wollen, daß sie eine sehr schöne gemeinsame Kindheit verlebten und trotz ihres Gleichseins und ihrer innigen Beziehung zueinander heute in einer Ehebzw. Partnerbeziehung leben, die Platz läßt, ihre Zwillingsbeziehung weiterzuleben.

Obwohl Steffi den Zwillingsmythos einmal sogar mit dem Glauben an Sternzeichen in Verbindung bringt und sie die Gleichheit von Zwillingen auch als ein Produkt der Erziehung und des ständigen Beieinanderseins versteht, steht doch während des gesamten Gesprächsverlaufs die Gleichheit der beiden im Mittelpunkt.

Eineiige Zwillinge sind sich ähnlich, sehen gleich aus, bringen zwar unterschiedliche Voraussetzungen etwa durch das verschiedene Geburtsgewicht als Folge eines Machtkampfes um Nahrung im Uterus mit, verfügen aber über gleiche Erbvoraussetzungen. Die Umwelt und die Zwillinge selbst haben nun ihren Anteil daran, Gleichheiten zu prägen, Unterschiedlichkeiten zuzulassen und sogar zu unterstützen.

Steffi und Susi haben früher offensichtlich ihre Besonderheit als Zwillinge sehr genossen und viele Vorteile daraus gewonnen. Sie haben dies auch früh verinnerlicht, etwa wenn sie selbst es nicht zulassen konnten, an einem Tag verschiedenfarbige Strumpfhosen zu tragen.

Sie wollten gleich sein und fühlten sich gleich.

Im Bereich der Schulleistungen ließen sie keine ernst zu nehmende Konkurrenz zu. Dies war Ansporn einerseits, weil die eine so gut sein wollte wie die andere, es hat möglicherweise aber auch das Exponieren unterschiedlicher Stärken verhindert. Gleichheit schaltet Vergleichsmöglichkeiten aus, verhindert aber auch Profilierung im positiven Sinn.

Wenn man für eine Arbeit gemeinsam lernt, kommt es auch unter Freunden vor, daß beide die gleichen Fehler machen. Auch die Lehrer haben vermutlich ihren Teil dazu beigetragen, die gleichen Leistungen von Susi und Steffi festzuschreiben. Wenn sie von den eineiigen Zwillingen gleiche Leistungen erwarteten, beeinflußten sie mit ihrer Erwartungshaltung ganz entscheidend das Lern- und Leistungsverhalten der beiden. Steffi und Susi haben eigene intensive Freundschaften in der Kindheit und Jugend offenbar nicht vermißt. Sie waren ihre besten Freunde. Die Kontakte in Cliquen haben viele Beziehungen möglich gemacht, so daß sie in ihrem Zwillingsdasein nicht von den anderen isoliert waren.

Steffi und Susi sagen, sie haben es nicht mehr nötig, ihr Zwillingsdasein nach außen darzustellen. Haben sich die beiden voneinander gelöst? Wieweit hat jede für sich die Loslösung aus einer so engen Bindung bewältigt?

Gabi und Regina: die ungleichen Zwillinge

Regina und Gabi sind 22 Jahre alt und ein zweieiiges Zwillingspaar. Regina ist Erzieherin und wird demnächst mit ihrem Freund in Freiburg wohnen. Gabi studiert Jura und wohnt noch zu Hause. Sie haben zwei Schwestern, die vier und acht Jahre älter sind.

Rein äußerlich wirken die beiden auf mich sehr gegensätzlich: Regina vorsichtig, eher weich, warmherzig, einfühlsam; Gabi eher rational, kühler dominierend, aber auch rücksichtsvoll.

Die Familie bewohnt ein Haus in ruhiger Wohnlage, das Spiel vor dem Haus und auf den Straßen war früher quasi das zweite Kinderzimmer mit vielen Kontaktmöglichkeiten.

Als Zwilling auf sich gestellt zu sein ist schwer

Regina glaubt, erst relativ spät selbständig geworden zu sein, weil sie während der Schulzeit alles Neue zur gleichen Zeit mit Gabi erlebt und geteilt hat. Sie hatte große Angst, allein in die Stadt zu fahren. Es war einfach ungewohnt. Daß sie als Zwilling ungeübt war, allein eine neue Situation zu bewältigen, verbaute ihr den Weg zum Abitur. Während Gabi, als «geeignet» benotet, nach der Realschule keine Aufnahmeprüfung zum Gymnasium machen mußte, galt Regina wegen einer Vier in Mathematik als «bedingt geeignet». Sie meint heute, daß sie sicher das Abitur versucht hätte, wenn sie ohne Aufnahmeprüfung zum Gymnasium hätte wechseln können oder wenn Gabi mit ihr gemeinsam diese Prüfung gemacht hätte. Allein hatte sie nicht den Mut dazu.

Gemeinsamkeiten

Gabi und Regina waren bis zum sechsten Lebensjahr gleich gekleidet. Dies auch deshalb, weil die Mutter befürchtete, ein Kind zu benachteiligen, wenn ihr ein Kleidungsstück besonders gefiel. Wem hätte sie es geben sollen? So kaufte sie es eben für beide. In der Regel erhielten sie auch in diesem Alter noch die gleichen Geschenke. Später entsprachen diese den unterschiedlichen Interessen und Neigungen der beiden, aber die Eltern achteten auf den gleichen Wert der Geschenke.

Regina und Gabi besuchten dieselbe Kindergartengruppe und dieselbe Klasse bis zum Abschluß der Realschulreife. Regina glaubt, daß es Gabi manchmal sehr peinlich war, mit ihr in einer Klasse gewesen zu sein, und zwar weil Regina ab und zu den Unterricht schwänzte. Gabi: «Da saß ich in der Klasse und wurde nach meiner Schwester gefragt. Ich habe dann gesagt, daß es ihr nicht gut geht und sie zu Hause im Bett liegt. Das war schon ziemlich unangenehm.»

Die Zwillinge hatten alle Krankheiten gleichzeitig, und ihre erste Menstruation begann fast auf den gleichen Tag. Alle unangenehmen Dinge wie Zahnarztbesuche oder Behördengänge bewältigten sie gemeinsam. Auch bei der Tanzschule half eine der anderen zum notwendigen Mut.

Unterschiede

Regina: «Ich weiß, daß ich mich nicht danach gesehnt habe, ihr ähnlicher zu sehen oder sogar zum Verwechseln ähnlich zu sein.»

Bis zur sechsten Klasse haben beide gemeinsam ihre Hausaufgaben erledigt. Später hat jede das gemacht, was und wie sie es für richtig hielt. Regina: «Vielleicht liegt das auch daran, daß wir zweieiige Zwillinge sind.»

Bis zur Förderstufe hatten sie durchweg dieselben Noten.

Ab der siebten Klasse entwickelten sie sich auseinander. Gabi fand ihren Ausgleich in ihrem Hobby, den Pferden. Das wirkte sich aus Reginas Sicht auch positiv auf die Schule aus. Regina war in dieser Zeit mehr mit älteren Jugendlichen zusammen, ging abends öfter weg, die Schule wurde ihr unwichtig.

Ihr Freizeitverhalten entwickelte sich demnach in diesem Alter auseinander. Regina war mit Freund und Clique unterwegs, und Gabi saß auf dem Rücken der Pferde. Gabi wollte spielen, lesen, im Konflikt konnte sie auch draufschlagen und Regina boxen. Regina hörte lieber Kassetten, konnte eher mal dasitzen und nichts tun oder schlafen. Als jüngere Kinder spielten sie zwar noch häufig gemeinsam, bei schönem Wetter aber waren draußen so viele Nachbarskinder, daß sie nicht darauf angewiesen waren, nur miteinander zu spielen.

Gabi: «Ja, wenn unsere Eltern sich mehr um uns hätten kümmern müssen, wären wir vielleicht viel mehr Zwillinge geworden. Wir hatten ein offenes Elternhaus. Es waren immer viele Leute da. Uns haben viele Leute geprägt.»

Regina: «Also, was mir jetzt bei dem Gespräch klar wird, wir haben uns schon jeder in eine andere Richtung entwickelt. Es gibt bei uns eine Rivalität, die nicht wäre, wenn wir nur Geschwister wären.»

Gabi glaubt, daß sie sich sicher besser vertragen hätten, wenn sie ähnlicher gewesen wären. Dennoch glauben beide, toleranter als andere Geschwister miteinander umzugehen, weil sie eben doch Zwillinge sind. Als normale Geschwister hätten sie sicher eine noch härtere Haltung dem anderen gegenüber.

Getrennte Freunde – ein Problem für deren Eltern?

Als Kinder tauschten sie oft die Freundinnen aus, erst war es etwa Reginas Freundin, dann Gabis oder umgekehrt. Sie hatten also schon früh jede eine Freundin, die aber im Prinzip noch austauschbar war. Häufig spielten sie zu viert zusammen.

Gabi und Regina erinnern sich, in der ersten und zweiten Klasse zu Kindergeburtstagen immer gemeinsam eingeladen worden zu sein. Wenn also Gabis Freundin Geburtstag hatte, wurde Regina auch eingeladen und umgekehrt. Die Eltern des Geburtstagskindes glaubten, dies aus Gerechtigkeit tun zu müssen, oft gegen den Willen des eingeladenen Kindes. Das führte auf dem Fest selbst für den weniger geliebten Zwilling manches Mal zu Konflikten. Er spürte weniger Zuwendung vom Geburtstagskind, fühlte sich in der Situation als Anhängsel.

Ihre eigenen Geburtstage feiern Gabi und Regina heute getrennt, da die Freundeskreise zu unterschiedlich sind. Die Zwillingsschwester ist aber eingeladen.

Sind wir eigentlich Zwillinge?

Sie stellen immer wieder fest, etwas ganz Besonderes zu sein, weil sie so verschieden sind. Regina: «Weil wir eigentlich Zwillinge waren, uns aber zum einen gar nicht ähnlich gesehen haben und dann auch so unterschiedliche Freizeitgestaltungen entwickelt haben. Ich kann mir vorstellen, wenn wir die gleichen Kleider anhätten und noch die gleiche Haarfrisur hätten, dann würden vielleicht die anderen noch denken, das sind Zwillinge.»

Gabi: «Das Zwillingsdasein, in dem beide absolut gleich auftreten, ist ja auch irgendwo attraktiv. Diese Gags, diese Streiche, die man da machen kann. Ich kann mir vorstellen, daß sich das manche Leute wünschen.»

Sie kannten aus der Schule eineiige Mädchen, und Gabi empfand dies auch wieder als abschreckendes Beispiel, weil «keine von beiden die Möglichkeit hatte, sich anders zu entwickeln, obwohl wir gemerkt haben, daß sie verschieden sind. Aber sie waren aufeinander angewiesen. Sie hatten sonst niemanden.»

Als Zwilling benachteiligt?

In der Familie hatte sich für Gabi und Regina das Zwillingsdasein zweimal zum Nachteil ausgewirkt: Ihnen wurden erst spät Fahrräder gekauft, weil zwei Räder eben teuer waren, es aber zwei sein mußten. Und im Austausch mit einer amerikanischen Schülerin, die bei ihnen für sechs Wochen gewohnt hatte, durfte keine von ihnen nach Amerika fliegen. Für zwei reichte das Geld nicht.

Ein «Vater-Zwilling» und ein «Mutter-Zwilling»?

Gabi und Regina haben sich die Sympathien zu den beiden älteren Schwestern aufgeteilt. Gabi versteht sich besonders gut mit der ältesten Schwester, die äußerlich ihrer Zwillingsschwester sehr ähnlich ist, während Regina eine engere Beziehung zu der um vier Jahre älteren Schwester hat, die aussieht wie Gabi.

Auch die Eltern haben nach Einschätzung der Zwillinge ihr bevorzugtes Kind aus der Zwillingsgemeinschaft. Nach Einschätzung beider hat der Vater eine Vorliebe für Gabi. Gabi sollte der Junge werden. Regina: «Gabi ist auch ein bißchen mehr ein Junge geworden. Der Vater kam mit ihrer Art oft besser zurecht. Gabi kann sich auch jetzt noch wesentlich mehr erlauben als ich.»

Regina glaubt, mehr Kontakt zur Mutter zu haben.

Gabi: «Ein Kind merkt halt, wie es am besten die Liebe der Eltern erreicht. Wenn der Vater sich halt einen Jungen wünscht, dann versucht man, ihm auch gerecht zu werden.» Diese Rolle schien eher dem Wesen Gabis zu entsprechen bzw. sie wurde dadurch geprägt.

Regina suchte eher die Nähe der Mutter, war eher zu Hause. Diese schätzt offenbar bei Regina Eigenschaften, die sie bei Gabi nicht so sieht. Das engere Vertrauen zwischen dem Vater und Gabi wirkt sich heute noch so aus, daß sie ohne Bedenken das Familienauto fahren darf – Regina dagegen nicht, obwohl diese bereits seit mehr als sechs Monaten ein eigenes Auto fährt. Gabi: «Das ist halt auch Reginas Art, die einen zur Weißglut bringen kann. Wenn ich mit dem Auto abends wegfahren würde, ich würde das Licht nie anlassen. Der Regina kann man das zehnmal sagen, und sie läßt es immer noch an.»

Dennoch ist es Gabi manchmal unangenehm, und sie spricht für Regina beim Vater, daß sie das Auto nehmen kann.

Reginas heimliche Rache an Gabi

Es gibt Situationen, in denen Regina viel Wut gegen ihre Zwillingsschwester entwickelt.

Warum passiert es Regina, daß sie von Gabi ausgeliehene Dinge verlegt oder sie ihr kaputtgehen?

Gabi leiht immer wieder aus, aber bittet, damit sorgfältig umzugehen und es später wieder zurückzulegen. Geschieht dies nicht, erfährt nach Reginas Wahrnehmung die ganze Familie Gabis Protest: «Ich bin dann wieder meiner Rolle als Schlampe gerecht geworden, und Gabi hat ihre Bestätigung.» Gabi nimmt der Mutter übel, daß sie ihr in solchen Fällen keine Unterstützung zukommen läßt.

Was den Umgang mit ihren Freundinnen und ihre berufliche Arbeit angeht, beschreibt sich Regina als sehr korrekt. «‹Die Schlampe› ist nur hier meine Rolle, die ich auch so lange habe, wie ich hier wohne.» Sie will nach Freiburg ziehen und sich damit auch aus ihrer Rolle als «Schlampe» innerhalb der Zwillingsgemeinschaft befreien. Gabi meint zur bevorstehenden Trennung von Regina: «Bei meiner anderen Schwester hat es mir nicht so viel ausgemacht. Was heißt ausgemacht? Jetzt mache ich mir schon mehr Gedanken. Na ja, es ist schon ein komisches Gefühl.»

Einige Überlegungen zur Geschichte von Gabi und Regina

Sind sie nun Zwillinge oder sind sie keine? Sie sind von derselben Mutter am selben Tag geboren, also sind es Zwillinge. In gewisser Weise fühlen sie sich auch als solche. Aber immer wieder relativieren sie ihren Status, weil sie eben nicht das sind, womit sich Wissenschaftler in der Literatur und Journalisten in der Presse befassen: die eineiigen, gleichen, verwechselbaren Zwillinge, die – wie Gabi und Regina in der Schule beobachtet haben – eigentlich gar nicht so gleich sind, aber irgendwie in dem Bild von der Gleichheit gefangen schienen. Es waren Neid auf der einen und ein starkes Abgrenzungsbedürfnis auf der anderen Seite, was sie mit diesem Zwillingstypus verband.

Immerhin lebten sie über viele Jahre trotz unterschiedlichen Aussehens sehr gleich: Kleidung, Kindergartengruppe, Schulklasse, Noten, Krankheiten, Menstruationsbeginn. Erst ab der Pubertät wählten sie unterschiedliche Wege. Auch wenn bislang vor allem äußere Bedingungen gleich gestaltet waren, Regina und Gabi wollten nie gleich sein. Anders als Steffi und Susi aus der vorherigen Geschichte, die diese Gleichheit leben wollten.

Im Bewußtsein von Regina und Gabi waren immer deutlich: Wir

sind zweieiig, also sind wir verschieden. Ihre Gleichgeschlechtlichkeit hat es ihnen allerdings nicht leichtgemacht, dies auch nach außen darzustellen. Es ist vermutlich sehr verführerisch, die beiden gleich haben zu wollen.

Die zweieiige gleichgeschlechtliche Zwillingspaarung ist sehr kompliziert, konflikthaft und rivalisierend. Die Beispiele heimlicher Rache von Regina und Gabi deuten dies an. Regina und Gabi haben sich sehr auseinanderentwickelt – zum Teil in gegensätzliche Richtungen, und sie haben diese Unterschiedlichkeiten in ihrem Bild des Mädchen- und Zwilling-Seins untergebracht. Regina: «Wir mußten schon sehen, wie wir es anstellen, damit das auch deutlich rauskommt, daß wir unterschiedlich sind.» Entscheidend mitgeprägt wurden die beiden in ihrer Individualität durch ihr subjektives Empfinden, ein «Vater-Zwilling» oder «Mutter-Zwilling» zu sein. Damit verbunden formulierten sie Erwartungshaltungen des jeweils näherstehenden Elternteils, die sie zu erfüllen versuchten.

Und hier noch ein Nachtrag aus einem Gespräch mit der Mutter von Gabi und Regina. Die Mutter meint, wegen der besonderen Belastung durch die Zwillinge in den ersten Jahren die vier Jahre ältere Tochter vernachlässigt zu haben: «Ich weiß heute gar nicht mehr, wo sie eigentlich war.»

Sie achtete darauf, daß es den Zwillingen gutging, die beiden anderen kamen zu kurz. Die jetzt Mittlere, die plötzlich durch zwei Kinder aus ihrer Rolle der Jüngsten verdrängt wurde, konnte auch nicht in den Kindergarten. «Wie hätte ich sie denn hinbringen können, ich hätte ja die Zwillinge allein lassen müssen.»

Und später sagte diese Mutter: «Wenn ich damals gewußt hätte, was ich heute weiß, ich hätte mich mehr um die damals vierjährige Tochter gekümmert.» Sie wurde zum Sorgenkind der Familie.

Ich habe diese Erfahrung hier festgehalten, weil ich aus unserer Familie weiß, wie schwer es ein älteres Geschwister von Zwillingen hat, mit seiner Situation klarzukommen. Die Sorge und Aufmerksamkeit der Mutter bzw. der Eltern dreht sich um die Zwillinge.

Helmut und Gertrud.
Oder: Sind besondere Rücksichten nötig?

Die beiden sind 37 Jahre alt. Helmut lebt allein in Frankfurt, er ist Betriebswirt. Gertrud ist von Beruf technische Assistentin für naturwissenschaftliche Museen und Forschungsinstitute und für Elektronenmikroskopie. Sie ist in Basel verheiratet, hat zwei Töchter und ist zur Zeit Hausfrau.

Helmut und Gertrud verbrachten ihre Kindheit bis zum neunten Lebensjahr in einem Dorf in Bayern, in das es die Eltern mit ihrem Flüchtlingsschicksal zunächst mit dem fünf Jahre älteren Bruder und der acht Jahre älteren Schwester verschlagen hatte, bevor 1948 die Zwillinge geboren wurden.

Helmut und Gertrud haben ihre Erinnerungen unabhängig voneinander beschrieben. So war gegenseitiges Erinnern nicht möglich.

Getrennte Spielerfahrungen

Im Haus haben Helmut und Gertrud als kleine Kinder miteinander oder – bei unterschiedlichen Vorlieben, etwa mit dem Baukasten und der Puppe – nebeneinander gespielt. Später waren sie auch beim Kartenspiel zusammen.

Helmut beschreibt die unterschiedlichen Spielinteressen, denen sie als Kind außerhalb des Hauses nachgehen konnten. Gertrud schloß sich eher dem Spiel größerer Mädchen an. Sie spielten mit dem Ball oder dem Seil. Dies interessierte Helmut weniger, und er war hier auch ungeschickt. Er spielte mit den anderen Jungen im Dorf, stromerte durch die Gärten oder spielte auf dem Feld. Für ihn gab es ständig Neues zu entdecken. Seine Schwester beteiligte sich an diesen Streifzügen nicht.

Gleiches gab es nicht – sie mußten teilen

In der Notsituation, in die Helmut und Gertrud hineingeboren wurden, gab es keine Möglichkeit, gleiche Spielsachen oder Kleidungsstücke anzuschaffen. Da waren die Eltern froh, das Notwendigste zu haben. In

Gertruds Erinnerung mußten sie als Kinder vieles teilen. Ihr gehörte nie ein Eis allein, eine Tafel Schokolade oder etwas zum Spielen. «Alles war nur für *uns*, nie für *mich*.»

Beziehung zu den Eltern

Gertrud glaubt, daß die Eltern Unterschiede gemacht haben in der Erziehung von ihr und ihrem Zwillingsbruder und daß sie ihre Zuneigungen unterschiedlich verteilten: «Das macht sich für mich an Einzelerlebnissen bemerkbar. Helmut hat zum Beispiel Schläge bekommen. Ich wurde dagegen nie körperlich bestraft. Als Kind meint man: Mich hat die Mutter oder der Vater lieber. Ob man das überhaupt wirklich so sagen kann, das kann ich nicht beurteilen.»

Selbsteinschätzung am Zwilling orientiert

Früher machte es Gertrud stolz, später wurde es ihr zum Verhängnis – sie war das Vorbild für ihren Zwillingsbruder. Sie war fromm, sauber, hilfsbereit und in der Grundschulzeit die bessere Schülerin. Ihre Selbsteinschätzung war von Kindheit an hauptsächlich relativ zu Helmut aufgebaut. Sie glaubt, sich dadurch ständig überschätzt, sich selbst ganz toll gefunden zu haben.

«Ich konnte alles, ich war in der Schule besser, und ich habe erst sehr viel später als Erwachsene mühsam lernen müssen, daß auch ich nicht so vollkommen bin; daß es ganz andere Orientierungen gibt als nur den Zwilling.»

Durch den Zwilling in der eigenen Entwicklung beeinträchtigt?

In der Kindheit waren die Zwillinge für fast ein Jahr getrennt, weil Helmut wegen eines Lungengewächses in Berchtesgaden behandelt werden mußte. Gertrud weiß heute nicht mehr, ob sie unter dieser Trennung damals litt.

Etwas anderes war in Gertruds Erleben viel schlimmer: «Ich durfte wegen Helmuts Krankheit nicht in die erste Klasse, obwohl ich mir nichts sehnlicher wünschte, als in die Schule zu gehen. Irgendwie war

Helmut einfach als Zwilling doch ein Klotz am Bein für mich. Ich konnte damals natürlich überhaupt nicht verstehen, welche Rücksichten nötig sind und welche nicht. Für mich war es einfach: Ich darf nicht, weil Helmut krank ist.»

Gertrud glaubt, daß ihr das Gymnasium versperrt blieb, weil Helmut es nicht geschafft hätte. Wie kann ein Mädchen das Gymnasium besuchen, wenn der Zwillingsbruder die Realschule besuchen soll?

«Daran habe ich noch lange gekaut. Ich weiß nicht, ob Helmut diese auf die Ausbildung bezogene Gleichschaltung überhaupt wahrgenommen hat.» Während die beiden in der Grundschule in der gleichen Klasse waren – in der Dorfschule gab es keine Alternativen dazu –, waren sie in der Realschule getrennt. Damals wurden in den weiterführenden Schulen die Jungen von den Mädchen getrennt unterrichtet. Zu dieser Zeit verbesserte sich Helmut zusehends in seinen schulischen Leistungen, er hatte durch anfängliche lange Schulversäumnisse in der Grundschule zunächst Lücken schließen müssen. Getrennte Klassen ließen auch die ständigen Vergleiche nicht mehr zu. Verschiedene Lehrer, die unterschiedlich beurteilten, forderten auch von den Eltern, die Zwillinge in ihrem schulischen Werdegang unabhängig voneinander zu sehen.

Mit den unterschiedlichen Klassen entwickelten sich auch eigene Freundschaften. Aus Gertruds Sicht hat das Interesse aneinander in diesem Alter sehr nachgelassen. In den folgenden Jahren gab es Phasen, in denen sie ein engeres Verhältnis zur älteren Schwester oder zum älteren Bruder hatte als zu ihrem Zwillingsbruder. Ab der Pubertät wohnten sie auch nicht mehr in einem Zimmer.

Wenn auch die Eltern mit ihrem Sprachgebrauch oft Zwillings-Gemeinsamkeit zu signalisieren suchten, versteckte sich darin doch Unterschiedliches. Helmut berichtet davon, daß es natürlich hieß: «Die Zwillinge verreisen mit der Gemeinde.» In der Tat verreisten sie zum gleichen Zeitpunkt, aber in verschiedene Freizeiten, weil diese für Jungen und Mädchen getrennt organisiert wurden.

Nach der Realschulreife erlernten sie beide einen Beruf, von dem aus sie sich mit Studium bzw. Zusatzausbildungen weitere Qualifikationen erarbeiteten.

Benachteiligungen nicht dem Zwilling übelgenommen

In der Rückschau resümiert Gertrud: «Die negativen Erfahrungen aus dem Zwillingsdasein habe ich lange Zeit als schlimm empfunden. Immer die älteste Schülerin der Klasse zu sein, weil ich das Jahr verloren hatte, und daß ich später nicht das Gymnasium besuchen durfte – das habe ich den Eltern übelgenommen; denn sie hatten es ja entschieden. Ich staune fast selbst darüber, daß ich nie Helmut dafür verantwortlich gemacht habe. Offenbar habe ich es doch richtig empfunden, daß Helmut überhaupt nichts dafür konnte. Heute nehme ich es niemandem mehr übel.»

Es ist schön, ein gleichaltriges Geschwister zu haben

Nachdem Gertrud mit 19 Jahren ausgezogen war, wurde die Beziehung zwischen Helmut und Gertrud wieder intensiver. Gertrud beschreibt ihr Verhältnis zum Zwillingsbruder heute als herzlich, liebevoll, freundschaftlich. Auch Helmut findet es schön, eine Zwillingsschwester zu haben. Er fühlt sich von ihr verstanden. Erst als Erwachsene verlebten sie ihren ersten gemeinsamen Urlaub.

Früher auf dem Dorf war ihre Zwillingsgemeinschaft etwas Besonderes. Heute ertappt sich Gertrud noch manches Mal dabei, ihr Zwillingsdasein anderen gegenüber als etwas Besonderes darzustellen. Sie ist stolz darauf. «Es ist eben doch immer noch was Besonderes, ein Zwilling zu sein.»

Das Verhältnis von Helmut zu ihrem Ehepartner beschreibt Gertrud als herzlich. Ihr Bruder ist auch ihrem Mann stets ein willkommener Gast. Probleme, die sich für ihn aus der Zwillingssituation von Gertrud ergeben könnten, waren bislang kein Thema.

Gertruds Fazit

Gertrud glaubt heute, daß sie von Beginn an ihren eigenen Weg hätte gehen dürfen, wenn Helmut älter oder jünger als sie gewesen wäre. Sie ist froh, selbst nicht Zwillinge erziehen zu müssen, weil sie glaubt, daß es schwer ist, die Unterscheidungen zu machen, die man bei Geschwistern automatisch macht. Sie denkt, es ist wichtig, auf die Eigenschaften jedes Zwillings besonders einzugehen und nicht auf Kosten der Zwillingseinheit Begabungen und Neigungen einfach zu überspielen.

Einige Gedanken zur Geschichte von Helmut und Gertrud

Die beiden sind die Geschwister meines Mannes. In diese Geschichte sind aber nur die von den Zwillingen genannten Aspekte einbezogen. Aufgrund der getrennt festgehaltenen Erinnerungen von Helmut und Gertrud für den hier vorliegenden Bericht war ein Austausch unterschiedlicher Sichtweisen zwischen beiden nicht möglich.

Gertrud beschreibt die Höhen und Tiefen des Zwillingsdaseins besonders plastisch. In solchen subjektiven Erinnerungen kann sich die Realität der Vergangenheit auch einmal verschieben. So war der verspätete Schulanfang für Helmut durch seine Krankheit begründet. Bei der schulärztlichen Untersuchung wurde aber für Gertruds Zurückstellung plädiert, schon bevor Helmuts Krankheit erkannt war.

Die Geschichte dieses erwachsenen Zwillingspaares zeigt in ihrer Rückblende ähnliche Probleme auf, wie sie in den Gesprächen mit Eltern von Zwillingen der gleichen Paarkombination und eben auch unserer eigenen Situation dargestellt wurden. Auch hier bestätigt sich, daß das Mädchen in den ersten Jahren in der Regel ein schnelleres Entwicklungstempo hat und häufig der gesündere Zwilling ist. Der dadurch gewonnene Vorsprung führt, wenn die Eltern das Paar nach außen hin gleich behandeln, zu Ungerechtigkeiten, die, zumindest für den dann benachteiligten Zwilling, unverständlich bleiben. Ein Dritter mag sie kaum spüren, aber die Paarbeziehung dürfte selten davon unberührt bleiben. Die Mädchen werden meist von Freunden sehr schnell als das süße Baby oder Kleinkind bevorzugt. Alle Mädchen aus den Zwillingspärchen dieses Buches orientieren sich eher als der Bruder an den Erwartungshaltungen der Eltern und versuchen, mit bravem und ordentlichem Verhalten die Zuwendung der Eltern zu erlangen und sich damit in der Konkurrenz mit dem Zwillingsbruder eigene Vorteile zu verschaffen.

Gertrud beschreibt, wie mühevoll es später für sie war, die Festschreibung wieder abzulegen.

Die Freiheiten und individuellen Gestaltungsmöglichkeiten, die das Dorf Helmut und Gertrud damals bot, erlaubte es ihnen, ohne sich gegenseitig zu behindern, sehr unterschiedliches Spielverhalten auszuleben, ohne aufwendiges Spielmaterial zu benötigen.

Gudrun und Irene: «Das schaffen wir!»

Es ist Gudruns Perspektive, da mit ihr das Gespräch erfolgte. Die beiden eineiigen Frauen wurden als viertes Kind (!) – bis zur Geburt ging man von einem Kind aus – einer Lehrerfamilie geboren. Mit den drei älteren Brüdern waren dramatische Schicksale verbunden. Der älteste Bruder (geb. 1939) verunglückte mit 18 Jahren tödlich. Der etwas jüngere Bruder (geb. 1940) starb, fast dreijährig, an einer Lungenentzündung. Der dritte (geb. 1943) verätzte sich mit drei Jahren durch das Trinken von Bretzellauge sowohl die Speiseröhre als auch die Magenschleimhaut. Ein paar Monate war sein Leben in Frage gestellt; es folgte ein zweijähriger Klinikaufenthalt im Norden. In der Zeit der Unsicherheit, ob er überleben könne, lebte er auf dem Land bei Verwandten.

1946 wurden Gudrun und Irene geboren, sechs Jahre später kam die jüngere Schwester zur Welt.

Nach der Geburt der Zwillinge und der schweren Verletzung des Bruders wurde der Vater für acht Monate interniert.

Die Mutter, eigentlich eine lebensfrohe Frau, erhoffte sich über die Heirat Status und allgemeine Absicherung. Sie blieb ohne Ausbildung.

Nicht gewollt, aber Vaters Stolz

Gudrun und Irene verkörperten von Beginn an den freudigen Teil der Familie. Sie waren Vaters besonderer Stolz: Als «gelungener Schuß» erlebte er die Zwillinge als Zeichen seiner besonderen Potenz. Solange sie sich dem väterlichen Willen fügten, waren sie die geliebten Töchter, die im Mittelpunkt standen. Die blonden, blauäugigen Mädchen «im Zweierpack» zogen die Aufmerksamkeit automatisch auf sich. In der Familie verkörperten sie, auch für die Öffentlichkeit sichtbar, die positive Seite eines Neuanfangs nach dem Ende des Nationalsozialismus.

Vor dem Schuleintritt sollten beide während einer Kurverschickung an Gewicht zunehmen. Aber nicht nur diese Kur selbst war mit schlechten Erfahrungen verbunden. Während dieser Zeit wurde die jüngere Schwester geboren. Sie lag bei der Rückkehr von Gudrun und Irene in deren großem Puppenbett. So erlebten sie neben der Entthronung eine ungefragte Inbesitznahme eines ihnen wichtigen Spielutensils. Die jüngere Schwester mußte als Folge der Eifersucht zumindest im Kindesalter einiges aushalten.

Zwar gleich alt, aber mit verschiedenen Erwartungen konfrontiert

Irene forderte mit einem um zwei Pfund geringeren Geburtsgewicht von Beginn an mehr Zuwendung. Durch den Tod des einen und die lebensgefährlichen Verletzungen des anderen Sohnes hat die Mutter in der Sorge um das Gedeihen die besondere Aufmerksamkeit dem schwächeren Zwilling gewidmet. Die ohnehin hohen Anforderungen der Versorgung zweier gleichaltriger Kinder, verbunden mit dem lebensbedrohlichen Zustand des etwas älteren Sohnes, müssen die Mutter psychisch an den Rand ihrer Möglichkeiten gebracht haben. So kann Gudrun heute nachvollziehen, warum die Mutter ihr wohl sehr früh das Gefühl vermittelte: «Mädchen, du mußt es alleine packen!»

Für die Mutter war sie die ältere Tochter, von der sie von Beginn an Vernunft und die Zurückstellung eigener Interessen forderte. Sie fühlte sich wie eine ältere Schwester, die im Verlauf der Entwicklung auch für den wieder genesenen Bruder Mitverantwortung übernahm. Irene und die jüngere Schwester dagegen hatten mehr Freiraum.

Die Erfahrung, möglichst eigenständig den eigenen Weg zu suchen und zu gehen, sollte zur Grundhaltung für Gudrun werden.

Beide Eltern begegneten den Zwillingen paarorientiert. Sie waren «die Mädchen» und wurden auch so angesprochen. Wenn Vater oder Mutter sie beim eigentlichen Namen nannte, dann nur deshalb, weil sie einzeln etwas verbrochen hatten. Die Beziehung zum Vater war in den ersten vier Jahren sehr eng und liebevoll, führte später aber zu wilden Auseinandersetzungen. Denn er ging als Pädagoge davon aus, daß er seine Kinder gefügig machen mußte, um ihnen die richtige Erziehung angedeihen zu lassen.

Schutz in der Symbiose – eine Notgemeinschaft

Gudrun und Irene hatten von Beginn an zwei Betten, aber sie schliefen bis zur Pubertät meist in einem Bett. Ebenso dicht lebten sie im Alltag zusammen. In der Schule, im Spiel – immer traten sie gemeinsam auf, hielten zueinander. Gegen das Bedrohliche in der Familie schützten sie sich durch die Sicherheit in der Paarbeziehung: Es war die allgegenwärtige Prügelstrafe durch den Vater, die den Kindern von dem Zeitpunkt an drohte, ab dem sie nicht mehr bedingungslos den väterlichen Anweisungen gehorchten.

Zwar waren die Jungen der Familie den väterlichen Prügeleien stärker ausgesetzt, doch auch die Zwillinge mußten darunter leiden. Bei ihnen wurde das Prügeln pädagogisch eingesetzt, d. h. hier begründete der Vater seine Strafen vorher. Der Rohrstock war zwölf Jahre «erzieherischer Begleiter». Die Mädchen erhofften sich Hilfe von der Mutter, baten sie auch, sich doch vom Vater zu trennen. Die Mutter beschwichtigte und vermittelte und hielt letztendlich zum Vater. «Der Vater ist nicht so streng, verhaltet euch nach seinen Erwartungen und seid diplomatischer, dann bekommt ihr, was ihr wollt!» Die Zwillinge empfanden diese Einstellung der Mutter als Verrat und nahmen sie ihr lange Jahre übel.

Selbstredend, daß die beiden dem Vater keine besonders positiven Gefühle entgegenbringen konnten.

Gudrun und Irene verließen sich auf die Stärke und den Schutz ihrer Paarbeziehung. So hielten sie sich oft nicht an die strengen Anweisungen des Vaters, obwohl sie die Strafe kannten. Diese nahmen sie gemeinsam in Kauf.

Gudrun sieht heute, daß sie sich als Paar wohl schon früh von den Eltern lösten und damit auch die Mutter kränkten. Deren mütterliches Bedürfnis nach Zuneigung verweigerten die beiden, konnten sie sich doch wechselseitig zuverlässig das geben, was sie brauchten. Sie faßten sich an der Hand und entfernten sich von der Mutter.

Wir wollten unabhängiger voneinander sein, aber die Trennung fiel schwer

Mit 17 Jahren begannen beide eine Ausbildung zur Erzieherin. Hier fanden sie in der Person ihrer Psychologielehrerin eine verständnisvolle Unterstützung für ihre Wünsche nach Eigenständigkeit und Individualität. Zu ihrer Persönlichkeitsentwicklung gehörte auch der Entschluß, sich nach dem Examen räumlich zu trennen und eigenständige Wege zu gehen. Irene ging als Au-pair-Mädchen nach London, Gudrun nach New York. Beide bewerten das im nachhinein als den Versuch, die eigene Hilflosigkeit in dem Prozeß der Ablösung von der Schwester zu bewältigen. Die Eltern reagierten mit Entsetzen und der Verweigerung eines Passes. Irene fuhr trotzdem und kam nach größeren Verstrickungen in London an, wo sie drei Jahre blieb. Anschließend ging sie nach kurzem Aufenthalt in Deutschland nach Spanien und Amerika. Gudrun gab ihren Plan auf, nahm eine Stelle als Erzieherin an und entfernte sich räumlich von den Eltern.

Nach dieser Trennung lebten die Zwillinge nie mehr zusammen. Die innere Trennung, Verselbständigung und Lösung aus der symbiotischen Verstrickung zog sich als Prozeß über 20 Jahre hin. Gudrun erfuhr die innere Trennung zu Beginn als einen Prozeß der Befreiung, später allerdings als ein schmerzhaftes Auseinanderdividieren. Sie hatte den Wunsch nach Nähe, aber auch die Angst, wieder in die alten symbiotischen Netze zu geraten. Sie erinnert sich an ein Gefühl totaler Isolierung, ihr fehlte «die Luft zum Atmen».

Heute sieht Gudrun, daß die Entwicklung zur inneren Selbständigkeit für beide sehr spät kam und eigentlich wie ein radikaler Bruch wirkte. Beide fanden jedoch in der Familie keine Hilfe oder Unterstützung, um sich langsamer und frühzeitiger voneinander zu lösen. Aus ihrer Sicht war ihre Trennung von der Schwester absolut notwendig; geboren aus der Sehnsucht, «als eigener Mensch wahrgenommen zu werden, zu leben wie die ‹anderen› mit der Freiheit eigener Entscheidungen», so Gudrun. Irene hat die Notwendigkeit der inneren Ablösung wohl nie so radikal gesehen, sie forderte über lange Jahre die Besonderheit der Zwillingsbeziehung bei der Schwester ein. Die Konflikte aus dieser Ungleichheit sind heute Geschichte.

Die Berufswege sind unterschiedlich, aber sie gingen in eine ähnliche Richtung

Gudrun und Irene haben nach der Erzieherinnenausbildung unterschiedliche Berufswege beschritten. Während Gudrun nach mehrjähriger Praxis die Heilpädagogenausbildung und später ein Studium als Dipl.-Pädagogin anschloß, ließ sich Irene zur Therapeutin ausbilden.

Sie hat heute eine Praxis in einer schwäbischen Kleinstadt, lebt in einem gemütlichen Haus mit Garten und Hund, während Gudrun in einem Münchner Institut arbeitet und eine geräumige Etagenwohnung mit ihren Katzen bewohnt.

Irene hat sich im Rahmen ihrer Ausbildung einer langjährigen Lehranalyse unterzogen, Gudrun hat ebenso eine Analyse als Unterstützung für ihre Entwicklung gewählt.

Gudrun schaut nicht ohne Stolz auf ihren Berufsweg zurück, den sie ohne fremde Unterstützung gegangen ist, während sie – mit Blick auf das Reaktionsmuster aus der Kindheit ihrer Schwester – erlebte, wie diese immer wieder um elterliche Hilfe bat und sie auch erhielt.

Sie leben auf Distanz, aber sind aus der Realität der anderen nicht wegzudenken

Gudrun erlebt sich heute als eigenständige Person, zur Zwillingsschwester eher auf Distanz, in die Familiengeschichte integriert und in der Geschwisterkonstellation weniger herausgehoben als früher.

Irene zeigte häufiger den Wunsch, mit Gudrun Urlaubszeit zu zweit zu verbringen. Dieses Bedürfnis empfindet Gudrun als vorwurfsvolle Anspruchshaltung, der sie sich zu entziehen sucht. Sie befürchtet, in dieser Zweisamkeit zu schnell in die alte Rollenteilung zurückzufallen, in der es eigentlich beiden nicht (mehr) gutgeht: «Ich soll als Vernünftigere vorausgehen, und Irene kommt hinterher», so Gudrun. Die frühere ‹Arbeitsteilung›, Gudrun als Trägerin der Vernunft und Irene als Trägerin der Emotionen, holt die beiden schnell zurück in alte Verhaltensmuster. In ihrem weit voneinander entfernten Alltag haben sie allmählich gelernt, den von der Schwester übernommenen Anteil in ihre eigene Persönlichkeit zu integrieren.

Wie würde Irene Gudrun heute beschreiben? Emotional zurückhaltend, immer die Klügere, eher perfekt, vom Verstand geleitet.

Und wie sieht Gudrun Irene heute? Sie hat ihr Leben gut in der Hand, ihr Chaos hat sich in ein geregeltes Leben verwandelt, sie weiß genau, was sie will und kann es gut durchsetzen. Sie ist auch weiterhin sehr emotional. Gudrun fürchtet heute noch ihre Wutanfälle.

Seitdem sie getrennt leben, haben sie bewußt ihre persönlichen Erfahrungen für sich behalten. Sie wissen wenig über den Alltag der Schwester, spüren aber sofort, wie es der anderen wirklich geht. Dazu bedarf es keiner Worte.

In den letzten Jahren erlebt Gudrun Irene offener, allerdings fühlt Gudrun sich selbst sofort in der Rolle der beratenden älteren Schwester: «Das kann ich auch nicht aufgeben.» Umgekehrt fand sie auf der Suche nach Trost in Krisensituationen wenig Verständnis bei ihrer Schwester. Damit wuchs bei ihr das Gefühl: Irene läßt es nicht zu, daß ich über die eigenen Probleme spreche und von ihr Hilfe erwarte.

Außerhalb der Herkunftsfamilie schaffen es beide, aus der tradierten Rollenzuweisung auszusteigen. Und dann geht es ihnen gut. Gudrun hofft, daß sie eine Beziehung zueinander entwickeln können, die von gegenseitiger Akzeptanz und der Wahrnehmung der Unterschiedlichkeit getragen ist.

Und wie ist das mit Partnerbeziehungen?

Natürlich gab es für beide Männerbeziehungen. In einer Phase des Beziehungsfrusts hörte Irene von einer Freundin folgende Erklärung: «Du hast einen inneren Vertrag mit deiner Zwillingsschwester, deshalb klappt es nicht mit den Männern.» Auf diese Interpretation reagierte Irene wütend, nahm sie aber zum Anlaß, mit Gudrun darüber zu sprechen. Für Gudrun ist dieser Satz der Kernpunkt der symbiotischen Beziehung, der sich über die vielen Jahre der Trennung bei Irene weiter aufrechterhalten hat. Gudrun hat in der Analyse begriffen, daß sie diesen Vertrag lösen muß, und zwar dadurch, daß sie sich klarmachte, daß jeder für sich allein sterben muß. Und sie verstand, daß das Einlassen auf andere, zunächst fremde Menschen neugierig macht und neue, andere Qualitäten eröffnet.

Einige Überlegungen zur Geschichte von Gudrun und Irene

Eine Reihe schicksalhafter Lebensereignisse beeinflußte diese Familiengeschichte und damit auch die Persönlichkeitsentwicklung der Kinder von Beginn an: der Tod des Zweitgeborenen, der Unfall des dritten Kindes, Haft für den Vater nach der Rückkehr aus dem Krieg, die überraschende Zwillingsgeburt und die notwendige, besondere Fürsorge für den schwächeren Zwilling. Der Vater als Despot in der Familie hielt die Dramaturgie in anderer Weise aufrecht. Die Mutter ordnete sich unter. Konflikte, Angst, aber auch Kampf und Tränen waren die Folge.

Dabei haben die Zwillinge ihre Überlebensstrategien und notwendigen Sicherheiten aus der Paarbeziehung bezogen. In ihrer Zweisamkeit waren sie stark, aus der Geschwisterhierarchie hervorgehoben, weniger abhängig von elterlicher Zuwendung, aber eben auch aufeinander angewiesen. Der Blick des Vaters auf die Zwillinge als Paar unterstützte diese enge Bindung, deren interne Dynamik aber durch die unterschiedlichen Erwartungen der Mutter an die beiden Töchter deutlich geprägt war. Gleichwohl hatte auch die Mutter das Bild der «Harmonie in der Zweisamkeit» verinnerlicht. Denn wenn sich die beiden einmal stritten, und das konnten sie nach Gudruns Aussage «bis aufs Messer» («Wir haben uns auch gehaßt.»), stand die Mutter nur fassungslos dabei und sagte: «Aber ihr seid doch Zwillinge.» Heute lacht Gudrun darüber. Die scheinbar unveränderbare Rollenzuweisung und die Enge in der Notgemeinschaft konnten die beiden auch durch gelebte Konflikte nicht grundlegend verändern.

Entfaltung der Persönlichkeit ist nur in einem angstfreien Raum denkbar, der Entwicklung zuläßt und Freiräume dafür bereithält.

Den Zeitpunkt der Lösung aus der Symbiose wählten Gudrun und Irene selbst. Diese Trennung war für beide mit der Vorahnung auf eine Befreiung, aber auch mit Verlustängsten verbunden. Die therapeutische Unterstützung mag ihnen dabei geholfen haben – neben der Bearbeitung anderer Kindheitserfahrungen –, die Ambivalenzen und die Enge ihrer Zwillingsbeziehung in Kindheit und Jugend im nachhinein besser zu verstehen und zu bearbeiten.

Trotz der besonderen Beziehung gerade von eineiigen Zwillingen spüren auch diese den Wunsch nach Zuneigung oder Ablehnung, das

Bedürfnis nach Nähe oder Distanz nicht immer gleichzeitig. Diese Ungleichheit der Bedürfnisse, werden sie zugelassen und gelebt, sind ein Teil der Beziehungsdynamik: Er ist es, der die Entwicklung und ehrliche Akzeptanz des anderen im Paar, aber auch als eigenständige Person vorantreibt. Diese Bewegung war bei Gudrun und Irene durch die Familiensituation und das elterliche Mißverständnis der fortwährenden Einigkeit von Zwillingen nur begrenzt möglich.

Für Gudrun ist das Ziel der Entwicklung innerhalb der Zwillingsbeziehung: die selbstbestimmte Kontaktaufnahme zweier eigenständiger Persönlichkeiten, die sich aus den Kindheitsmustern befreit haben.

Vielleicht wird sich auf diesem Weg auch der ‹innere Vertrag› der Schwestern relativieren, und neben der Beziehung zum anderen Zwilling kann es eine andere dauerhafte Bindung geben.

Ulrike und Renate: Die unerwartete Zweite erlebt sich im Schatten der Erstgeborenen

Es ist Renates Perspektive, die die Geschichte erzählt. Die beiden eineiigen Zwillinge wurden 1951 in eine Lehrerfamilie hineingeboren. Der Vater arbeitete als Realschullehrer, die Mutter übte ihren Lehrerberuf nach der Heirat nicht mehr aus. Die Familie wohnte in Ratingen. Ulrike und Renate haben vier Geschwister. Die Brüder wurden 1949, 1952 und 1954 geboren, eine Schwester kam 1960 als Nachzüglerin dazu. Als die beiden vier Jahre alt waren, zog die Familie in ein großes Haus mit großem Garten.

Beide wählten zunächst verwandte Berufe aus dem medizinischen Bereich (Chemotechnikerin und Zytologisch-technische Assistentin). Heute leben sie in Berlin und arbeiten im Medienbereich, aber in verschiedenen Berufssparten.

Beide haben zum Thema Zwillinge gearbeitet. Ulrike hat zwei Radiosendungen geschrieben und Renate zwei Filme gedreht.

Statt der Nachgeburt kam ich

Bis zur Geburt gingen die Eltern von *einem* Kind aus, sie waren nicht auf zwei Kinder eingestellt. Mit der sehr kleinen Wohnung waren auch die materiellen Voraussetzungen für eine willkommene Aufnahme des doppelten Kindersegens denkbar ungünstig. Und so traf es die Mutter wie ein Schock, als nach Ulrikes Geburt der Arzt feststellte, daß statt der Nachgeburt noch ein Kind ans Licht der Welt wollte.

Renates Beginn war schwierig: «Ich war ungeplant, vielleicht auch unerwünscht, zumindest nicht erwartet.»

Aber in der noch zu beschreibenden subjektiven Wahrnehmung ihres zweitgeborenen Schattendaseins sieht sie heute auch eine positive Auswirkung: «Ich mußte mir immer beweisen, ich bin da. Ich mußte immer kämpfen, auch um meine Existenz und Akzeptanz: ‹Wer bin ich? Ich bin da!›» Lange fühlte sie sich zurückgesetzt. Ihre subjektive Wahrheit bezieht Renate aus der eigenen Familienerfahrung und aus Erkenntnissen therapeutischer Prozesse.

Anders sieht es ihre Schwester. Renate weiß, daß Ulrike als Erstgeborene mit der Geburt eine Haltung verband: «Ich muß mich abgrenzen!», aber auch: «Ich laß sie alleine, im Stich.»

Sie nimmt mir den Raum

Die Kindheit der beiden war von großer Nähe und tiefem Vertrauen geprägt. Später entwickelte sich daraus so etwas wie Haßliebe.

Renate sieht einen entscheidenden Unterschied zwischen Geschwistern und Zwillingen in dem gemeinsamen Erleben der vorgeburtlichen Phase. Sie glaubt an eine langfristige Prägung («oft ein Leben lang»), an Spuren der frühen Überlebenskämpfe im Mutterleib auch im späteren Verhalten.

Ulrike und Renate wurden voll ausgetragen, in den letzten Wochen muß deshalb die extreme Enge zu existentiellen Kämpfen und Ängsten geführt haben. Dieses Gefühl begleitet sie unbewußt heute noch, sagt Renate.

Daß diese schwierige Situation auch stark machen kann, hat sie in ihrer eigenen Geschichte erlebt.

Renates Geschichte ist ein *eigenes* Schicksal, das sie als ganz eigenständige Person erlebt. Aber natürlich ist ihr Weg durch das Zwillingsdasein geprägt. So verbindet sich ihr eigenes mit dem Zwillingsschicksal, das sie mit ihrer Schwester teilt.

Sie erinnert sich daran, daß sie als kleines Kind immer hinter den anderen hertrottete. «Nun komm doch», sagte die Mutter. «Ach, ihr wollt mich ja doch nicht», war Renates Antwort. Sie glaubt, daß sich dieses Gefühl aus der anfänglichen Schockreaktion über den doppelten Kindersegen weiterentwickelt hat und bei ihr sehr früh präsent war, unbewußt natürlich, und sich tief eingegraben hat. Es war immer wieder auch das Gefühl, kein Recht auf Leben zu haben.

Von den Eltern wurde diese Botschaft nicht bewußt gelebt, und Renate möchte ihren Eltern heute deshalb keinen Vorwurf mehr machen: «Sie würden dies auch nie als ihre Realität bestätigen.»

Ulrike hatte es da wohl leichter, glaubt Renate. Ihre Haltung war: Hier bin ich, das ist in Ordnung! Babyfotos zeigen denn auch eine Renate, die vor allem ärgerlich und fragend ausschaut, während Ulrike entspannt und froh in die Kamera blickt. Aber natürlich gibt es auch Fotos, die die umgekehrte Situaton zeigen.

Die Zweitgeborene hat mit der Zeit gelernt zu kämpfen, sich zu behaupten. Sie löste sich zuerst für eine begrenzte Zeit von zu Hause und ging ins Internat, machte Reisen, war früher selbständig als ihre Zwillingsschwester. Und Ulrike kennt auch den Druck einer Erstgeborenen: «Ich bin die erste, also muß ich besser sein.» Sie hatte immer das Gefühl, etwas vormachen zu müssen, etwas zuerst zu durchleben, damit Renate sich daran orientieren kann. Aber Renate zog als erste aus, sie ging nach Köln, kurz danach zog Ulrike nach Mühlheim.

Als Ulrike ihr Leben grundsätzlich ändern wollte, zog sie nach Berlin in eine Wohngemeinschaft. Der Anfang war schwierig, es ging ihr relativ schlecht. Bei einem Besuch verstärkte Renate dieses Gefühl. Sie fand die Lebensumstände ihrer Zwillingsschwester und Berlin als Stadt eher abstoßend. Ulrike wurde das schlechte Gewissen in den ersten Monaten nicht los, weil sie diesen Schritt aus ihrer Abhängigkeit alleine gegangen war, ohne ihre Schwester.

Ein Jahr später ging Renate auch nach Berlin, lebte auch in einer Wohngemeinschaft, aber in einem anderen Stadtteil. Gab es so etwas wie einen inneren Zug zueinander?

Zum Verwechseln ähnlich

Die beiden eineiigen Zwillinge sahen sich nicht nur zum Verwechseln ähnlich. Sie waren auch als Kinder stets gleich gekleidet, wurden von der Tante bestrickt, wirkten absolut identisch. Auch die langen Zöpfe waren nicht zu unterscheiden. So hatte selbst die Mutter Probleme, die beiden auseinanderzuhalten. Typische Verwechslungssituationen waren an der Tagesordnung. Vor allem von den Geschwistern wurden sie meist mit einer Art Sammelbegriff benannt, der beide Mädchennamen zu einem neuen zusammensetzte.

In der Familie waren die beiden die Stars, sie standen im Mittelpunkt. Allerdings war ihnen das nicht nur angenehm. So haßten die beiden typische Besuche von Verwandten oder Freunden, denn sie wußten schon immer, was auf sie zukam. Also versteckten sie sich gleichzeitig unter der Decke, um den Anstürmen der Besucher möglichst zu entgehen. Diese suchten regelmäßig selbst herauszufinden, wen der beiden sie vor sich hatten und stellten Unterscheidungsmerkmale heraus, die die Zwillinge schnell in Typisierungen preßten: die eine ist stärker, fröhlicher, älter... Es entstanden Festlegungen, die beide lange mit sich herumtrugen. Außenstehende machen es sich oft zu einfach. Trotz der Ähnlichkeiten wäre es für Renate angenehmer gewesen, einfach als eigenständige Persönlichkeit neben ihrer Schwester bestehen zu können, anstatt ertragen zu müssen, wie die Außenwelt sie durch Bewertungen zu unterscheiden versuchte.

Das Problem der pluralen Ansprache stärkte das Wir-Gefühl, erschwerte allerdings den Prozeß der Ich-Findung. Nicht nur die Ansprache erfolgte paarorientiert, die beiden wurden in der Regel auch als Paar bestraft oder gelobt.

So gibt es denn auch aus der Kindheit kein Foto, auf dem ein Zwilling alleine zu sehen wäre. Und beim heutigen Betrachten ist es selbst für Renate und Ulrike oft schwer herauszufinden, wer wer ist.

Als Zwilling älter werden – sie ist in mir, aber ich bin etwas Eigenes

«Es ist wesentlich einfacher, sich von einem Partner zu trennen als vom Zwilling. Sie ist *in* mir. Das kann man nicht rausschneiden. Das ist nah und nicht abhängig von Kilometerentfernungen.»

Renates und Ulrikes sehr enges Verhältnis zueinander veränderte sich in der Pubertät. Ulrike menstruierte zuerst, und in dieser Phase wuchs das Bedürfnis nach mehr Abgrenzung zur Schwester.

Renate blieb als 15jährige in der Schule sitzen. Sie empfand es allerdings nicht als Unglück, sondern als Chance, endlich einen eigenen Weg zu gehen. Sie nutzte diese Gelegenheit und ging auf eigenen Wunsch ins Internat: endlich ein eigenes Leben, weg von der Familie und von der Zwillingsschwester, eine eigene Freundin. Sie wollte etwas Eigenes erleben, alleine und unabhängig von der Schwester. Etwas später färbte sie sich auch die Haare, um endlich anders auszusehen. Mit der blonden Haarfarbe wollte sie auch auf Männer besonders wirken.

In der Zeit des Internats wurde sie von Ulrike um ihre scheinbare Unabhängigkeit beneidet. Renate wirkte selbständig und erwachsen, brachte Freundinnen mit nach Hause, während Ulrike noch im familiären Kreis lebte.

Die beiden Schwestern hatten in dieser Zeit wenig wirklichen Kontakt zueinander, die enge Freundin im Internat war so etwas wie ein Ersatz. Renate erlebte viel Eigenes. Es war ihr dringendster Wunsch, endlich als eigenständige Persönlichkeit akzeptiert zu sein. Geheimnisse wurden nicht mehr anvertraut, Gefühle in den Gesprächen ausgespart.

Bis zu ihrem Weggang ins Internat mit 15 Jahren lebten die beiden in einem kleinen Zimmer und schliefen in einem Ehebett. In der Pubertät wollten dies beide nicht mehr, und die Konkurrenz prägte von dieser Zeit an die Beziehung. Ulrike und Renate erleben sich noch heute, im Erwachsenenalter, als sehr konkurrent.

Als Renate aus dem Internat zurückkehrte, um in der heimischen Schule den Realschulabschluß zu machen, mußte sie wieder das Zimmer mit ihrer Schwester teilen. Die früher schwierige, aber erträgliche Situation entwickelte sich zu einer massiven Konfliktsituation.

Mit 19 Jahren fand Renate ihre erste große Liebe. Dieser junge Mann zog sie zwar ihrer Schwester vor, fand aber beide interessant. Er tröstete sie: «Wenn ich deine Schwester mag, dann heißt das doch nur, daß ich dich doppelt nett finde.» Renate konnte es nur schwer aushalten und kämpfte stets darum, nicht im Verhältnis zur Schwester mehr oder weniger geliebt zu werden, sondern als eigenständige, unabhängige Person. Und für sie wäre es das Schlimmste, wenn ihr Partner auch eine Beziehung mit der Schwester hätte. In der Regel sind die Männerbeziehungen der beiden Schwestern sehr verschieden.

Und heute?

Renate und Ulrike verwirklichen ihre individuellen Lebensentwürfe in der gleichen, aber doch eben großen Stadt Berlin. Ihr Kontakt ist gut, aber nicht ohne Ambivalenzen. Gemeinsam sind sie stark, wenn es einer der beiden schlecht geht. Bei wirklich großen Schwierigkeiten ist die Zwillingsschwester die erste Ansprechperson und auch diejenige, von der am ehesten Unterstützung und Verständnis erwartet werden kann.

Renate stellt fest, daß sie beide doch sehr unterschiedlich sind. Und je älter sie werden, um so leichter fällt es ihr, sich getrennt zu erleben, die verschiedenen Wege der individuellen Geschichten zu sehen. So registrierte Ulrike vor kurzem, daß sie noch immer das Gefühl hat, gut sein, die beste sein zu müssen. Renate ist anders. Sie organisiert sich ihr Leben nicht unter dem Blick auf eine berufliche Karriere. «Vielleicht hat das auch damit zu tun, daß ich eben früher auch schwach sein durfte. Ich hatte einfach eine andere Rolle.» Sie ist mit ihrem Lebensentwurf zufrieden und möchte sich auch nicht mehr in der Position der Benachteiligten sehen.

Einige Überlegungen zur Geschichte von Ulrike und Renate

Renate beschreibt ihr individuelles Schicksal natürlich aus sehr subjektiver Sicht. Jedes Kind erlebt die eigene Kindheit und Jugend aus der Perspektive des je persönlichen Standorts in der Familie. Und der ist eben jeweils nur einmal besetzt. Selbst diese äußerlich so gleichen Zwillinge haben von Geburt an – bzw. schon längst davor – einen unverwechselbaren Status, der auch die Zwillingsbeziehung prägt.

Ulrike ist die Erstgeborene, die ältere Zwillingsschwester. Sie fühlte sich von Beginn an gewollt, akzeptiert, mußte nicht um Anerkennung kämpfen. Sie erlebte es andererseits anstrengend, immer als die ältere sowohl ausgesprochene als auch unausgesprochene Erwartungen erfüllen zu müssen. Innerhalb der Familie und auch in der Paarbeziehung glaubte sie, mehr gefordert zu sein als Renate. Gleichzeitig festigte sich damit ein Status, auf den die älteren Zwillinge oft großen Wert legen. Ist dies doch ein wichtiges Unterscheidungsmerkmal und Indiz für eine – wenn auch kleine – Hierarchie in der so «gleichen» Beziehung.

Glücklicherweise haben Eltern heutzutage mehr Zeit als in den 50er Jahren, sich auf die Mehrlingsgeburt einzustellen. Denn damals gab es noch keine Ultraschalluntersuchungen im Rahmen der Vorsorge. Dennoch stellt die Situation der gleichzeitigen Beziehungsaufnahme zu zwei Kindern auch heute besondere Anforderungen an die Eltern. Das Beispiel der Kinder Sergio und Maurizio im ersten Kapitel zeigt das Problem deutlich auf.

Das Gefühl, im Schatten der Schwester zu leben, nicht so willkommen zu sein, ist Renates subjektive Wahrheit, mit der sie sich vermutlich lange auseinandersetzen mußte. Sie scheint aus der Bewältigung dieser Erfahrung positive Energie geschöpft zu haben und überzeugt in ihrer Haltung. Während Ulrike als Kind einfach da war und lebte, mußte Renate kämpfen und schneller ihren eigenen Weg suchen, um in der Eigenständigkeit etwas mehr Ruhe und Gelassenheit zu finden. Die Distanz zur Schwester im Internat war eine gute Etappe und Voraussetzung dafür.

Die Emanzipation im Paar ist wohl für die meisten Zwillinge eine sehr schwierige Herausforderung. Eltern können sie dabei unterstützen, in dem sie jedem Erfahrungen ohne den Zwilling im Alltag ermöglichen.

Aus Renates Schilderung wird deutlich, daß die Kindheit von beiden mit typischen Zwillingssituationen angefüllt war: plurale Ansprache (es gab sogar einen gemeinsamen Namen), Verwechslung auch durch stets gleiche Kleidung, paarorientiertes Erziehungskonzept, sogar bei Lob oder Tadel. Weibliche Zwillinge ordnen sich diesen elterlichen Klischees eher unter und tun sich in der Regel schwerer als Jungen damit, Konflikte in der Paarbeziehung zuzulassen. Der Wunsch, elterliche Erwartungen zu erfüllen, die Schwester nicht zu verletzen und die Harmonie zu erhalten, verführt Mädchen eher zur Verleugnung der eigenen Bedürfnisse.

Renate sah die Gunst der Stunde, als sie nicht – wie die Schwester – in die nächste Klasse versetzt wurde. Wengistens im schulischen Bereich konnte sie den einengenden Typisierungen aus dem Weg gehen. Die Erfahrung zeigt, daß der schwächere Zwilling bessere Leistungen zeigt und der eigentlich stärkere zunächst etwas abfällt, wenn der ergänzende Partner fehlt. Die Eigenschaften und Stärken stehen plötzlich nicht mehr im Verhältnis zu..., sondern entwickeln sich entsprechend der eigenständigen Persönlichkeit in dieser Phase. (vgl. auch Kapitel Kindergarten und Schule, S. 128 f).

Der räumliche Abstand durch den Eintritt ins Internat hat diesen Weg unterstützt, es danach aber fast unmöglich sein lassen, in der gleichen Enge zusammenzuleben wie vorher. Die gewachsene innere Distanz konnte in der Familie kaum akzeptiert und gelebt werden. Sie ließ in ihrem System ein akzeptierendes Weiterentwickeln nicht zu. Renate zog wohl auch deshalb früh von zu Hause aus.

Renates Rückgriff in die vorgeburtliche Erfahrungswelt von Zwillingen entspricht dem Bedürfnis vieler Mehrlinge, mehr zu erfahren und die eigene Prägung darüber besser zu verstehen. Die Forschung steckt hier leider noch in den Kinderschuhen (vgl. v Schlieben-Troschke 1990, S. 48–67). Aber gerade eineiige Zwillinge, die sich eine Fruchtblase teilen müssen, konkurrieren besonders um Raum und Nahrung. Bei ihnen finden wir die größten Gewichtsunterschiede, oftmals bis zu zwei Pfund. Mit dem beengten Platz und vor allem auch der besseren Startposition haben alle Zwillinge zu kämpfen. Bei Pärchenzwillingen scheinen die Mädchen in der vorgeburtlichen Phase von der Biologie bevorzugt zu werden. Nicht nur die statistischen Zahlen zeigen eine deutliche Benachteiligung der Jungen, etwa bei Todgeburten. Auch die Behinderungen, die vor der Geburt entstehen oder durch sie verursacht werden, kommen häufiger bei Jungen als bei der Zwillingsschwester vor.

Vielleicht wird Renate an den Überlegungen zur vorgeburtlichen Prägung bei Zwillingen noch einmal an anderer Stelle weiterarbeiten.

Als Ehemann mit einem Zwilling leben *

Spektakuläre Probleme können wir keine bieten, keine jedenfalls, die ihren Grund darin hätten, daß Hanna einen Zwillingsbruder hat – zumal der sichere 150 Kilometer entfernt wohnt. Und doch ist die Tatsache, daß Hanna ein Zwilling ist, oft präsent, mehr in meinem Empfinden und Interpretieren als in dem ihren. Mag sein, daß es manchmal nur eine bequeme Erklärungsschablone ist, mit der von anderen, weniger schicksalhaften Konfliktursachen abgelenkt werden kann, sicher ist es manchmal auch mehr. Drei Aspekte sind wohl besonders wichtig.

Was Teilen so schwierig macht

Mir liegt als mit Abstand jüngstem von drei Brüdern viel daran, «mitspielen zu dürfen» mitzumachen und mitzuteilen. Hanna weist manche Angebote, eine Arbeit, ein Vergnügen, eine Verantwortung zu teilen, zunächst resolut zurück. Offenkundig hat sie Wichtiges zu oft teilen müssen, um nicht auf Eigenständigkeit (vor sich und anderen) großen Wert zu legen.

Und als Mädchen im gemischten Zwillingspaar war – in ihrem Empfinden – ihre «Hälfte» oft die minderwertigere. Jedenfalls steht sie immer wieder unter dem Druck, sich zu beweisen, daß sie etwas selbst und ebenso gut wie die größeren «Brüder» kann.

Mich macht es irgend etwas im Spektrum zwischen traurig und wütend, daß es so ist – immer wieder. Schrittweise nur lernen wir, damit umzugehen und darüber zu lachen. Hanna merkt, daß nicht jedes Angebot, etwas gemeinsam zu machen, ein verdeckter Angriff auf ihre Selbständigkeit ist, und sie läßt zunehmend dem bei ihr natürlich auch vorhandenen Wunsch nach geteiltem Alltag die Oberhand. Ich lerne, daß in manchem Hilfsangebot doch auch ein Machtanspruch steckt, ein «wenn ich – als Ältester, als Mann – da mitmische, dann wird das nicht nur anders, sondern auch besser, als wenn du das allein machst», sag ich manchmal zu ihr.

* Diesen Text eines «Betroffenen» habe ich ohne Veränderung übernommen.

Da gibt es eine unvergleichbare Intimität

Einmal kam der Zwillingsbruder, als wir in einem wichtigen Konflikt steckten. Wir gingen zu viert spazieren. Die Zwillinge setzten sich ab, blieben irgendwo stehen, eng umschlungen, ein Bild wie zur Eifersucht gemacht. Sie gingen den Weg weiter, kein Mensch, der sie nicht für ein Liebespaar gehalten hätte. Später am Abend, Hanna ist einige Zeit weg, werde ich vom Zwillingsbruder befragt, belehrt, ermahnt... Zum Glück habe ich dann so laut und deutlich aufgeheult, daß den beiden auch etwas klar geworden ist. Und doch, das Bild geht mit mir.

Klar, male ich mir aus, die beiden haben schon vor der Geburt neun Monate ihr Leben geteilt, und danach, bei all den prägenden Erfahrungen der ersten Jahre, da gab es sie nie allein. Das war gar nicht immer nur schön. Hanna mußte mit der ersehnten Einschulung warten, bis der weniger schulbegeisterte Zwillingsbruder auch für schulreif erklärt wurde.

Wie soll eine Liebesgeschichte diese Intimitätsgeschichte aufholen.

Aber warum sollte sie konkurrieren?

Das Eifersuchtsdrama wäre bei gleichgeschlechtlichen Zwillingen sicher weniger spürbar. Aber gerade auch in dieser Konstellation geht es darum, die Einmaligkeit und Unverwechselbarkeit der beiden Geschichten wahr sein zu lassen. Und vielleicht lerne ich da im Umgang mit der Eifersucht auf den Zwillingsbruder etwas, was nicht nur dafür sinnvoll zu lernen ist.

Die selbstverständliche Offenheit

Zwilling sein, das heißt ja wohl auch, in allen Tabubereichen nicht allein gewesen zu sein: nebeneinander auf dem Topf, zwei im selben Wagen, im selben Bett... ist es das, was Hanna mir so überlegen darin macht, Wünsche zu zeigen, Körpersprache zu sprechen, Gefühle offenzulegen, ohne Angst, daß sie überschwemmen?

Als Zwilling lernt man wohl notgedrungen, daß man seine Gefühle laut äußern muß, gegebenenfalls lauter als der andere, um auch einmal zuerst dran zu sein.

Und wahrscheinlich lernt man auch, nicht allzu traurig zu sein, wenn es doch nicht klappt. Enttäuschungen einstecken zu können, das ist für Zwillinge wohl auch so ein überlebensnotwendiges Lernpensum.

Und wie wohltuend ist es, neben jemandem zu leben, der das kann, ohne gleichgültig zu werden oder stumm.

Was besser ist, unterm Strich? Ich weiß es nicht. Ich war jedenfalls erleichtert, als uns der Ultraschall verriet, daß Hanna keine Zwillingsschwangerschaft hat.

Die Erfahrung anderer hilft der eigenen Orientierung

Was kann man aus dem, was wir erfahren haben, an Orientierungshilfen herausfiltern?

Medizinische Versorgung

Die Klinik

Zwillingsgeburten sind *Risikogeburten*, die Notwendigkeit einer besonderen medizinischen Versorgung nach der Geburt ist also eher gegeben als bei einzeln Geborenen. Dies sollten Eltern von Zwillingen bei der Wahl der Geburtsklinik berücksichtigen. Da in unserer Situation die Intensivstation ganz in der Nähe war, konnte ich Jonathan bereits früh selbst besuchen.

Der Kinderarzt

Der Kinderarzt ist gerade in Familien mit Problem-Zwillingen zunächst der wichtigste Ansprechpartner. Er wird über den medizinischen Bereich hinaus oft zum Berater in allen Fragen der Alltagsbewältigung. Ärzte werden normalerweise in ihrer Ausbildung nicht darauf vorbereitet. Es wird daher ein Gücksfall sein, wenn man einen Arzt mit einem auf Zwillinge bezogenen Problembewußtsein findet. Wir hatten dieses Glück: Ein Hals-Nasen-Ohren-Arzt in der Deutschen Klinik für Diagnostik hat uns nach der Mandel- und Ohrenoperation von Jonathan und der Mandeloperaton von Hannah darauf vorbereitet, daß wir bei Jonathan mit einem Intelligenzschub rechnen könnten. Er sei zum einen nun nicht mehr dauernd gesundheitlich belastet und zum anderen könne er jetzt eine Fülle von Informationen aufnehmen, die ihm zuvor aufgrund der kranken Ohren versperrt blieben. Der Arzt erwartete in dem Zusammenhang eine Irritation für Hannah wegen dieses

Fortschritts von Jonathan. Die Absprachen und Funktionsteilungen innerhalb der Zwillingsgemeinschaft würden sich vermutlich ändern. Dieser Arzt zeigte Einfühlungsvermögen in die besondere Situation einer Zwillingsbeziehung.

Eltern künftiger Zwillinge sollten bei der Wahl des Kinderarztes vor der Geburt nach solchem Verständnis für die Zwillingssituation fahnden. Sind die Kinder einmal geboren, ist man auf den Arzt angewiesen. Ein Wechsel fällt dann meist schwer.

Krankengymnastik

Die Krankengymnastik ist – so haben wir erfahren – bei sehr vielen Zwillingen notwendig. Haltungsanomalien aufgrund der extremen Enge im Uterus, vor allem in den letzten Schwangerschaftswochen, sind der Grund dafür. Deshalb kann diese Gymnastik sinnvoll zu den notwendigen Korrekturen beitragen, auch wenn diese Termine meist eine extreme Belastung der Familie, meist der Mutter, bedeuten.

Ich habe in meiner zweijährigen Erfahrung mit der Arbeit von Krankengymnastinnen gelernt, daß es zwei verschiedene Methoden gibt, die bei Kindern angewandt werden: *Bobath* und *Vojta*. Dabei ist Bobath diejenige, die mehr von der Motivation der Kinder ausgeht. Bei Vojta schreien die Kinder viel, sie erleben bestimmte Übungen offenbar als einen Zwang, dessen Sinn sie nicht verstehen. Es gibt zweifellos Krankheitsbilder, die Vojta notwendig machen. Eltern sollten sich erkundigen, ob Bobath als krankengymnastische Methode in ihrer konkreten Situation möglich ist.

Alle Familien mit jungen Zwillingen haben von der überfürsorglichen Haltung im medizinischen Bereich gegenüber Zwillingen berichtet: Wenn ein Zwilling krank ist, wird der andere besonders kritisch untersucht, meist findet der Arzt auch da einen Grund für Sondermaßnahmen; sind Zwillinge einmal in der Nachsorge, werden immer wieder – so die Sicht der Eltern – Begründungen für eine weitere Behandlung gefunden. Für die Eltern bedeutet dies Druck und Zwiespalt: Sie haben selbst oft das Gefühl, daß ihr Kind gesund ist, aber sie wollen auch nichts versäumen.

Umgang mit Zwillingen

Individualisierung

Ob Zwillinge Freiräume zur eigenen Entfaltung haben, ist nicht nur eine Frage des Wollens. Es ist genauso wichtig, inwieweit Verwandte und Freunde die Eltern in diesem Bestreben unterstützen, inwieweit die Kinder Platz und die Möglichkeit haben, Freunde zu finden und einzuladen. Auch spielt eine Rolle, ob die Eltern der Freunde die Zwillinge als eigenständige Personen behandeln oder sie etwa – wie bei Gabi und Regina – beide zum Geburtstag des eigenen Kindes einladen, nur weil sie Zwillinge sind.

Zwillinge haben häufig eine verzögerte Sprachentwicklung. Sie ist Ausdruck eines sehr engen Kontaktes miteinander, dem die sprachlichen Anregungen durch Außenkontakte fehlen.

Beiden gerecht zu werden

Dies steht bei allen Familien mit kleinen Zwillingen im Vordergrund: zwei gleichaltrige Kinder mit ähnlichen Problemen und Entwicklungsverläufen, die ständig um die Zuwendung der Eltern konkurrieren und innerhalb der Paarbeziehung Positionskämpfe austragen. Dabei sind die Auseinandersetzungen zwischen den Zwillingen als Ausdruck von Differenzierungsversuchen zu verstehen und von großer Bedeutung für das Entstehen von zwei Persönlichkeiten.

Jede Familie findet ihren eigenen Weg, mit der emotionalen Belastung durch die konkurrierenden Ansprüche umzugehen: So werden die beiden Kinder durch

- Zuschreibungen von Eigenschaften,
- geschlechtstypischen Rollenzuweisungen etc.

unterschieden, damit individuelle Beziehungen möglich sind. Oder die Eltern versuchen, sie gleichzumachen, um sie gleich behandeln zu können. In jedem Fall ist es ein Kompromiß, der die Kinder mehr oder weniger in ihrer Entwicklung einengt und über den wir Eltern nachdenken müssen. Daß es kein Rezept für die Bewältigung dieses Problems gibt, finde ich beruhigend. Allerdings: Möglichst vielfältige Kontakte der Zwillinge auch zu anderen Verwandten und Bekannten helfen, die emotionale Belastung der Eltern zu mildern.

Sind unsere Zwillinge «normal»?

«Die Besonderheit der frühkindlichen Sozialisation von Zwillingen liegt darin, daß sie in einem Dreiecksverhältnis aufwachsen. Sie müssen sich nicht nur in Beziehung zur Mutter, sondern auch zum Zwillingspartner setzen» (Schlieben-Troschke 1984, S. 227).

Die schon von Beginn an besonderen Entwicklungsverläufe von Zwillingen erschweren den Vergleich zu gleichaltrigen einzeln geborenen Kindern. Dies verunsichert Eltern, weil ihnen dadurch die Orientierung erschwert wird. Zudem wird die Entwicklung von Zwillingen von Ärzten und Pädagogen besonders genau beobachtet, um frühzeitig eventuellen Fehlentwicklungen entgegenzuwirken.

Wir haben erlebt, wie sich solche Eltern dadurch geholfen haben, daß sie ein Beratungsgespräch gesucht haben. Im Alltag half der Austausch mit anderen Zwillingseltern zur notwendigen Sicherheit zurück. Bücher für Eltern zu diesen Problemen gibt es bisher zu wenig.

Unterstützung, Kontakte und Erfahrungsaustausch

Unterstützung

In den ersten Monaten nach einer Zwillingsgeburt ist eine zuverlässige Hilfe je nach der konkreten Belastungssituation an ein bis drei Tagen für einige Stunden sinnvoll. Diese Zeiten können von den Müttern genutzt werden, um ohne Kinder einkaufen zu gehen, sich mit einem Zwilling zu beschäftigen, zum Beispiel einen Spaziergang zu zweit mit dem Zwilling zu machen oder aber von Hausarbeit entlastet zu werden. Arztbesuche oder einfach eine kurze Entspannungspause gehören dazu. Ich selbst fand es auch sehr erholsam, einfach nur Besuch zu haben, ohne dadurch in der Hausarbeit unbedingt entlastet zu werden: für kurze Zeit einmal nicht in erster Linie Zwillingsmutter zu sein, sondern etwa als Freundin angesprochen zu werden.

Freunde und Verwandte sollten sich auf jeden Fall, wenn gewünscht, im Haushalt der geplagten Zwillingseltern nützlich machen oder einfach einmal in deren Vertretung den Spaziergang mit den Zwillingen übernehmen. Aber sie sollten auch einfach Zeit zum Plausch mitbringen, damit die Eltern einmal abschalten und dadurch wieder Kräfte sammeln können.

Kontakte und Erfahrungsaustausch

Die Eltern von Zwillingen haben berichtet, daß sie mit ihren Alltagsproblemen oft allein stehen, Bekannte mit ähnlichen Problemen, mit denen sie sich austauschen könnten, kennen sie keine. Der Effekt: ein Leben «unter einer Käseglocke».

Mittlerweile gibt es in vielen Kindergärten und in allen evangelischen und katholischen Mütterschulen sowie in einigen Gemeinden sogenannte *Mutter-Kind-Treffs* oder *Spielkreise*, die bereits sehr kleine Kinder aufnehmen. (Am besten ist es, sich schon während der Schwangerschaft in der Schwangerschaftsgymnastik nach solchen Möglichkeiten zu erkundigen.) Auch hier muß die Zwillingsmutter für zwei Kinder da sein, während die anderen sich auf ihr eines Kind konzentrieren können. Aber sie hat Kontakte und Gesprächspartner und kommt aus der Isolation heraus. In «meinem» Spielkreis habe ich auch eine andere Zwillingsmutter getroffen.

Die Spaziergänge haben da eine sehr wichtige Funktion, auf ihnen findet man häufig Kontakt zu anderen Zwillingseltern. Ich habe schon erlebt, daß wir als vier Zwillingsmütter mit acht Kindern im Park zum Plausch beieinanderstanden.

Kindergarten

Der Übergang

Für die meisten Kinder ist der Kindergarten der erste Schritt heraus aus der Familie in eine größere Kindergruppe mit einer zunächst fremden Bezugsperson. Es ist ein Übergang, den Eltern und Erzieher bemüht sind, so zu gestalten, daß das Kind die damit gestellten Anforderungen konstruktiv bewältigt. Die Ablösung von der Mutter steht hierbei im Vordergrund. Für sie heißt es, das Kind loszulassen, es einer anderen Person (in der Regel auch einer Frau) anzuvertrauen, ihr die Betreuung des Kindes zuzutrauen und darauf zu hoffen, daß die bereits erworbenen Fähigkeiten und Fertigkeiten dem Kind eine positive Entwicklung im Kindergarten ermöglichen. Das ist ein Schritt, der zum Älterwerden für das Kind dazugehört. Und ein positiv bewältigter Übergang verstärkt natürlich die Selbstsicherheit und das Selbstbewußtsein des Kindes und prägt seine Einstellung, die dann auch den nächsten Übergang (in die Schule) mitbeeinflußt.

Für Zwillinge bedeutet dieser Übergang einen einschneidenden Einfluß auf die Paardynamik, unabhängig für welchen Weg sich die Familie entscheidet. Sollen sie in zwei verschiedenen Gruppen betreut werden, werden sie sich neben der Mutter auch von dem anderen Zwilling lösen, zumindest es aushalten, daß der Blickkontakt und die dauerhafte Präsenz unterbrochen werden. In jedem Fall haben Zwillinge im Kindergarten Gelegenheit, ohne elterliches Zutun neue Kontakte zu schließen.

Wir haben aus den Familiengeschichten erfahren, daß jede Zwillingsgemeinschaft ihre Beziehung individuell gestaltet. Dies aufgrund der Zwillingskonstellation, der Erziehungsvorstellungen der Eltern und der Einflüsse durch Verwandte, Freunde und Wohnumfeld. Entsprechend kann es keine festgelegte Position geben im Hinblick darauf, ob Zwillinge von Beginn an in eine oder in getrennte Gruppen sollen. Wohl aber sollte das Ziel *eine zunehmende Selbständigkeit jedes Zwillings innerhalb der Paarbeziehung* sein.

Eine oder zwei Gruppen?

Wenn Eltern von Zwillingen die Kinder schon früh zum Spielkreis (Mutter-Kind-Treffen) bringen, können sie dort beobachten, ob die beiden bereits offen für Kontakte zu anderen Kindern sind. Wenn sie schon häufiger vom anderen Zwilling getrennt mit einem Elternteil unterwegs, bei Freunden oder Verwandten sein durften, haben die Kinder bereits positive Erfahrungen, die die Selbständigkeit und Loslösung vom anderen Zwilling im Kindergarten erleichtern. Wichtig scheint mir, daß die Eltern nur das tun, wovon sie wirklich überzeugt sind.

Voraussetzungen im Kindergarten

Ich habe von Erzieherinnen berichtet, die den Prozeß des Selbständigwerdens unterstützen und damit auch den Eltern Zeit lassen wollen, sich allmählich von dem Paarbild zu lösen und jedem Kind mehr Eigenständigkeit zuzugestehen. Dies setzt voraus, daß jede Kindergartengruppe mehrere Jahrgänge in sich vereint, also altersgemischt organisiert ist, damit es wenigstens zwei Parallelgruppen gibt. Sonst wäre eine Trennung später oder von Beginn an nicht denkbar. Dies sollte für Zwillingseltern ein Kriterium zur Auswahl des Kindergartens sein.

Gleichzeitig hat sich die Pädagogik im Kindergarten insgesamt weiterentwickelt. Nicht nur altersgemischte Gruppen sind relativ selbstverständlich. Die Gruppen haben auch damit begonnen, sich allmählich zu öffnen und so den Kindern eine größere Kontakt- und Erfahrungsvielfalt zu ermöglichen. So ist es nur noch höchst selten, daß die gesamte Kindergruppe für die überwiegende Verweildauer in einem Gruppenraum «kaserniert» ist. Die Kinder können sich besuchen, treffen sich in anderen Räumen des Hauses, bleiben über längere Zeit in der anderen Gruppe. Das nützt natürlich jenen Zwillingen, die sich nur allmählich von dem anderen verabschieden wollen, die aber prinzipiell verschiedenen Gruppen zugeordnet sind. Eine flexible und ganz allmähliche Ablösung wird bei diesen Öffnungskonzepten denkbar, ohne von Beginn an starre Lösungen zu favorisieren. Erzieherinnen und Eltern können vermutlich in einer solchen konkreten Situation gemeinsam eine Reihe gangbarer, individueller Lösungen entwickeln.

Erzieher und Eltern

Die Eltern erfahren beim Anmeldungsgespräch im Kindergarten, wie ihre besondere Situation von den Erzieherinnen aufgenommen wird. Es gibt Kindergärten, in denen die Erzieherinnen Geschwister und damit auch Zwillinge grundsätzlich trennen oder grundsätzlich zusammenlassen.

In solchen Fällen müssen die Eltern damit rechnen, daß auf ihre konkrete Situation, ihre Vorstellungen und Erfahrungen möglicherweise mit wenig Sensibilität und Einfühlungsvermögen reagiert wird. Dann ist es vielleicht lohnend, an anderer Stelle einen weiteren Versuch zu starten. Fühlt sich die Mutter verstanden und ernst genommen und mit ihren besonderen Fragen gut aufgehoben, wird sie mit der Erzieherin zu Vereinbarungen kommen, die beide Seiten mittragen können.

Schule

Schulreife

Bei der Beurteilung der Schulreife sind die Erzieherinnen für die Eltern wichtige Gesprächspartner. Sie haben die Kinder über einen langen Zeitraum in unterschiedlichen Situationen und ihrem Entwicklungsprozeß insgesamt beobachtet. Sie sind in ihrer Wahrnehmung weniger subjektiv als die Eltern selbst. Zu besonderen Überlegungen sind sie veranlaßt, wenn die Zwillinge nicht zur gleichen Zeit die für den Schuleintritt notwendige Reife entwickelt haben.

Vielleicht gelingt es den Eltern, sich an folgender Frage zu orientieren: Wie würden wir entscheiden, wenn wir jeweils nur das eine Kind beurteilen müßten? Erst im zweiten Schritt sollten sie das Paar im Blick haben. Wir kennen mittlerweile viele Beispiele (auch aus diesem Buch), in denen Zwillinge individuelle, auch zeitlich versetzte Eingewöhnungsphasen im Kindergarten hatten.

Die zeitlich ungleiche Einschulung ist gravierender, offenbart deutlicher eine Ungleichheit – und wenn es ungünstig läuft – eine Hierarchisierung innerhalb der Paarbeziehung. Diese Auswirkungen sollten aber erst an zweiter Stelle unserer Überlegungen stehen. Zunächst müssen die Eltern sich fragen: Was bedeutet es einerseits für jeden der beiden, wenn sie in verschiedenen Jahren eingeschult werden, sie für ein Jahr einen sehr unterschiedlichen Status als Kindergarten- und Schulkind haben? Was bedeutet es andererseits, wenn das eine Kind auf den anderen warten soll, d. h. zugunsten der Gemeinsamkeit die gerechtfertigte Einschulung nicht stattfindet?

Nicht nur den Zwillingen, sondern auch der Umwelt gegenüber wird das die Eltern viel Überzeugungskraft kosten, und manchmal werden sie sich dem Umfeld gegenüber unnötig rechtfertigen müssen. Je überzeugender die Eltern von diesem vielleicht notwendigen Schritt sind, um so eher werden ihn die Kinder nachvollziehen. Das Problem ist meist weniger von den Kindern als von den Eltern zu bewältigen. Es muß nicht nur im Kopf, sondern auch in der Haltung klar sein, daß der nach sorgfältigen Überlegungen und vielen Absprachen gewählte Schritt der richtige ist. Diese, der Entwicklung der Kinder angemessene Entscheidung gibt ihnen selbst das Signal: So wir ihr seid, seid ihr in Ordnung, wir begleiten euch in eurer Individualität und akzeptieren sie, so wie sie ist. Das kann die Basis für eine sehr positive und auch entlastende Beziehung der beiden Kinder untereinander und zu den Eltern sein.

Mit Freunden in die gleiche Klasse

Dies wird ein Problem, wenn die Zwillinge bislang in einer Gruppe waren und nur gleiche Freunde haben oder wenn alle Kinder eines Kindergartens gemeinsam in eine Klasse eingeschult werden sollen. Was ist, wenn sie in verschiedene Klassen eingeschult werden sollen? Was ist mit den gemeinsamen Freunden?

Sarah und David sollten in verschiedene Klassen kommen. Beide hatten eigene Freunde in ihren Kindergartengruppen gewonnen und sollten möglichst mit ihnen gemeinsam eingeschult werden. Um zu verhindern, daß Sarah mit Davids und David mit Sarahs Freunden in eine Klasse kamen, waren Gespräche mit den Kindern, ihren Freunden, deren Eltern sowie mit der Schulleitung notwendig. Der Rektor unterstützte die genauen Absprachen, und so konnte für beide ein gleitender Übergang gemeinsam mit den jeweiligen Freunden erfolgen.

Die Schulanmeldung

Nachdem oder während der Anmeldung des Kindes im Sekretariat findet meist das erste Gespräch mit dem künftigen Schulkind statt. Oft werden hierbei auch einige Fragen zur Person des Kindes, seinen Hobbies und aktuellen Besonderheiten gestellt. So können in kleinen

‹Testübungen› basale Fertigkeiten und Fähigkeiten, die ein erstes Bild über den Entwicklungsstand des Kindes geben, überprüft werden.

Keine guten Erfahrungen machte Pedro, der mit seinem Zwillingsbruder und seiner Mutter gemeinsam zum erstenmal die Schule betrat. Sie stellte beide Kinder bei der Anmeldung dem Rektor vor. Und dieser widmete sich beiden gleichzeitig. Er fragte nach ihrer Adresse, Telefonnummer etc., die der kontaktfreudigere Mario schneller beantworten konnte. Pedro, der sein Wissen etwas langsamer preisgab, schnitt bei diesem ersten Auftritt in der Schule nach Meinung der Mutter deutlich schlechter ab. Pedro war frustriert. Auch war es für den Rektor keine Frage, die beiden gehörten in eine Klasse: «Wir werden damit keine größeren Probleme haben.»

Die Mutter rät anderen Zwillingseltern: Zwillinge sollten an verschiedenen Tagen in der Schule angemeldet werden, um ihnen eine Chance zu geben, eigenständige und positive Ersterfahrungen mit der neuen Institution zu machen. Jedes Kind hätte so Zeit für sich, den Kontakt zu dem Rektor zu finden, sich ihm vorzustellen. Und: Einzeln vorgestellte Zwillinge machten den Gedanken der Einschulung in zwei Klassen für einen Rektor nachvollziehbar. (Weitere Erfahrungen vgl. v. Gratkowski 1994, S. 154ff, und Haberkorn 1989).

Pubertät

Während der Pubertät wollen die Jugendlichen ihre eigenen Entwicklungswege gehen, und sie möchten auch dann noch geliebt werden, wenn sie anders geworden sind. Das Eigene wird neu gestaltet. Man sucht sich Lebensbereiche, in denen man selbst entscheidet, in denen Eltern (und der Zwilling) draußen bleiben müssen. Die Familie wird kritischer gesehen, das Gemeinsame in Familie und Paarbeziehung überprüft. Weder bei der Gestaltung des Zimmers noch bei der Auswahl der Kleidung haben Erwachsene etwas mitzureden. Dasselbe gilt für die Auswahl der Freunde/innen. Gesprächspartner sind zunehmend Gleichaltrige außerhalb der Familie. Und hier geht es um Themen wie Körperlichkeit, Gefühlsleben, Autonomie.

Wenn in dieser Phase die Nähe innerhalb der Paarbeziehung freiwillig gewählt werden kann, dann ist sie gut verlaufen. Werden Nähe oder Distanz erzwungen, bleibt dies für beide konflikthaft.

Der eigene Raum

Mehr als früher leben Kinder heute in Räumen, verbringen sie alleine oder mit Freunden ihre Freizeit in öffentlichen Räumen und auch im «Kinder»-Zimmer. Es ist jener Bereich der Wohnung, der von den Kindern selbst (mit-)gestaltet wird, in den sie ihre Vorstellungen einbringen dürfen. Es ist gut, wenn Eltern sich ein wenig davon lösen, auch diesen Bereich repräsentativ gestalten zu wollen.

Spätestens in der Pubertät ist für alle Kinder, also auch für Zwillinge – vielleicht oder vermutlich für sie besonders –, das eigene Zimmer ein wichtiges Refugium, um sich zurückzuziehen, sich abzugrenzen, für sich zu sein, um dann freiwillig wieder aufeinander zuzugehen.

Auch wenn es Eltern von Pärchenzwillingen schneller einleuchten mag, daß spätestens in der Pubertät beide ein Recht auf Intimität haben, ist dies doch bei allen Paarkonstellationen notwendig, auch wenn es nicht mit der gleichen Vehemenz gefordert wird.

Mit dem eigenen Raum gibt die Familie ein Signal, daß sie den Weg der Individuation unterstützt. Und plötzlich beginnen beide, in ihren neu eroberten eigenen vier Wänden genauer darüber nachzudenken, wie sie selbst, und nur sie allein, gerne ein Zimmer gestalten wollen. Es entwickelt sich eine individuelle Visitenkarte. Erfahrungsgemäß dauert bei dem bislang etwas weniger eigenständigen Zwilling dieser Prozeß etwas länger, hat er doch bislang von der Kreativität des anderen profitiert.

In unserer Familie war die Zwillingsschwester zunächst als Beraterin des Bruders gefragt. Aber zunehmend füllten sich die halbleeren Regale und kahlen Wände des nunmehr jugendlichen Jungen mit seinen eigenen Ideen, je länger er sich alleine in seinem Raum aufhielt und ihn mit Leben füllte. Für sich sorgen, seine eigenen Bedürfnisse unabhängig vom Zwillingspartner leben, sich in der Raumgestaltung ausdrücken – dies sind wichtige Erfahrungen auf dem Weg zu mehr Eigenständigkeit. Wenn beide dennoch gerne in einem Raum schlafen oder sich besuchen wollen, bedarf es der gegenseitigen Verständigung und Abklärung.

Ist der eigene Raum aus Platzgründen nicht möglich, tun es Raumteiler. In unserer Familie half in den letzten Jahren vor der räumlichen Differenzierung die von den Kindern entwickelte Vereinbarung: Hat der eine Übernachtungsbesuch, wird geklärt, ob der andere im gleichen Raum übernachten kann. Prinzipiell bietet er ein Ausweichen in einen anderen Raum an. Tagsüber galt eine ähnliche Regel. Gemeinsame Zeit mit Freunden des einen oder anderen ist noch immer gegeben.

Also: Getrennte Räume schließen Gemeinsamkeit aus, unterstützen aber den Prozeß der Individuation und entspannen die Paarbeziehung in ihrem aktuellen Bedürfnis, die bislang eher selbstverständliche Nähe zu etwas zu machen, das der Absprache bedarf!

Wunsch der Kinder

Die Zwillinge wollen es packen, sie wollen den Sprung in ein neues Leben schaffen. Dennoch wollen sie sowohl innerhalb der Paarbeziehung als auch in der Familie mit ihrer neuen Position geliebt werden.

Sie wünschen sich das Recht auf eine eigene, unverwechselbare Entwicklung. Die Vorstellung, wer sie sind, wird in dieser Zeit immer klarer. Dies sollte akzeptiert werden, ohne daß der Zwilling ständig darum kämpfen muß.

Wenn Zwillinge Angst vor dem Konflikt haben, ihre Einzigartigkeit sowohl gegenüber dem Zwilling als auch den Eltern durchzusetzen, wird dieser Prozeß verschoben oder psychosomatisch agiert.

Die Zwillinge brauchen unterstützende Signale, um den Prozeß der Individuation auszuhalten, der in der Paarbeziehung mit Kränkungen verbunden ist. Je ähnlicher und enger sie bislang zusammenlebten, um so schwieriger wird vermutlich dieser Prozeß.

Worauf sollten Eltern achten?

Zwillingseltern «verlieren» gleich zwei Kinder, müssen sich auf die neue erwachsenere Ebene mit jugendlicher Tochter und/oder Sohn einstellen. Sind es die einzigen Kinder, ist dies ein großer ‹Verlust›, der erst allmählich – je nach eigener Lebensplanung – als Gewinn und – als Entlastung oder als eine große Lücke erlebt wird. In jedem Fall ist mit dieser Phase das Thema Abschied von der Kindheit der Söhne und Töchter verbunden, den Zwillingseltern gleich zweimal parallel durchleben. Eltern sollten sich dieser Situation bewußt sein und sich auch die Frage stellen, welche Bedeutung Individuation für das eigene Leben und für die Erziehung der Zwillinge hat und welche Entfaltungsspielräume dem einzelnen in der Familie gegeben sind.

Sie sollten in jedem Fall, unabhängig davon, welche Art von Zwillingskonstellation sie vor sich haben, keine gleichen Prozesse erwarten. Die Eltern brauchen ein inneres Konzept: «Das sind zwei Kinder!» Vor allem in der Zeit der Pubertät ist dieser Blick besonders wichtig. Ein ständiges Vergleichen und Gleichmachen stellt neue Hürden auf: «Mensch, ihr seid doch beide zwölf Jahre, ihr müßt doch beide...»

Bei gleichgeschlechtlichen Zwillingen ist die Verführung, gleiche Prozesse zu erwarten, größer als bei zweieiigen Zwillingen. Vor allem gemischtgeschlechtliche Zwillinge leben über lange Strecken ungleiche Entwicklungsphasen. Eltern sollten sich genau ansehen, welche Arten des Widerstandes sie zulassen wollen und können (geschlechtsspezifisch und gesellschaftlich toleriert) und wie die Jugendlichen ihre Konflikte be- und verarbeiten: Mädchen leise und sanft, eher die Konflikte im Hintergrund belassend; Jungen eher laut und offensiv. Welche Signale geben die Eltern ihren Kindern? Wie wird Eigenständigkeit in der Familie bewertet? Wird sie negativ als Egoismus verstanden?

Aus meiner Sicht ist Eigenständigkeit (Autonomie) die Basis, um darauf aufbauend soziale Beziehungen neu und kooperativ zu gestalten, vor allem zum Zwillingspartner. Dabei haben beide ihre Fähigkeiten des Teilens, ihre positiven Erfahrungen aus der nahen Paarbeziehung der Kindheit weder verlernt noch vergessen.

Der Zwillingsmythos damals und heute

Ein Blick auf unsere Kultur und Zeit

Eigentlich sollte ein Bild unserer Zwillinge den Titel dieses Buches schmücken. Aber – so hieß es – wir hätten ja keine typischen Zwillinge. Was kennzeichnet dieses Zwillingsbild? Ich habe Erwachsene gefragt:

«Zwillinge – woran denken Sie bei diesem Begriff?»

Die spontanen Antworten lassen sich zu drei Gruppen zusammenfassen:

Zwillinge sind gleich, weil sie gleich aussehen

«Zwei gleiche Kinder. Ich denke an eineiige Zwillinge, die von der Familie und der Umwelt gleichgemacht werden. Ich denke, sie müssen gleich sein, weil sie gleich aussehen.»

«Eineiige, immer gleich, wenig Individualität, Symbiose.»

«Geschwister, die gleich sind, gleich angezogen sind und gleich aussehen. Vielleicht sind sie im Verhalten unterschiedlich, aber das fällt bei so viel Gleichheit gar nicht auf.»

«Erlebe ich die Kinder als Einheit, gebe ich mir schon keine Mühe mehr, sie auseinanderzuhalten und spreche nur noch von ‹den Zwillingen›.»

Zwillinge sind nicht allein

«Es ist schön für die Kinder, zusammen groß zu werden. Ich wurde sie nicht gleich anziehen.»

«Für die Kinder ist es eine tolle Sache, miteinander groß zu werden.»

«Wie praktisch, zwei, die miteinander spielen können.»

«Es ist sicher viel Freude, aber auch viel Arbeit. Man hat nie mehr Langeweile.»

«Viel Arbeit und Nervenbelastung, ich wollte sie nicht haben.»

«Anstrengend, eher strapaziös als mit einem Kind. Man kann sich emotional nicht so einlassen auf zwei Kinder – das bringt Probleme.»

«Mit einer Schwangerschaft zwei Kinder zu haben – das ist schön. Es ist aber auch sicher schwierig, die Anforderungen durch anstrengende Phasen in der Entwicklung (zum Beispiel Zwei- bis Dreijährige mit großer Entdeckungsfreude und Bewegungsdrang) bei gleich zwei Kindern zu bewältigen.»

«Ich denke zuerst, daß es schwierig ist für Eltern, immer für zwei Kinder gleichzeitig dazusein. Ich denke an das Problem, den Bedürfnissen der Kinder gerecht zu werden, und an die Konkurrenz der Kinder untereinander.»

Diese spontanen Aussagen von Erwachsenen spiegeln die weit verbreitete, nicht reflektierte Vorstellung von Zwillingen wider. Diese Vorstellung ist Teil des Mythos, der diese besondere Paarung zweier Menschen umgibt. Mythos – das sind die aus alten Zeiten übernommenen kulturellen Vorstellungen zu dieser Paarbeziehung, die hier wirksam sind und Merkmale wie besondere Intimität, gleiches Aussehen und gleiche Persönlichkeit enthalten. Mythos aber auch, weil diese Vorstellungen darüber hinaus eben auch eine Aura von Geheimnisvollem um diese «Zweiheit einer Einheit» verbreiten. Daraus kommen die Zuschreibungen, die Eigenständigkeiten kaum zulassen, die das Paar aufeinander fixieren und der individuellen Persönlichkeitsentwicklung jedes Zwillings zuwiderlaufen. Dabei gilt das Hauptinteresse natürlich den eineiigen Zwillingen und ihrer oft vorzufindenden äußerlichen Gleichheit bis zur Unmöglichkeit, sie zu unterscheiden sowie der besonders großen Nähe, die sie zueinander empfinden. Dabei sind fast drei Viertel aller Zwillinge zweieiig. Ein Teil dieses Mythos ist die Vermutung einer besonderen Einheit, als läge hier die Verdoppelung eines Menschen vor. Daher werden Zwillinge häufig gleich gekleidet.

Daß Zwillinge selbst oftmals diesen Mythos verinnerlichen, haben Steffi und Susi formuliert. Sie sagen, sie wollten als Kinder gleich sein.

Selbst manche erwachsenen eineiigen Zwillinge glauben an die eine gemeinsame Seele oder zumindest an die totale Gleichheit, die sie auch nach außen demonstrieren und in einem gemeinsamen Lebensentwurf gestalten wollen. Beispiele aus Talkshows der letzten Monate haben (neben vielen differenzierter lebenden Paaren) genau dies demonstriert. Auch wenn die Erfahrung zeigt, daß die Realität in der Regel dem Mythos nicht entspricht, ja er den Zwillingen und deren Umfeld eher große Probleme bereitet – der Mythos lebt in den Köpfen und beeinflußt das Denken und die Haltung der Menschen.

Wenn Eltern es fertiggebracht haben, Zwillinge in die Welt zu setzen, erhalten sie besonderes Lob für besondere Leistung. Dies vor allem dann, wenn die Kinder durch ihre Einheit und Gleichheit den Mythos besonders deutlich verkörpern. Die Eltern erhalten dadurch «Wiedergutmachung» für die Phasen der Überforderung, die Kinder behalten als Paar ihren Sonderstatus, den sie – treten sie allein auf – sofort verlieren.

Zwillinge sind etwas Besonderes, mit besonderer geschwisterlicher Zuneigung einander verbunden – etwas, das sich die meisten von uns irgendwann einmal gewünscht haben. Auch in den Mythologien finden wir Geschichten, die die Faszination der lange Zeit ungeklärten Laune der Natur zu verstehen versucht. Vor allem männliche eineiige Zwillinge sind in diesem Zusammenhang mit besonderen Fähigkeiten ausgestattet. Dagegen ist die Bewertung von Zwillingsgeburten bei Naturvölkern, unabhängig von der Paarkonstellation, keineswegs eindeutig positiv. Die Reaktionen sind abhängig von ökonomischen Ressourcen oder den Erklärungsmodellen, mit deren Hilfe man die Mehrlingsgeburt zu verstehen versucht.

Mythologien

Gott oder andere übernatürliche Wesen haben bei der Zeugung von Zwillingen die Hand im Spiel

Damit fand das Geheimnis der Mehrlingsgeburt eine Erklärung. Dies gepaart mit der Faszination der äußeren Gleichheit, machte die Zwillinge in der Vorstellung stark, verlieh ihnen übernatürliche Kräfte, ließ sie Prüfungen und Herausforderungen bestehen und schwierige Ziele erreichen.

Davon handelt ein nordamerikanisches Indianermärchen. Es heißt: *Die Reise der Zwillinge zur Sonne.*

«Der Sonnengeist, der über den großen Wüsten steht, entbrannte in heißer Liebe zu der schönen Häuptlingstochter Estsan-ah-tlehay. Von seinen Strahlen wurde sie schwanger und gebar Zwillinge. Den Älteren nannte die Nayenazgani, den Jüngeren Tohbachischin. Die beiden Knaben spielten fröhlich mit den anderen Kindern vor dem Dorf, in dem sie lebten, und oft besuchten sie Begochiddy, den Gott der Schöpfung, und Haschje-altye, den sprechenden Gott, denn beide hatten die Kinder herzlich lieb. Mit vier Jahren waren die Zwillinge groß und stark, und mit sechzehn Jahren waren sie voll ausgewachsen. Sie sahen sich so ähnlich, daß der eine nicht von dem anderen zu unterscheiden war. Sie fragten nun danach, wer ihr Vater sei, aber ihre Mutter schämte sich, es ihnen zu sagen. Doch sie ließen nicht nach mit ihren Fragen, und eines Tages, als die Sonne in halber Höhe am Himmel stand, deutete die Mutter der Zwillinge hinauf zum Himmel und sprach: ‹Dort ist euer Vater.› Etsay-Hesteen, der erste Mann der ersten Welt, hatte den Knaben einen schönen Bogen und viele gute Pfeile gegeben, und so manchen Tag verbrachten sie auf der Jagd. Auf einem Jagdzug war es auch, als ihnen der Gott Begochiddy begegnete. Er setzte sich zu ihnen und erinnerte sie daran, daß der Sonnengott ihr Vater sei.

‹Ihr müßt ihn besuchen›, sagte er zu ihnen und versprach, ihnen bei der Reise beizustehen und ihnen Geschenke mit auf den Weg zu geben. Er schenkte dem älteren Zwilling einen Regenbogen und dem jüngeren einen Lichtstrahl.

Der Sonnengeist aber galt als grausamer Mann, der schon viele Tiere und Menschen verdorben hat. Für ihre Reise, zu der sie, ohne der Mutter etwas zu sagen, aufbrachen, erhielten sie den Beistand der Tiere.

Beim Sonnengeist angekommen, mußten die beiden schwere Prüfungen überstehen. Die Gaben der Tiere halfen ihnen nicht nur auf dem Weg. Auch jetzt, im Schwitzhaus des Vaters, schützten sie die Kräfte der Adlerfeder, das Geschenk einer Spinne. Und die Weidenblätter der Raupe machten sie unempfindlich gegenüber den Giftpfeilen, die der

Vater gegen sie richten ließ. Als der Sonnengeist ihre Unverwundbarkeit erkannte, schloß er die Zwillinge in seine Arme, denn er war sich sicher, daß er seine beiden Söhne vor sich hatte. Sie wurden verwöhnt, gebadet, gepudert und mit den Blättern wohlriechender Blumen eingerieben. Besondere Pfeile, ein Messer und einen magischen Zauberstab nahmen sie als Geschenk mit. Als sie begriffen hatten, mit all diesen Dingen umzugehen, durften sie zu ihrem Volk zurückkehren.» (Vgl. Hetman 1970, S. 22 ff.)

Zauberkräfte, die magische Nähe der Seelen zueinander und die Solidarität der Zwillinge lassen sie besondere Herausforderungen überwinden und führen zum Ziel.

Die besondere Stärke liegt nicht nur in dem Zauber, den die Zeugung der Zwillinge umgibt. Wie durch eine Magie sind die beiden Seelen, und damit auch die beiden Schicksale, miteinander verbunden, der eine ist auf die Hilfe des anderen angewiesen. Beide können getrennte Wege gehen, zwar auf sich alleine gestellt, aber in der Not der Unterstützung durch den Zwilling sicher.

Ein skandinavisches Märchen handelt davon, es heißt
Die Fischersöhne.

«Es war einmal ein Mann, der war draußen und fischte. Er war die ganze Zeit auf dem Meer, hatte aber kein Glück. Als es Abend wurde, und er nach Hause ruderte, merkte er, daß etwas angebissen hatte. Und als er die Angelschnur hochzog, war es ein riesiger Heilbutt. Als er ihn über dem Wasserspiegel hatte, fing der Fisch zu reden an und bat herzlich, ihn wieder entschlüpfen zu lassen. Nein, sagte der Mann, das könne er nicht, er hätte sich den ganzen Tag abgequält und nichts bekommen, so daß er ihn mit nach Hause als Kochfisch nehmen müsse. Ja, da er also nicht entweichen konnte, bat ihn der Fisch, daß er ihn in acht Stücke zerhacken möge: zwei sollte er seiner Frau geben, zwei der Hundin, zwei der Stute, und zwei sollte er auf den Tisch legen, Leber und Lunge sollte er im Keller vergraben. Das tat der Mann. Nach einer gewissen Zeit wurde die Frau schwanger und bekam zwei Jungen, die Hündin bekam zwei Welpen und die Stute zwei Fohlen, und auf den Tisch kamen zwei Schwerter.

Die Jungen wuchsen heran und wurden große und stattliche Kerle, und sie sahen sich so ähnlich, daß man sie nicht auseinanderhalten konnte. Da bat der eine um Erlaubnis, in die Welt zu dürfen, um sein Glück zu versuchen. Die bekam er. Und der Vater sagte zu ihm, daß er den Hund nehmen sollte, der zuerst bellte, und das Pferd, das zuest wieherte, und das Schwert, das sich zuerst bewegte, wenn er dazu Gelegenheit bekam. Nun rüstete er sich aus und brach auf.

Auf seinem Weg traf er eine Prinzessin in Trauerkleidern, die, wie alle anderen Jungfrauen des Landes vor ihm, nun als letzte dem Troll geopfert werden sollte. Der König hatte zuvor gelobt, daß der Mann die junge Prinzessin zur Frau haben sollte, der sie aus den Klauen des Trolls erretten würde. Gegen den Troll, der aus der sausenden See aufstieg, schickte der Fischersohn sein Pferd, den Hund und das Schwert in den Kampf, den sie siegreich beendeten. Der Fischersohn schnitt dem roten Troll die Zunge ab und versteckte sie.

Kurz vor dem Schloß sollte der Retter warten, denn sie Prinzessin wollte den König mit einem Wagen ihm entgegenschicken. Sie brach zu dem letzten Stück des Wegs alleine auf. Unterwegs traf sie auf den Köhler, der sie erpreßte und darauf bestand, ihn dem König als Retter vorzustellen. Und so kam es zur Hochzeit der Königstochter mit dem Köhler.

Der junge Mann aber hatte das Warten satt und ging nun doch zum Königshof, wo er am Rande des Festes auf den Bruder der Prinzessin traf. Mit Hilfe von Pferd, Hund und Schwert entwendeten sie Braten, Wein, Fleisch und Kuchen aus dem Hochzeitshaus. Den Hochzeitskuchen konnten die drei Helfer nur nach heftigem Kampf erobern. Diesmal erfuhr der König von dem jungen Mann, der daraufhin beim Hochzeitsfest dicht neben der Braut Platz fand. Die Zunge des Trolls schließlich war der Beweis dafür, daß der Fischersohn das Untier getötet hatte, und der Köhler wurde für seinen Betrug in den letzten Meiler verbannt.

Am Abend der Hochzeit entdeckte der Fischersohn ein fernes Licht, das zur Behausung der Mutter des getöteten Trolls gehörte. Gegen den Willen der jungen Braut eilte er dorthin. Jene aber verwandelte den Fischersohn, Pferd, Hund und Schwert in Steine. Sieben Jahre Warten und Trauer auf dem Hof, bis der Fischer im Keller der Hütte Leber und Lunge des Heilbutts ausgrub, um zu erfahren, wie es seinem Sohn ergangen sei. Beides war mit Blut getränkt.

Also machte sich der Bruder auf, um seinen Zwilling zu retten. Vor dem Hof erfuhr er von dem Geschehen, aber am Hof selbst hielt man ihn für den heimgekehrten Jüngling. Auch er eilte zu dem Trollweib. Er durchschaute sie schnell und brachte sie mit seinem Pferd, dem Hund und dem Schwert in so arge Bedrängnis, daß sie die Steine von ihrem Fluch befreite. Mit dem rechtmäßigen Bräutigam wurde eine große Hochzeit gefeiert.» (vgl. Barüske 1972, S. 97 ff)

Die Anfänge des Mythos und Zwillingskults liegen im dunkeln. In der nordeuropäischen Bronzekultur herrschte in auffälliger Weise die Zweizahl vor. Pferd, Schwäne, Sonnenräder, Äxte und Schiffe traten verdoppelt auf. In den ältesten indischen Schriften nehmen Zwillingsgötter einen hohen Rang ein, und die vom Himmel gezeugten Zwillingsbrüder genießen höchste Verehrung. Sie werden als heldenhafte, unzertrennliche Beschützer beschrieben, begabt mit besonderen Fähigkeiten, Wunder zu vollbringen.

Das Sternbild der Zwillinge erhielt seinen Namen in der griechischen Frühgeschichte. Sie sind nach den Söhnen des Zeus, Kastor und Polydeukes, aus der griechischen Mythologie benannt und unter den lateinischen Namen Kastor und Pollux bekannt.

Die berühmtesten Zwillinge der italienischen Geschichte sind Romulus und Remus, die, von einer Wölfin gesäugt, später die Gründer Roms wurden.

In der Bibel sind Isaaks und Rebekkas Zwillinge Jakob und Esau beschrieben, die im Kampf um das Erstgeburtsrecht zerstritten auseinandergingen. Jakob, der Esau dieses Erstgeburtsrecht für ein Linsengericht abgekauft und sich den Segen des Erstgeborenen durch den erblindeten Vater erschlichen hatte, wurde später der Stammvater des Volkes Israel.

Die besondere Lebenssituation der Zwillinge hat auch die Schriftsteller immer wieder angeregt, und so wurde sie in zahlreichen Komödien, Tragödien und Märchen beschrieben.

Shakespeare zum Beispiel, selbst Vater von Zwillingen, hat das Thema in seinem Stück ‹*Komödie der Irrungen*› und später in ‹*Was ihr wollt*› aufgegriffen.

Marcel Mihalivice schrieb die komische Oper ‹*Die Zwillinge*›.

Und durch die Gebrüder Grimm sind die Märchen ‹*Die zwei Brü-*

der›, ‹*Schneeweißchen und Rosenrot*› und ‹*Die Goldkinder*› überliefert, die alle von der besonderen Treue der Zwillingsgeschwister zueinander sprechen.

Die Verstrickungen, in die getrenntgeschlechtliche Zwillinge geraten können, beschreibt Thomas Mann in seiner Erzählung ‹*Wälsungenblut*›. Das gleiche Motiv der Liebe in einer solchen Paarbeziehung taucht in Wagners ‹*Walküre*› aus dem ‹*Ring des Nibelungen*› auf, in der die Zwillinge Siegmund und Sieglinde als die Eltern Siegfrieds erscheinen.

Das heute vielleicht bekannteste Buch, in dem die Beziehung zwischen Zwillingen eine Rolle spielt, ist Erich Kästners ‹*Das doppelte Lottchen*›.

Die Normen und Werthaltungen, die die Mythologien vermitteln, deuten auf die Stellung der Zwillinge im Bewußtsein der Umwelt von früher und heute hin.

«In manchen deutschen Gauen schrieb der Volksglaube noch in jüngster Vergangenheit solchen Personen und Gegenständen, die in Beziehung zu Zwillingen stehen, besondere Kräfte zu: In der Lüneburger Heide hatte eine Zwillingsmutter als solche eine besondere Gabe zur Heilung von Sehnenverrenkungen. Frauen, die Zwillinge geboren haben, besitzen eine gewisse Fähigkeit zum Wahrsagen, heißt es in Mecklenburg... Andererseits kennt auch das deutsche Volk ungünstige Anschauungen über Zwillinge: ‹Patscheter Zwilling› lautet eine bayerische Redensart, die soviel bedeutet wie ‹dummer Mensch›», schreibt H. von Bracken (v. Schlieben-Troschke 1981, S. 14).

Wie ist das bei Naturvölkern?

Aus der Mythologie des bronzezeitlichen Nordens, des frühen Griechenland und Indiens kennen wir die göttlich verklärten Zwillingsbrüder. Anders bei den Naturvölkern. Dort wurden Götter, aber häufig auch Dämonen, für jede Abweichung von den gewohnten Regeln bei Zeugung, Schwangerschaft und Geburt verantwortlich gemacht. Aber die Anschauung, einer der beiden Zwillinge habe keinen menschlichen Vater, ist nicht nur vielen Naturvölkern gemeinsam. Es erinnert auch an die eben beschriebenen göttlichen Verbindungen – dort allerdings beider Zwillinge – in den alten Mythen. Man kann davon ausgehen, daß diese Mythen vor allem dort erhalten sind, wo die alte Kultur noch relativ unberührt von westlicher Zivilisation besteht.

Bei 90% der Kulturen Afrikas und Südamerikas galten und gelten Zwillinge oft heute noch als Unglücksbringer. Die negativen Haltungen gegenüber Zwillingsgeburten hatten und haben häufig ökonomische Ursachen, da bei Naturvölkern z. B. die Mütter überfordert waren um gleichzeitig für den Ackerbau zuständig zu sein und zwei Kinder zu tragen. Auch bei überbevölkerten Ländern mit wenig Raum, wie etwa in Papua-Neuginea, gelten Zwillinge als Unglück. Lange Zeit herrschte die Vorstellung, Zwillinge seien das Ergebnis einer doppelten Befruchtung. So waren sie in vielen Kulturen der Beweis für zu viel Sex, für Ehebruch der Mutter, wie z. B. im südamerikanischen Hochland oder bei den Apachen.

Zwillingsmythen tangierten bei vielen Naturvölkern lange Zeit das Schicksal der Mutter. Sie genoß Ansehen, wurde verstoßen oder gar getötet, je nach der Bedeutung der Zwillingsgeburt in dem jeweiligen Kulturkreis. Die Zwillinge selbst verehrte man als Menschen mit übersinnlichen Kräften, oder man tötete beide, den Zweitgeborenen oder das Mädchen im Paar.

Mit einigen Beispielen will ich das Schicksal von Zwillingen als Fluch oder Glücksbringer in anderen Kulturen illustrieren.

Bei den Mayas waren Zwillinge Teil einer göttlichen Schöpfungsgeschichte, sie selbst deshalb stets göttlich. Auch den Sioux gelten Zwillinge als übernatürliche Wesen und werden deshalb vom ganzen Stamm mit besonderer Sorgfalt betreut. In Mikronesien gelten Zwillinge als Geschenk der Götter.

In vielen Kulturen wurden der Mutter als Gebärerin der göttlichen Zwillinge besondere Fähigkeiten zugeschrieben.

Bei den Ovahereo (Namibia) galten die Zwillingseltern selbst als heilig. Man hatte sie zu bedienen und einen besonderen Kult einzuhalten. Eine besondere Magie wird Zwillingen bei den Tsimschian-Indianern (British Columbia) zugeschrieben. Man glaubt, daß sie das Wetter beherrschen und daß sich ihre Wünsche stets erfüllen. Auch bei den Bazonga (Afrika) herrschte die Vorstellung, daß sowohl die Zwillinge als auch deren Mutter die magische Kraft besaßen, Regen zu bewirken.

Die Yoruba (Nigeria) haben eine auffallend große Zwillingspopulation. Dort kommt bereits auf 23 Einzelgeburten eine Zwillingsgeburt. Sie haben einen aufwendigen Zwillingskult entwickelt, bei dem auch die Mutter der beiden besonders geehrt wird. Man glaubt an die ungeteilte Einheit der Seele von Zwillingen und an ihre Fähigkeit, Glück, Gesundheit und Wohlstand für die Familie zu bringen, in die sie geboren werden. Damit sie ihre vermeintlich übernatürlichen Kräfte nicht negativ einsetzen, verwöhnt man sie nach Kräften, um sie bei Laune zu halten.

Daß bei Naturvölkern Zwillinge angeblich so häufig Unglück bringen oder in der Vergangenheit brachten, hatte vor allem, wie schon erwähnt, ökonomische Ursachen, war begründet in extremer Bevölkerungsdichte oder von der Idee der doppelten Befruchtung als Folge eines Seitensprungs der Frau geleitet. Motive für diesen negativen Zwillingsmythos mit seinen oftmals brutalen Folgen für die Zwillinge selbst und auch für die Mütter waren also überwiegend eine Frage der vorhandenen Ressourcen und der Aufgeklärtheit über die biologischen Vorgänge bei der Entstehung von Zwillingen. Man muß bei diesen Schilderungen wohl weitgehend in der Vergangenheit sprechen. Denn durch die sogenannte Zivilisierung sind nur wenigen dieser Stämme die eigene Kultur und damit auch die Mythen ungebrochen erhalten geblieben. Auch die ökonomischen Voraussetzungen haben sich verändert, in der Regel auf Grund von Verelendung und Entwurzelung verschlechtert. Gleichzeitig hat das Wissen um Geburt und Zeugung auch vor diesen Stämmen – glücklicherweise – nicht halt gemacht.

Um dem Fluch einer Zwillingsgeburt zu entgehen, errichtet das Bergvolk der Akha, das im Gebiet des «Goldenen Dreiecks» in Nord-Thailand vom Opiumhandel lebt, heute noch in jedem Jahr ein neues Tor vor das Dorf, um mit bestimmten Symbolen die Götter wohlzustimmen. Darunter ist stets ein Zwillingssymbol, um der Bitte Ausdruck zu geben, dem Volk Zwillingsgeburten zu ersparen. Sie gelten dort als unglücksbringend – und beide Babys werden direkt nach der Geburt umgebracht.

Buschmänner Südafrikas (Hottentotten) erlebten Zwillinge als Unglück, vor allem, wenn es Mädchen waren. Sie wurden in verlassenen Tierhöhlen lebend den Hyänen ausgesetzt. Auch Bantu-Zwillinge wurden ausgesetzt und hatten kaum Überlebenschancen. Wegen der schwierigen Nahrungsversorgung galt für die Familien in Zentralaustralien die Zwillingsgeburt als Unglück, und auch hier wurden deshalb beide Kinder sofort getötet.

Gibt es eine Parallele zu unserer Kultur? Wir verfügen über das notwendige Wissen, um die biologischen Vorgänge zu verstehen, und wir sind relativ frei von mytischem Götterglauben. Unsere Bewertung der Zwillingsgeburt als Unglück oder Segen hat vor allem mit der je spezifischen Lebenslage der Familie zu tun, in die die Mehrlinge hineingeboren werden. Dringender Kinderwunsch etwa löst schnell Freude über die «Superschwangerschaft» aus. Eine eher «böse» Überraschung ist es, wenn dieser Kindersegen deutlich die psychischen, physischen und materiellen Ressourcen der Familie überfordert. Natürlich ist in unseren Kulturen das Leben der Zwillinge, wenn sie gesund geboren wurden, nicht gefährdet. Aber unter schwierigen Lebensbedingungen welcher Art auch immer ist die Entwicklung der zwei Kinder erschwert. Das paarbezogene Erziehungskonzept kann dazu verführen, so zu tun, als sei es ein Kind (Paar). Der Blick auf die Unterschiedlichkeit verschwimmt hinter dem Mythos der Einheit und Gleichheit im Paar, zu dem eineiige Zwillinge naturgemäß eher verführen als zweieiige oder Pärchen. Die Eltern können so zu Lasten zweier differenzierter Entwicklungsverläufe den Erziehungsaufwand verringern. Diese oft verständliche Reaktion verbindet sich nicht selten mit dem elterlichen Wunsch nach Wiedergutmachung für die besonderen Anforderungen. Und die Demonstration der Zwillinge als Paar, die diesen Mythos leben, ruft die sichere Reaktion der Umwelt von Staunen, Achtung, Anerkennung bis Bewunderung hervor. Dies gilt dann sowohl den Kindern als auch den Eltern.

Interessen der Forschung

Ist der Mensch durch seine ererbten Gene in seinen Eigenarten und Fähigkeiten festgelegt und durch familiäre und Umwelteinflüsse kaum mehr zu prägen? Oder sind Persönlichkeitsmerkmale, Intelligenz und Werdegang von sozialen Umweltfaktoren beeinflußbar? Wegen der genetischen Identität eineiiger Zwillinge versucht die Wissenschaft, über den «Königsweg der Zwillingsforschung» der Antwort dieser Fragen näherzukommen.

Erst seit Beginn dieses Jahrhunderts weiß man eindeutig, daß eineiige Zwillinge gleiche Erbanlagen haben. Zwei Forschungsinteressen sind seitdem bestimmend. Um den Anteil genetisch bedingter Unterschiede zu erkennen, verglich man gemeinsam aufgewachsene eineiige mit gemeinsam aufgewachsenen zweieiigen Zwillingen; um das Ausmaß umweltbedingter Einflüsse herauszufinden, interessierte man sich für Parallelen und Differenzen in den Lebensläufen getrennt aufgewachsener eineiiger Zwillinge.

Der US-Amerikaner Newman (Zwillingsforscher und selbst Zwilling) leitete eine der bekanntesten Untersuchungen an getrennt aufgewachsenen eineiigen Zwillingen in Chicago von 1926 bis 1936. Er hatte bei seinen Forschungen gemeinsam aufgewachsene Zwillinge ausgespart. Und er begründete das so: Die Feststellung der unterschiedlichen Einflüsse von Umwelt und Vererbung ließe sich «mit gemeinsam aufgewachsenen Paaren kaum befriedigend verwirklichen... da sie ja im Entwicklungsalter praktisch derselben Umwelt ausgesetzt waren, einer war zudem stets Teil der Umwelt des anderen gewesen. Unter solchen Umständen Merkmalsunterschiede zwischen eineiigen Zwillingen eindeutig einer bestimmten Ursache zuzuordnen, erschien höchst problematisch» (Karcher 1977, S. 218). Newman konnte insbesondere Merkmalsgleichheiten bei Aussehen, Mimik, Gestik und Sprache und weitgehende Übereinstimmung der Intelligenz feststellen.

Diese Untersuchung und andere werden relativiert, wenn man weiß, daß Zwillinge «auf Grund ihrer Ähnlichkeit mit in die Untersuchungen hineingenommen wurden, während andere auf Grund von Unähnlichkeit nicht berücksichtig wurden» (v. Schlieben-Troschke 1984, S. 225).

Auch durch die Untersuchungen des Intelligenz- und Begabungsforschers Benjamin S. Bloom (Bloom 1971) werden die Übereinstimmung der Intelligenz kommentiert: «Wenn eineiige Zwillinge getrennt werden, aber in sehr ähnlichen Umweltbedingungen aufwachsen, dann werden sie auch ähnliche Intelligenzwerte haben. Setzt man sie dagegen in sehr verschiedene Umweltbedingungen, dann werden ihre Intelligenzwerte ziemlich verschieden sein» (Bloom 1971, S. 81).

Breites öffentliches Interesse fanden auch die Ergebnisse der 1990 abgeschlossenen Minnesota-Studie der amerikanischen Forscher Bouchard und Lykken, in der mehr als hundert getrennt aufgewachsene Zwillinge untersucht wurden: Sie zeigen verblüffende Ähnlichkeiten bei eineiigen, also genetisch gleich ausgestatteten Zwillingen, z. B. in Gewohnheiten und Verhaltensweisen. Allerdings stellten die Forscher einschränkend fest – etwa hinsichtlich der hohen Übereinstimmung der Intelligenzwerte –, daß die Umwelteinflüsse nach der Trennung relativ konstant geblieben waren, häufig selbst bei adoptierten Zwillingen.

Im Hinblick auf unser Thema, den Zwillingsmythos, ist es mir wichtiger, vor allem folgenden Aspekt zu sehen: In der Untersuchung von Bouchard und Lykken wurden alle Zwillingspaare nach persönlichen Eigenarten befragt. Die eineiigen Zwillinge nannten gleichartige Eigentümlichkeiten. Diese reichten von der Bevorzugung der gleichen Zigarettenmarke, der Vorliebe für bestimmte Hunderassen bis zur gleichen Namensnennung der eigenen Kinder. Die zweieiigen Zwillinge nannten das, was sie voneinander unterscheidet. Entsprachen diese Antworten nicht deutlich den Erwartungen der Forscher?

In den Geschichten der erwachsenen Zwillinge in diesem Buch wurde deutlich, wie Susi und Steffi als eineiige Zwillinge gleich sein wollten und Gabi und Regina ihre Unterschiedlichkeiten herauszustellen suchten. Sollten die von Bouchard und Lykken befragten Zwillingspaare in diesem Punkt so ganz anders sein?

Es wurde nicht veröffentlicht, was die eineiigen Zwillinge dennoch unterscheidet bzw. welche ähnlichen Gewohnheiten zweieiige Zwillinge dennoch entwickeln. Zudem stand ein Teil der befragten Paare vor der Untersuchung schon seit längerer Zeit wieder in Kontakt miteinander, so daß sie längst nicht mehr völlig unbeeinflußt voneinander waren. Ist es möglich, daß sich die Forscher unter dem Eindruck des Mythos von den Parallelen stärker haben beeindrucken lassen als von den Unterschieden?

Eine Vermischung von realen Gleichheiten und Ähnlichkeiten gepaart mit dem Zwillinge umgebenden Mythos machen es diesen nicht leicht: Entweder sie entsprechen dem Mythos oder sie versuchen, unterstützt durch die Umwelt, sich allmählich daraus zu befreien, sich zu individuellen Persönlichkeiten innerhalb der Paarbeziehung zu emanzipieren.

Im nationalsozialistischen Deutschland wurden Zwillinge zu einem bevorzugten Forschungsthema. Einer der bekanntesten Vertreter dieser Forschung, Otmar Freiherr von Verschuer, war Mentor des KZ-Arztes Josef Mengele. Er unterstützte die Experimente, die Mengele in Auschwitz an jüdischen Zwillingen durchführte, bei welchen diese z. B. mit Typhuserregern infiziert wurden, um die Unterschiedlichkeit der Krankheitsverläufe zu studieren. Die Experimente wurden in eigens dafür eingerichteten «Zwillingslagern» durchgeführt und dienten der «wissenschaftlichen Untermauerung» der nationalistischen «Rassenlehre».

Nach 1945 war das Thema in Deutschland so belastet, daß die Zwillingsforschung jahrelang ruhte, und zwar sowohl in der BRD als auch in der DDR. In anderen europäischen Ländern wandte man sich in dieser Zeit den individuellen Problemen von «Zwillingsschicksalen» zu, z. B. der Paardynamik und der Psychologie der Zwillingspersönlichkeit.

In den 70er Jahren untersuchte eine große Forschergruppe aus Göttingen und Berlin (um Heigl-Evers und Schepank), es waren vor allem Humangenetiker und Psychoanalytiker, 109 Zwillingspaare mit neurotischen Erkrankungen. Man versuchte, nicht ausschließlich erblich bedingte Krankheitsbilder auf das Zusammenspiel von Erbfaktoren, familien- und umweltbedingten, prä- und perinatalen Einflüssen und den Besonderheiten der Paardynamik herauszuarbeiten.

Die in den 80er Jahren in Ostdeutschland entstandene «Leipziger Studie» (Friedrich und Kabat vel Job) spiegelt aus meiner Sicht die wichtigsten Ansätze, Forschungsfelder und Methoden der zeitgenössischen Zwillingsforschung wider. Aus dieser für mich sehr aussagekräftigen und für Eltern wohl besonders interessanten Untersuchung will ich einen Aspekt skizzieren, der mir für die Gestaltung des Alltags von besonderer Bedeutung zu sein scheint, da er einzelnen Zwillingen zu mehr individueller Entfaltung innerhalb der Zwillingskonstellation verhelfen könnte.

Der Psychologe Professor Kabat vel Job unterscheidet zwischen genetisch-biologischen, psychischen und sozialen Faktoren. Er betrachtet die untersuchten eineiigen und zweieiigen Zwillinge sowohl in ihrer Paardynamik als auch im Zusammenhang mit der elterlichen Erziehungsstrategie: Je ähnlicher sich Zwillinge im äußeren Erscheinungsbild sind, desto häufiger werden sie von Eltern und anderen paarkonform behandelt. Nicht nur die Eltern eineiiger, sondern auch Eltern zweieiiger Kinder praktizieren meist eine weniger auf Individualität als auf Konformität ausgerichtete Erziehung.

Kabat vel Job fand jedoch heraus, daß selbst eineiige Zwillinge sich unterscheiden können, wenn die Erziehung der Eltern auch ihre Individualität fördert. Diese Haltung überträgt sich dann auf das häusliche Umfeld, die Freunde und die Erziehungsinstitutionen und hilft so den Zwillingen, sich trotz äußerer Ähnlichkeit zu unterscheidbaren Individuen zu entwickeln. Wenn Zwillinge von Beginn an Facetten eigenständiger Persönlichkeit zeigen und Erfahrungen mit unterschiedlichen Freunden sammeln können, entsteht daraus eine Art Verstärkung des Eigenen, ein Streben nach Autonomie innerhalb der Zwillingspaarbeziehung (vgl. Kabat vel Job 1991, S. 163).

Die aktuelle Zwillingsforschung, die sich mit den Fragen des Einflusses von Anlage und Umwelt bei der Entwicklung bestimmter Persönlichkeitseigenschaften beschäftigt, wird in Deutschland vor allem von Humangenetikern und Psychologen der Universitäten in Frankfurt und Bielefeld in Kooperation mit der Universität in Warschau durchgeführt.

Faszination im Fernsehen

Während in der Literatur ein zunehmend differenziertes Bild über das Leben als Zwilling gezeichnet wird (vgl. Haberkorn 1990, S. 41 f), zeigt das Fernsehen als wichtigster Informations- und Meinungsträger Zwillinge noch überwiegend unter dem Aspekt der Attraktion und Verwechslung, so in Spielfilmen und in der Werbung.

Deutschlands berühmteste Zwillinge sind Alice und Ellen Kessler, die ihre Talente mit der Gleichheit als Zwillinge gut vermarkten konnten. Beruflich sind sie an dieses Klischee gebunden, aber privat leben sie – wenn auch in einem Haus (zwei Doppelhaushälften) – als sehr unterschiedliche, eigenständige Persönlichkeiten.

Auch die Berliner Zwillinge Andrea und Simone Klippel konnten ihren Status als eineiige Zwillinge vermarkten. Sie spielten in der Fernsehsendung ‹*Verkehrsgericht: Vorsicht: Zwillinge unterwegs*› (am 21. Mai 1985) in einer Verwechslungsgeschichte. Sie behaupten in diesem ‹Fernsehgericht› beide, am Steuer des Wagens gesessen zu haben, der einen Unfall verursacht hatte. In Wahrheit scheint ihre persönliche Entwicklung der von Steffi und Susi, dem erwachsenen Zwillingspaar in diesem Buch, sehr ähnlich. Auch sie sind privat längst nicht mehr die zum Verwechseln ähnlichen Zwillinge, die sie für Mode- und Werbefotos oder für das Fernsehen darstellen.

In zwei beliebten Fernsehsendungen für Kinder fiel mir ebenfalls das Bild der absolut gleichen Zwillinge wieder auf. Die Gebrüder Erbsenstein in der Sendung ‹*Die Katze mit Hut*›, gespielt von der Augsburger Puppenkiste, sind nicht nur absolut gleich, sie karikieren dies durch ihr zeitgleiches Sprechen. Es scheint, als wäre einer der beiden zweimal da.

Und in der Zeichentrickfilm-Serie ‹*Alice im Wunderland*› spielen die gleichen Zwillinge Zwideldi und Zwideldum ein Paar, das gegenüber Dritten meist zusammenhält. Untereinander aber gibt es bei diesen beiden manchen Streit. Rein äußerlich unterscheiden sich die beliebten Figuren in nichts.

Ist es verwunderlich, daß eineiige Zwillinge oder deren Eltern von diesem Mythos, der auch in den Medien immer wieder reproduziert wird, geprägt sind? Daß sie ihn in ihrer eigenen Situation fördern und leben?

Nicht nur die Gesellschaft hält über ihre Meinungsträger bestimmte Vorurteile bezogen auf Zwillinge bereit. Auch Eltern, Lehrerinnen und Erzieherinnen müssen sich damit auseinandersetzen, welche Rolle dieser Mythos in ihrer Beziehung zu den Zwillingen spielt, inwieweit sie bestimmte Verhaltensweisen durch ihr Verhalten verfestigen. Die Zwillinge selbst werden sich dann irgendwann aus ihrer Paarbezogenheit zu befreien versuchen, um als Individuum die Unverwechselbarkeit in Beziehungen mit anderen zu erleben. Wie ihnen das gelingt, hängt nicht nur von der eigenen Stärke ab, sondern auch von der Umgebung und den dort handelnden Erwachsenen.

Da kommt ihnen zugute, daß Kindern heute grundsätzlich mehr Eigenständigkeit zugestanden wird. Dieser sogenannte Zeitgeist in

Sachen Erziehung hat auch vor den Zwillingen nicht haltgemacht. Bleibt zu hoffen, daß diese Haltung der Eltern durch Schule und Kindergarten in Zukunft eher unterstützt wird. Und es wäre wünschenswert, daß auch die Medien auf plakative Vereinfachungen verzichten, um endlich, wie in einigen Talk-Shows begonnen, das wirkliche Leben mit all seinen Problemen, Freuden und Fragen darzustellen.

Literatur

ARA-Mehrlingsstudie. Im Auftrag der Allgemeinen Rentenanstalt, durchgeführt von Prof. A. Lorenzer, J-W-G-Universität, Frankfurt 1982/83

Barüsk, H.: Skandinavische Märchen. Frankfurt 1975

Becker, U.: Mit den Augen der Kinder sehen. In: Theorie und Praxis der Sozialpädagogik 2/95, S. 63–65

Belk-Schmehle, A.: Zwillinge in der Schule. In: betrifft: erziehung 1/84

Biermann, G.: Kinder und Jugendliche. Frankfurt 1985

Bloom, B. S.: Stabilität und Veränderung menschlicher Merkmale. Weinheim 1971

Dolto, F.: Die ersten fünf Jahre. Weinheim 1982

Eckhard, E.: Gleich und gleich gesellt sich gern – Zwillingsforschung, Doppelspiel der Gene. In: Stern-Magazin, Heft 39, Hamburg 1983

Fauland, Chr./Simbrunder, G.: Zwillinge. Glückskinder? Sorgenkinder? Wien 1988

Frazer, J.: Der goldene Zweig – Das Geheimnis von Glauben und Sitten der Völker. Hamburg 1989

Gratkowski, von, M.: Zwillinge – Mit fertig werden ohne selbst fertig zu sein. Stuttgart 1988

Haberkorn, R.: Trennung tut manchmal not – Zwillinge im Kindergarten. In: Theorie und Praxis der Sozialpädagogik 5/86, S. 247–250

dies.: Immer zu zweit – Wenn im Kindergarten Zwillinge angemeldet werden. In: Welt des Kindes 3/87, S. 206–211

dies.: Kindergarten und Schule. Sonderheft der Zeitschrift Zwillinge. Landsberg 1989

dies.: Von Mythen und Medien beeinflußt. In: Haberkorn (Hg.): Als Zwilling geboren – Über eine besondere Geschwisterkonstellation. München 1990a, S. 37–47

dies.: Daniel und Rebekka und andere Pärchenzwillinge. Ebenda 1990b, S. 137–157

dies.: Zum Beispiel: Mario und Pedro, Silke und Stefanie. Schlaglichter aus Familie, Kindergarten und Schule. Ebenda 1990c, S. 158–177

dies.: Doppelte Entthronung älterer Geschwister. In: Zeitschrift Zwillinge, Landsberg Februar 1991, S. 18–19, 24–25

dies.: Zwillinge – individuell in die Schule. In: Zeitschrift Zwillinge, Landsberg April 1993, S. 21–22

dies.: Pärchen – Geschwister oder Zwillinge? In: Zeitschrift Zwillinge. Landsberg Dezember 1993/Januar 1994, S. 26–27
Hauenschild, L.: Zwillinge – Die doppelt süße Last. Ein Ratgeber für die ersten Monate nach der Geburt. Braunschweig 1988
dies.: Zwillingsmütter berichten... über Schwangerschaft, Geburt und Alltag mit Zwillingen. Landsberg 1988
dies.: Zwillinge erzählen... ...aus Kindheit, Jugend und ihrem Leben. Landsberg 1992
dies.: Erziehungstips für Zwillingseltern – vom Trotz bis Pubertät. Landsberg 1994
Heigl-Evers, A./Schepank, H. (Hg.): Ursprünge seelisch bedingter Krankheiten, Bd. 1.2, Göttingen 1980/1981
Heinemann-Rufer, U.: Wie die hübschen Zwillinge zu ihrer ersten Fernseh-Rolle kamen. In: Fernsehwoche Nr. 20, Hamburg 1985
Hetmann, F.: Indianermärchen aus Nordamerika. Frankfurt 1970
Kabat vel Job, O.: Ergebnisse der Leibziger Zwillingsstudie zur Persönlichkeitsentwicklung. In: Zeitschrift für Sozialisationsforschung und Erziehungssoziologie 2/1991
Karcher, H.: Wie ein Ei dem anderen. München 1977 (vergriffen)
Krappe, A. H.: Zum antiken Zwillingskult im Lichte der Ethnologie. In: Zeitschrift für Ethnologie 66/1929
Krappmann, L.: «Nun spielt doch endlich etwas Schönes». In: Deutsches Jugendinstitut (Hg.): Was für Kinder. Aufwachsen in Deutschland. München 1993
Lewontin R. C./Rose, St./Kamin, L. J.: Zu Paaren treiben. Lehrer aus der Zwillingsforschung. In: Kursbuch 80 («Begabung und Erziehung»), Berlin 1985, S. 22–37
Lykken, D./Bouchard, Th.: Genetische Aspekte menschlicher Individualität. In: Mannheimer Forum 83/84, Mannheim 1984
Pröttel, B.: Ein Zwilling kommt selten allein. Percha 1974
Schlieben-Troschke, K. von: Psychologie der Zwillingspersönlichkeit. Köln 1981 (vergriffen)
dies.: Zwillinge, Glücks- oder Sorgenkinder? In: Jahrbuch der Kindheit. Weinheim 1984, S. 233–255
dies.: Gedanken zu ungeborenen Zwillingen. In: Haberkorn (Hg.) Als Zwilling geboren. München 1990, S. 48–67
Spitz, R.: Angeboren oder erworben? Die Zwillinge Rosy und Cathy (Schwarze Reihe Nr. 14), Amsterdam 1971
Sternberg, L.: Der antike Zwillingskult im Lichte der Ethnologie. In: Zeitschrift für Ethnologie 61/1929
Verhagen, B.: Götter – Kulte und Bräuche der Nordgermanen. Tübingen 1993

Weck, U.: Das doppelte Leben oder Ein Zwilling ist manchmal allein. In: Haberkorn (Hg.) Als Zwilling geboren. München 1990
Zboralski, K.: Zwillingseltern – verbannt und verehrt. In: Zeitschrift Zwillinge, Landsberg Februar 1995
dies.: Zwillingskult: Barfuß gelaufen – sechsmal Zwillinge. In: Zeitschrift Zwillinge, Landsberg März 1995
Zimmer, D. E.: Doppelmensch: Ein Experiment der Natur. In: Zeitmagazin Nr. 3, Hamburg 1982

Anhang

Über die Befragung der Zwillingsfamilien

Die Familien wurden nicht nach besonderen Kriterien ausgesucht; ich habe sie entweder bei den häufigen Spaziergängen im Park, im Spielkreis oder Kindergarten oder durch Bekannte kennengelernt.

Ziel der Gespräche waren beispielhafte Darstellungen subjektiv bedeutsamer Fragen und Probleme im Zusammenleben mit Zwillingen. Diese Informationen und Erfahrungen können für betroffene Eltern hilfreich sein. Sie lassen jedoch keine verallgemeinernden Aussagen zu.

Die Qualität der Gespräche – ich war manchmal über so viel Offenheit überrascht – ergab sich einmal daraus, daß meist schon ein längerer Kontakt bestand. Es gab also schon vorher losen Austausch über zu bewältigende oder bereits bewältigte Probleme. Ich spürte eine hohe Bereitschaft, sich noch einmal konzentriert über die Erlebnisse und Erfahrungen mit den eigenen Zwillingen zu befassen, manchmal auch mit dem Ziel, betroffene Leser damit unterstützen zu wollen. Ausschlaggebend für die Eltern war immer auch, daß wir selbst Zwillingseltern sind – ein Gefühl von Solidarität erfüllte die Gesprächsatmosphäre. Dabei schien es nicht zu stören, daß ein Tonband mitlief.

Außer einer Familie sagten mir alle, die ich fragte, für das Gespräch zu. Nur in einem Fall konnte der Ehemann nicht einbezogen werden.

Das Gespräch war als ein offenes Interview konzipiert, in dem von mir vorbereitete Schwerpunkte mit zahlreichen Aspekten angesprochen werden sollten. Dabei wurde der Gesprächsverlauf mit seinen besonderen Akzenten und Ausführlichkeiten von den jeweils besuchten Eltern bestimmt. Ich besuchte jede Familie jeweils einen Abend. Wir sprachen zwei bis drei Stunden miteinander. Fast jedes Gespräch hatte auch den Effekt, daß die Eltern für sich zusätzliche Ideen oder Überlegungen zur Bewältigung ihrer Alltagsprobleme mit den Zwillingen fanden. Eine Mutter fühlte sich durch das Gespräch in ihrem bereits begonnenen Weg bestärkt, die Unterschiedlichkeit ihrer Zwillinge auch nach außen deutlich zu machen und die Kinder damit in ihrem Individualisierungsprozeß zu unterstützen. Ihre Zwillinge werden im Kindergarten jetzt in zwei verschiedenen Gruppen betreut.

Über die Befragung der Zwillinge

Wie bei den Gesprächen mit den Eltern von Zwillingen habe ich auch hier an Hand mir wichtiger Aspekte das Interview offen strukturiert, das heißt, die Zwillinge haben selbst ihre Schwerpunkte gesetzt, andere Aspekte nur gestreift. Auch hier fand jedes Zwillingspaar im Gesprächsverlauf sein Thema.

Die beiden erwachsenen Frauen-Zwillingspaare – ich habe sie bei dem Gespräch zum erstenmal gesehen – konnten an dem zwei- bis dreistündigen Gespräch gemeinsam teilnehmen. Dabei erinnerten sie sich gegenseitig an bestimmte Gegebenheiten, griffen wechselseitig Beiträge auf und diskutierten unterschiedliche Erinnerungen und Sichtweisen miteinander.

Bei dem Zwillingspaar Helmut und Gertrud – es sind die Geschwister meines Mannes – konnte ich das Gespräch nur mit Helmut führen, während Gertrud in Basel an Hand meines für die Gespräche vorbereiteten Gesprächsleitfadens eine Kassette besprach, den in den anderen Gesprächssituationen die Befragten nicht in die Hand bekamen. Möglicherweise ist dies mit ein Grund dafür, daß dieses Zwillingspaar seine Kindheit sehr unterschiedlich beschrieb. In einem gemeinsamen Gespräch wären vermutlich auch mehr Gemeinsamkeiten aufgetaucht. Gertrud und Helmut hatten sich über ihre eigenen Erinnerungen an die Kindheit mit dem Zwilling noch nie unterhalten. Die Gespräche für dieses Buch gaben den Anlaß, dies nachzuholen.

Die ersten drei Interviews mit erwachsenen Zwillingen erfolgten im Mai/Juni 1985 im Anschluß an die Gespräche mit Eltern von Zwillingen.

Mit Gudrun (und Irene) und Renate (und Ulrike) sprach ich im Frühjahr 1995.

Ein besonderer Glücksfall war für mich der Brief des Ehemanns eines Zwillings, den ich ohne jegliche Veränderung übernehmen konnte.

Mit Kindern leben

Praktische Tips, Ideen, Anregungen. Ratgeber für den Umgang mit Kindern im Alltag.

Gisela Brehmer
Aus der Praxis einer Kinderärztin
Entwicklung - Vollwert-Ernährung - Erste Hilfe im akuten Krankheitsfall - Alternative Heilmethoden
(rororo sachbuch 8388)

H. Clemens / R. Bean
Selbstbewußte Kinder *Wie Eltern und Pädagogen dazu beitragen können*
(rororo sachbuch 8822)
Verantwortungsbewußte Kinder
Was Eltern und Pädagogen dazu beitragen können
(rororo sachbuch 9132)

Sabine Friedrich / Volker Friebel
Entspannung für Kinder
Übungen zur Konzentration und gegen Ängste
(rororo sachbuch 9397)

Tilo Grüttner
Helfen bei Legasthenie
Verstehen und üben. Geschichten
(rororo sachbuch 8326)

H. Häsing / G. Gutschmidt
Handbuch Alleinerziehen *Mit Rechtsratgeber*
(rororo sachbuch 8896)

A. Kettner / E. Haug Zapp
Das Kindergartenbuch *Was Eltern wissen müssen*
(rororo sachbuch 8790)

Bettina Mähler
Geschwister *Krach und Harmonie im Kinderzimmer*
(rororo sachbuch 9316)

rororo sachbuch

Das rororo-Elternlexikon
Herausgegeben von Horst Speichert und Bernhard Schön
(rororo sachbuch 7981)

Andreas Schmidt
Väter ohne Kinder *Sorge, Recht und Alltag nach Trennung oder Scheidung*
(rororo sachbuch 9398)

R. Voß / R. Wirtz
Keine Pillen für den Zappelphilipp
Alternativen im Umgang mit unruhigen Kindern
(rororo sachbuch 8431)

Sollten Sie sich weiter informieren wollen, erhalten Sie in Ihrer Buchhandlung kostenlos unseren Katalog «Bücher für Eltern / Bücher für Kinder», wo Sie alle Titel der Reihen *Mit Kindern leben* und *rotfuchs* ausführlich vorgestellt finden.

3413/10a